Malte Steinbrink, Hannah Niedenführ
Afrika in Bewegung

Für unsere Familien

Malte Steinbrink (PD Dr. phil.) ist Sozialgeograph am Institut für Geographie und am Institut für Migrationsforschung und Interkulturelle Studien (IMIS) der Universität Osnabrück. Er ist Senior Research Fellow der University of Johannesburg, Südafrika, und arbeitet u.a. zu Fragen der Mobilität, sozialer Ungleichheit und rural-urbaner Entwicklung im globalen Süden.

Hannah Niedenführ (M.A.) hat Internationale Migration und Interkulturelle Beziehungen an der Universität Osnabrück (IMIS) studiert. Ihr Schwerpunkt liegt auf afrikanischer Binnenmigration und Kindermigration in translokalen Netzwerken.

Malte Steinbrink, Hannah Niedenführ

Afrika in Bewegung

**Translokale Livelihoods und ländliche Entwicklung
in Subsahara-Afrika**

[transcript]

Bibliografische Information der Deutschen Nationalbibliothek

Die Deutsche Nationalbibliothek verzeichnet diese Publikation in der Deutschen Nationalbibliografie; detaillierte bibliografische Daten sind im Internet über http://dnb.d-nb.de abrufbar.

© 2017 transcript Verlag, Bielefeld

Umschlagkonzept: Kordula Röckenhaus, Bielefeld
Umschlagabbildung: © Michel K. ZONGO
Printed in Germany
Print-ISBN 978-3-8376-3833-2
PDF-ISBN 978-3-8394-3833-6

Gedruckt auf alterungsbeständigem Papier mit chlorfrei gebleichtem Zellstoff.
Besuchen Sie uns im Internet: *http://www.transcript-verlag.de*
Bitte fordern Sie unser Gesamtverzeichnis und andere Broschüren an unter:
info@transcript-verlag.de

Inhalt

Abbildungen

Tabellen

1 Einleitung

Afrika ist immens von der räumlichen Bewegung seiner Bevölkerung geprägt. Und seit der »Flüchtlingsdebatte« und der damit verbundenen »Europäischen Krise« wird afrikanischen Wanderungsprozessen in der europäischen Öffentlichkeit inzwischen auch deutlich mehr Aufmerksamkeit geschenkt als noch vor wenigen Jahren. *Afrika in Bewegung* handelt jedoch nicht von dem »*Ansturm auf die Festung*« und »*Afrikas Flucht nach Europa*«.[1] Stattdessen geht es um viel größere Migrationsbewegungen: die »alltäglichen Wanderungen« innerhalb Afrikas bzw. innerhalb afrikanischer Staaten; und es geht um die enorme Bedeutung von Migration für die alltägliche Existenzsicherung auf dem afrikanischen Kontinent.

Afrika in Bewegung macht aber auch deutlich: Afrika verändert sich. Gesellschaftliche, ökonomische und ökologische Strukturen sind in Bewegung und derzeit rasanten Wandlungsprozessen unterworfen. Wie organisieren die Menschen ihren Alltag, um entweder ihre Lebensbedingungen zu verbessern oder auf eben diese gravierenden Veränderungen zu reagieren? Migration spielt dabei eine ebenso entscheidende Rolle wie die sozialen Netzwerke, die sich zwischen den Ziel- und den Herkunftsgebieten aufspannen.

Ländliche und städtische Gebiete in Afrika südlich der Sahara sind eng über informelle Beziehungen miteinander verbunden. Zirkuläre

---

1 So betitelte Karin Finkenzeller einen Artikel in der Welt am Sonntag (9. Oktober 2005, S. 9).

Wanderungsbewegungen sowie ein intensiver Austausch von Informationen, Waren, Kapital und Gütern charakterisieren die Land-Stadt-Verflechtungen. Diese rural-urbanen Zusammenhänge konstituieren sich zu wesentlichen Teilen in informellen Strukturen raum- und grenzüberspannender sozialer Netzwerke, die sich wiederum erheblich auf den Alltag eines großen Teils der Bevölkerung auf dem afrikanischen Kontinent auswirken.

Innerhalb der Existenzsicherungssysteme sehr vieler Menschen haben das *Hier* und das *Dort* – in der Stadt und auf dem Land – bestimmte, teils sich ergänzende Funktionen, die erst durch ein spezifisches *Dazwischen* miteinander kombiniert und raumübergreifend verknüpft werden und so dazu beitragen, die Existenz zu sichern.

Die Translokalisierung von Livelihoods ist kein neuer, aber ein stetig an Bedeutung gewinnender Prozess. Sowohl die Stadtentwicklung als auch die ländliche Regionalentwicklung in Afrika werden hiervon künftig noch stärker beeinflusst.

Die Herausbildung translokaler Lebenshaltungssysteme ist kein neuer, aber ein zunehmend an Bedeutung gewinnender Prozess. Und diese Form der Translokalität wird gleichzeitig immer stärkere Effekte auf die lokalen Bedingungen und Entwicklungen haben. Sowohl Stadtentwicklungsdynamiken als auch Prozesse ländlicher Regionalentwicklung in Afrika werden hiervon künftig noch mehr beeinflusst, als sie es ohnehin schon sind.

Die außerhalb des formellen Arbeits-, Kapital- und Gütermarktes und jenseits sozialstaatlicher Interventionen ablaufenden Distributionsprozesse bilden ein wesentliches Moment der Wohlstandsverteilung auf verschiedenen räumlichen Maßstabsebenen. Diese informellen Flüsse und Verflechtungen zu berücksichtigen, bietet somit maßgebliches Erklärungspotenzial für die Untersuchung ungleicher Lebensbedingungen in unterschiedlichen Teilräumen. Das Auftreten bzw. der Ausgleich raum- und sozialstruktureller Disparitäten wird nachvollziehbar und damit verständlicher.

Obwohl die komplexen rural-urbanen Verflechtungszusammenhänge bereits seit den späten 1980er Jahren in der entwicklungsbezogenen Debatte zunehmend anerkannt wurden, dominieren in der empirischen Forschung wie auch in der Entwicklungspraxis nach wie vor oft binäre raumanalytische Kategorien und somit eine separierende Perspektive: Land und Stadt werden als weitgehend unverbunden Sphären betrachtet. Eine solche Sichtweise birgt die Gefahr, in der containerräumlichen Befangenheit herkömmlicher Konzepte zu verharren und somit in territorialen Denkfallen stecken zu bleiben.

Zumindest scheint die Tatsache, dass mehr und mehr Menschen in translokale Livelihoods eingebunden, also territorial mehrfach verortet sind, nicht nur die Wissenschaft, sondern auch und vor allem die Politik, Planung und Entwicklungszusammenarbeit (EZ) derzeit noch vor große Herausforderungen zu stellen. Dass die informellen Land-Stadt-Verflechtungen von »Entwicklungsexperten« in Wissenschaft und Praxis zu wenig beachtet werden – obwohl man dort längst um deren empirische Evidenz und Relevanz weiß –, hat nicht zuletzt institutionelle Gründe. So etablierten sich zwei spezialisierte und eigenständige Fachgemeinden, von der sich die eine um Stadtentwicklung und die andere um ländliche Entwicklung im Globalen Süden kümmert. Beide Expertenkreise blieben sich oft fremd und agierten weitgehend unabhängig voneinander. Insofern ist die Forderung nach einer stärkeren inhaltlichen und strategischen Berücksichtigung translokaler Stadt-Land-Beziehungen in der Praxis durchaus voraussetzungsvoll, zumal die Experten auf beiden Seiten sowohl die Regulierungs- als auch die Interventions- und Förderbedarfe nicht im Management des rural-urbanen Gefüges sehen, sondern – je nach fachlicher Provenienz – entweder in Hinblick auf die Problemlagen der städtischen *oder* der ländlichen Entwicklung. Hinzu kommt, dass die administrative Logik von Planung und Politik nach wie vor auf territoriale Einheiten fokussiert. Selbst in Regionen mit starker Ab- oder Zuwanderung hält die Politik oftmals an sedentären bzw. lokalen Entwicklungskonzepten fest; immer noch werden Migration und »Entwicklung« eher als alternative denn als interdependente Prozesse betrachtet.

Diesen institutionellen Hindernissen zum Trotz, ist es sowohl für die Entwicklungsforschung als auch für die praktische Entwicklungszusammenarbeit an der Zeit, eine translokale Perspektive einzunehmen und anzuerkennen, dass Land und Stadt sozioökonomisch vielfach so stark miteinander verflochten sind, dass eine getrennte Betrachtung von Hier und Dort kaum noch sinnvoll erscheint, wenn es darum geht, die alltägliche Existenzsicherung vieler Menschen in Afrika sowie die Komplexität der dortigen Land-Stadt-Beziehungen und ihrer Wirkungen zu verstehen. Stattdessen gilt es zu erkennen, dass Mobilität und raumüberspannende Verflechtung zur Normalität der

Es ist an der Zeit, dass Entwicklungsforschung und praktische Entwicklungszusammenarbeit eine translokale Perspektive einnehmen.

Lebensrealität eines Großteils der Weltbevölkerung gehören und somit als integrale Momente von »Entwicklung« zu bewerten sind.

Dieses Buch versteht sich daher als Plädoyer, wonach die translokale Dimension von Entwicklung deutlich mehr Beachtung verdient hat, als ihr bisher bei der Politikgestaltung geschenkt wurde. Will die Entwicklungspolitik wirksamer werden und ihrem hohen Ziel einer »nachhaltigen oder sozial inklusiven Entwicklung« näherkommen, ist es unabdingbar, eine Sensibilität für die Dynamiken in translokalen sozialen Zusammenhängen und deren Wirkmächtigkeit herauszubilden. Das bedeutet auch, die traditionellen Politik- und Planungsansätze anzupassen, indem die prägende Kraft der translokalen Netzwerke und der *translocal flows* anerkannt wird.

Die Entstehungsbedingungen dieses Buches sind letztlich bereits Ausdruck genau jenes veränderten Bewusstseins, für das hier plädiert wird. Denn es entstand im Kontext eines vom *Bundesministerium für Wirtschaftliche Zusammenarbeit und Entwicklung (BMZ)* finanzierten Projekts, das unter der Leitung von Dr. Susanne Neubert am *Seminar für Ländliche Entwicklung (SLE)* der Humboldt-Universität zu Berlin durchgeführt wird. Im Rahmen dieses anwendungsorientierten Projekts, dessen Ziel die Analyse des Strukturwandels in Afrika sowie die Identifizierung von Strategien und Maßnahmen zu dessen sozial inklusiveren und nachhaltigeren Gestaltung ist (vgl. Rauch et al. 2016: ii), wurden wir gebeten, eine Expertise zur Bedeutung translokaler Livelihoods für diesen Prozess zu verfassen. Diese diente als Grundlage für das vorliegende Buch.[2]

Da wir den Blick vornehmlich auf ländliche Gebiete in Afrika südlich der Sahara richten, bleiben auch die vorliegenden Ausführungen in gewisser Weise dem alten Land/Stadt-Dualismus verhaftet. Der entscheidende Unterschied aber ist die *translokale Perspektive*. So werden zentrale Aspekte und Prozesse des ländlichen Strukturwandels vor dem Hintergrund einer translokalen Lebenswirklichkeit

---

2 Wir bedanken uns herzlich für die gute Zusammenarbeit mit dem Team des Projekts »Ländlichen Strukturwandel in Afrika sozial und ökologisch nachhaltiger gestalten« und insbesondere für die hilfreichen Anregungen von Susanne Neubert und Gabriele Beckmann.

betrachtet sowie Bedeutung und Einfluss translokaler Livelihoods thematisiert.

Da der Translokalitätsansatz sowohl in der Wissenschaft als auch in der Entwicklungszusammenarbeit noch vergleichsweise jung ist, wird den konzeptionellen Grundlagen in diesem Buch ausreichend Raum gegeben: In den Kapiteln 2 bis 4 wird das begriffliche Instrumentarium bereitgestellt. Diese Abschnitte basieren zu wesentlichen Teilen auf Vorarbeiten des Erstautors und bilden das konzeptionelle Fundament für die Ausführungen in Kapitel 5 und 6, in denen die Muster, Rationalitäten und Auswirkungen translokaler Livelihoods in Subsahara-Afrika anhand von zahlreichen empirischen Fallstudien dargestellt werden. Ziel dieser beiden Kapitel ist es, einen Überblick über die Forschungslandschaft zu geben.

In Kapitel 2 wird zunächst die Notwendigkeit eines Perspektivwechsels begründet, indem bestimmte konzeptionelle Fallstricke konventioneller Ansätze in der Migrationswissenschaft sowie in der Entwicklungsforschung und -praxis herausgearbeitet werden. Eine translokale Perspektive wird als Gegenkonzept zum herkömmlichen Containerraumdenken vorgestellt.

Das Kapitel 3 wendet sich dem Konzept der translokalen Livelihoods zu und thematisiert anhand des aktuellen Diskussionsstands die zentralen Begrifflichkeiten sowie die methodologischen Herausforderungen einer Translokalisierung von Livelihood- und Verwundbarkeitsforschung.

Kapitel 4 konkretisiert das Konzept der translokalen Livelihoods, um damit einige theoretisch-konzeptionelle Grundlagen für die Beantwortung der Frage zu schaffen, inwiefern die Translokalität der Livelihoods in Afrika mit unterschiedlichen Graden der Verwundbarkeit zusammenhängt, und warum es zur Translokalisierung von Livelihood-Systemen kommt. Es wird ein Modell der translokalen Livelihoods vorgestellt, das zum einen das dualistische Verhältnis von Handlung und Struktur und zum anderen die Besonderheiten des Handelns im Kontext von Verwundbarkeit ins Blickfeld rückt. Im Mittelpunkt stehen die Strategien der translokalen *ökonomischen Diversifizierung*, der *Transmigration* und die Bedeutung raumübergreifender *sozialer Netzwerke*.

Kapitel 5 wendet sich dem Phänomen der translokalen Livelihoods in Subsahara-Afrika zu. Nach einer knappen Beschreibung der
Besonderheiten des afrikanischen Urbanisierungsprozesses (Kap. 5.1)
folgt der Versuch, die Bedeutung translokaler Livelihoods in Afrika
südlich der Sahara quantitativ abzuschätzen (Kap. 5.2). Anschließend
werden räumliche und zeitliche Muster der Translokalisierung thematisiert (Kap. 5.3) und soziale Strukturierungen, z. B. hinsichtlich Alter, Geschlecht und Bildungsstand, dargestellt. In diesem Kapitel
wird auch ein »Phasenmodell der Translokalisierung« (Kap. 5.3.3)
skizziert und auf Veränderungen der translokalen Kommunikationsmuster eingegangen.

Das Kapitel 6 analysiert den Einfluss translokaler Livelihood-
Organisation auf verschiedene Aspekte des ländlichen Strukturwandels. Betrachtet werden ökonomische, ökologische und soziale Dimensionen. Das Kapitel 6.1 (»*Ökonomische Dimension*«) stellt zunächst Umfang und Bedeutung von Rücküberweisungen ins Zentrum.
Die folgenden Kapitel beschäftigen sich sowohl mit der Verteilung
von Arbeitskraft und Arbeitslast (Kap. 6.1.2) in translokalen Zusammenhängen als auch mit der Bedeutung translokaler Netzwerke für
Wissenstransfer und Innovationsprozesse im ländlichen Raum (Kap.
6.1.3). Das Kapitel 6.2 nimmt den Zusammenhang zwischen translokalen Livelihoods und der Veränderung natürlicher Umweltbedingungen in den Blick. Dabei geht es um zwei Fragen: Wie wirken sich
Umweltveränderungen auf Translokalisierungsprozesse aus? Und inwiefern beeinflusst die Translokalität von Livelihoods Ressourcennutzung und -management? In Bezug auf die soziale Dimension der
Translokalität werden in Kapitel 6.3 insbesondere die Aspekte Bildung, Geschlechterverhältnis und Gesundheit betrachtet.

Kapitel 7 schließlich ist eine zusammenfassende Betrachtung der
Wirkungen translokaler Verflechtungen. Hier wird der Versuch un-
ternommen, allgemeinere Antworten auf die Fragen zu geben, a) ob
die translokalen Livelihoods ausgleichend auf die Muster sozialer und
raumstruktureller Ungleichheiten wirken, b) ob die Translokalität der
Livelihoods lediglich als vorübergehendes Phänomen zu betrachten
ist und c) inwiefern die Translokalität dazu beitragen kann, die Armutsproblematik in Subsahara-Afrika zu lösen.

2 Zeit zum Umdenken

Die translokale Perspektive ist relativ jung und noch nicht vollständig in der Wissenschaft etabliert. Als Forschungsperspektive stellt Translokalität ein Gegenkonzept zu bislang dominanten Ansätzen dar. Im Folgenden soll es darum gehen, die Notwendigkeit eines Perspektivenwechsels zu begründen, indem auf bestimmte konzeptionelle Fallstricke konventioneller Ansätze in der Migrationswissenschaft sowie in Entwicklungsforschung und -praxis hingewiesen wird.

So wird zunächst die bisherige Forschung zum Zusammenhang von *Migration und Entwicklung* kritisch beleuchtet (Kap. 2.1); anschließend kommt das *konventionelle Land/Stadt-Denken* in Entwicklungsforschung und -zusammenarbeit auf den Prüfstand (Kap. 2.2). Aus den Limitierungen der tradierten Sichtweisen wird sodann die Forderung nach einem Umdenken abgeleitet (Kap. 2.3).

Die translokale Perspektive ist noch recht jung.

2.1 FORSCHUNGEN ZU MIGRATION UND ENTWICKLUNG: »CAUGHT IN TWO TRAPS«

Ende der 1990er Jahre äußerten McDowell und de Haan (1998), die Entwicklungsforschung habe sich lange Zeit nicht ausreichend mit migrationsbezogenen Fragestellungen beschäftigt. Diese oft zitierte Aussage gilt heute nicht mehr, aber auch aus damaliger Sicht ist dem Statement nicht uneingeschränkt zuzustimmen: Geiger und Steinbrink (2012) weisen in Bezug auf die Wissenschaftslandschaft in Deutschland nach, dass der Fokus migrationsbezogener Forschung keineswegs auf dem »heimischen« Kontext lag, sondern bereits im späten

19. und frühen 20. Jahrhundert eindeutig auf jenen Weltregionen, die von den westlichen Industrienationen nach dem Zweiten Weltkrieg mit dem Label »unterentwickelt« versehen wurden. Das Augenmerk galt dabei hauptsächlich Binnenwanderungsprozessen; beschrieben wurden Nomadismus, Landflucht, politisch bedingte Flucht, Vertreibung, Umsiedlung, Verstädterung und Wanderarbeit. Dieser Fokus auf kleinräumige, oft zirkuläre Migrationsvorgänge in den Kolonialgebieten und in den später entkolonialisierten Staaten blieb auch nach 1945 erhalten (vgl. Geiger 2011: 35-41). Somit wurden die traditionellen Themen der frühen Migrationsforschung in »fernen Ländern« nach dem Zweiten Weltkrieg zunächst in die »Forschung in Entwicklungsländern«, später auch in die Entwicklungsforschung überführt, die sich in den 1970er Jahren zu etablieren begann.[1]

Angesichts ihrer langen Forschungstradition zu Migration in Ländern des Südens ist die deutschsprachige Wissenschaft von einer Vernachlässigung des Themas »Migration und Entwicklung« freizusprechen. Vielmehr nahm die Migrationsforschung dort sogar ihren Anfang und wandte sich erst wesentlich später dem deutschen und europäischen Kontext zu.

Aufschlussreicher als die Frage, *ob* sich die einstige Forschung mit wanderungsbezogenen Aspekten im Entwicklungskontext beschäftigt hat, ist daher die Frage, *auf welche Weise* sie sich den Fragen angenommen hat.[2]

Im Folgenden soll kurz gezeigt werden, dass ein Großteil der interdisziplinären Forschung zum Thema »Migration und Entwicklung« lange in zwei methodologischen Denkfallen gefangen war: in einer »*ideological trap*« und einer »*territorial trap*«.[3]

---

1   Zur Geschichte der Entwicklungsforschung siehe u.a. Scholz (2004); Bohle (2007).

2   Für einen Rückblick auf die migrationsbezogenen Studien deutschsprachiger Entwicklungsforscher am Beispiel von Forschungen in Afrika siehe Wenzel (2012).

3   Vgl. hierzu ausführlicher Geiger und Steinbrink (2012: 16-25).

2.1.1 Ideologische Denkfalle

Es ist eine Binsenweisheit, dass Forschung immer in gesamtgesellschaftliche Zusammenhänge eingebettet ist. Auch die Ausrichtung
der Forschung zu Migration in Ländern des Südens war stets Manifestation des jeweiligen (politisch-ideologischen) Zeitgeistes. Genauso wechselhaft wie die Bedeutungshorizonte des amöbenhaften Ent-
wicklungsbegriffs selbst waren auch die wissenschaftlichen Antworten auf die letztlich viel zu generelle Frage, ob Migration positiv oder
negativ auf »Entwicklung« wirke; sie fielen in verschiedenen Zeiten
sehr unterschiedlich aus (vgl. Martin, Taylor 1996). So stellt de Haan
(2000) fest, dass innerhalb der internationalen Entwicklungsforschung längst keine Einigkeit darüber besteht, welche Rolle die Migration im Entwicklungsprozess einnimmt. In der Tat sind die Einschätzungen sogar gegensätzlich: Während »*Migrationsoptimisten*«
im Sinne neoklassischer Gleichgewichtsmodelle davon ausgehen,
Migration führe zu einem Abbau interregionaler Ungleichheiten, argumentieren »*Migrationspessimisten*«, solche Ausgleichstendenzen
gebe es gar nicht und Migration würde die Entwicklungsunterschiede
sogar noch verschärfen (de Haas 2008). Bereits die jeweils zugrunde
gelegten »Migrantenbilder« deuten auf diese kontroversen Sichtweisen hin: Die Migrationsoptimisten betrachten den Migranten als rational handelnden Akteur, der als *optimizer* im Sinne eines *homo oeco-
nomicus* in der Lage sei, die unterschiedlichen Möglichkeiten in Her-
kunfts- und Zielgebieten und den zu erwartenden Nutzen zu verglei-
chen, um auf dieser Basis eine (freie bzw. selbstbestimmte) Wanderungsentscheidung zu treffen. Die Migrationspessimisten hingegen
setzen den Migranten eher gleich mit einem *getriebenen Opfer* – sei
es von ökonomischer Verarmung, von politischer oder sozialer Dis-
kriminierung oder von fortschreitender Umweltzerstörung.

Diese beiden konträren Positionen spiegeln sich auch im Stan-
dardrepertoire der migrationstheoretischen Modelle und Ansätze wider, auf das die meisten Migrationsforscher in ihren Analysen zu-
rückgriffen. Und gleichzeitig positionierten sich die Wissenschaftler
schon mit der Wahl ihres Ansatzes in dem entwicklungstheoretischen
Streit zwischen den beiden Großtheorien *Modernisierung* und *Dependenz*.

In den Modernisierungs-theorien:
Migration als transitives Phänomen einer »nach-holenden Entwicklung«

Die klassischen ökonomisch orientierten migrationswissenschaftlichen Ansätze konzipieren Wanderungen von Wirtschaftsakteuren als gewählte Handlungsoption, der eine am wirtschaftlichen Eigeninteresse ausgerichtete Entscheidung vorausgeht. Sehr prominent ist das *Todaro-Modell* (Todaro 1969), das die Wanderungsentscheidung als von Lohndifferenzialen und Beschäftigungsraten determiniert betrachtet. Die anderen Push-Pull-Modelle sind theoretische Erweiterungen dieses Gedankens und gründen letztlich auf der makroökonomischen Idee der Faktorenmobilität bzw. auf dem dualistischen Surplus-Labour-Modell von Lewis (1954). Der Ansatz der *New Economics of Labour Migration* (Stark, Bloom 1985; Stark 1991) erweitert diese Sicht auf Wanderungsphänomene zwar, indem er als Analyseeinheit nicht das autonome Individuum, sondern Haushalte zugrundelegt und den handlungsleitenden Aspekt der Risikominimierung aufgreift; doch bleibt er der individualistisch-funktionalistischen Tradition ökonomischer Migrationstheorien insofern verhaftet, als er außerökonomische Faktoren und strukturelle Rahmenbedingungen weitgehend unberücksichtigt lässt und nach wie vor die Entscheidungsfreiheit betont. Migrationsforscher, die ihre Studien auf diese Modelle stützten, sahen Migration in modernisierungstheoretischer Manier letztlich als logisches Phänomen einer Übergangsphase im Industrialisierungs- und Urbanisierungsprozess im Zuge einer »nachholenden Entwicklung«.

In den Dependenztheorien:
Migration als Transmissionsriemen im Prozess der »Entwicklung der Unterentwicklung«

Die stark von der *Dependencia-Schule* inspirierten, neomarxistischen und strukturtheoretischen Ansätze zur Erklärung von Wanderungen in Entwicklungsländern warfen den modernisierungstheoretischen Ansätzen vor, strukturelle Wanderungsursachen zu vernachlässigen und die Migrationsprozesse außerhalb des historisch-materiellen Zusammenhangs weltwirtschaftlicher Realitäten zu betrachten. Sie betonten ihrerseits stattdessen die politisch-ökonomischen Aspekte von Migrationsphänomenen und deren Verstrickung in ein historisch gewachsenes, von asymmetrischen Abhängigkeitsbeziehungen (Dependenz) geprägtes Netz wirtschaftlicher

Verflechtungen.[4] Anders als bei den neoklassischen Migrationstheorien wird die Wanderung nicht als ökonomisch rationale Handlung
infolge einer freien Entscheidung verstanden, sondern als eine Art
Transmissionsriemen im Prozess der »*Entwicklung der Unterentwicklung*« (Frank 1969).

Den grundverschiedenen Herangehensweisen entsprechend werden auch die Wirkungen der Migration für Prozesse der ökonomischen und sozialen Entwicklung sehr unterschiedlich bewertet. Während die modernisierungsinspirierten migrationswissenschaftlichen
Ansätze eher Wachstum und Ausgleich voraussagen, prophezeien die
imperialismus- und kapitalismuskritischen Ansätze die Fortsetzung
und Verschärfung der Ungleichheits- und Armutsproblematik. Demnach lässt sich in der Literatur keine einheitliche Linie ausmachen, ob
Migration nun positiv oder negativ auf Entwicklungsprozesse im Allgemeinen oder auf das Wohlergehen der Migranten bzw. der Zurückgebliebenen im Besonderen wirkt – lediglich zeitliche Schwankungen
hinsichtlich der jeweils dominanten Sichtweise sind erkennbar.[5]

Die wissenschaftliche Auseinandersetzung um das Verhältnis von
Migration und Entwicklung spielt sich also weniger auf einer empi-
risch-analytischen als auf der politisch-ideologischen Ebene ab. Das
erklärt auch, warum die Debatte der Komplexität des Themas letztlich nicht gerecht wurde. Der große Theorienstreit trieb die entwicklungsbezogene Migrationsforschung also in eine Art ideologische
Falle *(»ideological trap«)*.[6]

---

4   Autoren wie Wolpe (z. B. 1972), McGee (z. B. 1982), Standing (1985)
     sowie Potter und Unwin (z. B. 1995) stellten die Wanderungsbewegungen
     in Ländern des Südens in den Kontext postkolonialer Strukturen und ka-
     pitalistischer Transformationsprozesse in peripher-kapitalistischen Staa-
     ten. Diese system- oder strukturorientierten Ansätze versuchen, die Mig-
     rationsbewegungen aus den Funktionserfordernissen von Wachstum und
     Wandel innerhalb des kapitalistischen Weltsystems zu erklären.

5   Vgl. dazu u. a. die Literaturüberblicke von McDowell und de Haan
     (1998) sowie Waddington und Sabates-Wheeler (2003).

6   Hier wird darauf verzichtet, die verschiedenen migrationstheoretischen
     Ansätze en detail zu vergleichen und abzuwägen, jedoch sei betont, dass

Ab Anfang der 1990er Jahre fanden auch in der Entwicklungsforschung weitreichende theoretische Umwälzungen statt. Nach dem Zusammenbruch der Sowjetunion und mit dem vermeintlichen Ende des Kampfes zwischen den politischen Systemen wurde nicht nur die Aufteilung der Erde in eine »Erste«, »Zweite« und »Dritte« Welt obsolet, sondern auch der Streit zwischen Modernisierung und Dependenz beigelegt.[7] Die Entwicklungsforschung geriet damit in eine Phase verunsicherter Orientierungslosigkeit und flüchtete sich konzeptionell in »*Theorien mittlerer Reichweite*« (Hein 1998). Daraus entwickelte sich aber – wenngleich zunächst eher zögerlich – eine kreative Suche nach neuen theoretischen Anschlüssen (vgl. Dörfler, Graefe, Müller-Mahn 2003). Auch zur Erklärung von Migrationsphänomenen und ihren entwicklungsbezogenen Folgen rückten ab Mitte der 1990er Jahre veränderte Fragestellungen und teils neue Ansätze in den Vordergrund. Die migrationsbezogene Entwicklungsforschung griff dabei sowohl auf neuere disziplininterne Theorieangebote als auch auf aktuelle Konzepte der internationalen Migrationsforschung zurück (s. Kap. 2.1.3) und befreite sich so z. T. aus der ideologischen Denkfalle.

---

jeder von ihnen über wertvolles Erklärungspotenzial verfügt, alleine aber nicht ausreicht, um die Vielschichtigkeit der verschiedenen Migrationsphänomene analytisch in den Griff zu bekommen. Obgleich sie sich in ihren Grundannahmen, Argumentationen und Schlussfolgerungen zum Teil gegenseitig ausschließen, ergänzen sie sich insofern, als sie strenggenommen häufig unterschiedliche Sachverhalte zu erklären versuchen. Migration ist in ihren Erscheinungsformen schlichtweg zu heterogen und kontextspezifisch, um als einheitlicher Forschungsgegenstand zu gelten. Trotzdem wurde Migration in der Vergangenheit so behandelt, als wäre es *ein* Phänomen, das mit *einer* Theorie zu erklären ist. Seit den 1990er Jahren weisen deshalb Massey et al. (1993) ebenso wie viele andere Migrationsforscher zu Recht darauf hin, dass es nicht die *eine* migrationswissenschaftliche »Grand Theory« geben kann.

7   Menzel (1993) sprach in diesem Zusammenhang von einem »Scheitern der großen Theorien«, die etwa zwei Dekaden lang die entwicklungstheoretische Diskussion strukturiert hatten.

2.1.2 Territoriale Denkfalle

Mobilität/Migration wird disziplinübergreifend gemeinhin als körperliche Bewegung zwischen verschiedenen erdräumlichen Lokalitäten verstanden. Hierin spiegelt sich durchaus das konventionelle Raumverständnis sowie die raumgebundene und raumbindende Konzeptualisierung von Mobilität/Migration wider. Mobilität (im Sinne von Pendeln zwischen verschiedenen Funktionsstandorten) gilt dabei meist als relativ unproblematisch; doch sobald territoriale/politische Grenzen überschritten werden – Mobilität also als (internationale) Migration (im Sinner einer dauerhaften Wohnstandortsverlagerung) stattfindet – wird sie problematisiert und politisiert. Migration setzt bereits qua definitionem Grenzen voraus: Ohne Grenzziehung keine Migration! Aufgrund dieser raum- und grenzfixierten Definition wird bei der Untersuchung von Migration fast zwangsläufig eine containerräumliche Betrachtungsweise reproduziert; und die Grenze erfährt kontinuierliche Bestätigung, ohne selbst explizit thematisiert bzw. hinterfragt zu werden.

Ohne Grenzziehung keine Migration!

Dementsprechend forschten die Migrationswissenschaftler immer *raumbezogen* (und *raumreproduzierend)*. Ihr Auftrag lag vornehmlich in der räumlichen Erfassung, Beschreibung, Analyse und Prognose von Wanderungsvorgängen und den damit verbundenen (räumlichen) Folgen. In den meisten migrationswissenschaftlichen Untersuchungen gilt Raum (und die ihn konstituierenden Grenzen) bis heute als gegebene und statische Referenz, als eine Kategorie, die wie selbstverständlich den Bezugsrahmen für die Untersuchung von Migration bildet. Dieses allgemeine methodologische Grundproblem, Gesellschaft insgesamt und auch gesellschaftliche Phänomene wie Migration kaum losgelöst von spezifischen reifizierten Raumkonstrukten erforschen zu können, wird im angelsächsischen Raum als »*territorial trap*« (Agnew 1994) bezeichnet. Diese Falle räumlich angelegten Denkens ist tatsächlich schwerlich zu umgehen und prägt die Migrationsforschung allgemein (vgl. Berking 2006; Schroer 2006).

In der Migrationsforschung gilt »Raum« meist als gegebene, statische Referenz, die wie selbstverständlich den Bezugsrahmen bildet.

In den 1990er Jahren begann die Wissenschaft, die »*territorial trap*« und das damit verknüpfte Problem des methodologischen Nationalismus (Glick-Schiller 2007) bzw. methodologischen Territorialismus, zu erkennen, und machte sich auf die Suche nach alternativen

Denkweisen. Für die Forschung ergaben sich aus dieser Suche zum einen Impulse aus der Migrationswissenschaft und zum anderen aus der Entwicklungsforschung.

2.1.3 Impulse aus der internationalen Migrations- und Entwicklungsforschung

In der internationalen Migrationsforschung etablierten sich verschiedene migrationswissenschaftliche Ansätze, die jeweils als Bestrebung zur konzeptionellen Überwindung einer räumlich separierenden Betrachtungsweise von Herkunftsland und Zielland zu deuten sind.

Transnationalismus: Plurilokale soziale Verflechtungszusammenhänge zwischen Herkunfts- und Zielland

Der wohl einflussreichste Versuch eines Denkens jenseits nationalstaatlicher Container stammt aus der US-amerikanischen Diskussion um sogenannte *transnational social spaces* (vgl. z. B. Glick-Schiller, Basch, Blanc 1997; Pries 1997, 2002, 2008; Faist 2000). Ausgangspunkt war die empirische Beobachtung eines vermeintlich neuen Typus von Migration aus den karibischen Staaten, aus Mexiko und von den Philippinen – also aus sogenannten Entwicklungs- und Schwellenländern – in die Vereinigten Staaten: Seit den 1980er Jahren wurden verstärkt zirkuläre, zwischen Herkunfts- und Zielland oszillierende Wanderungsverläufe beobachtet. Dem neuen Konzept des *Transnationalismus* entsprechend, findet Migration nicht mehr als einmalige, unidirektionale Bewegung und endgültiges Verlassen des vorherigen sozialen Gefüges statt. Vielmehr entstehen plurilokale soziale Verflechtungszusammenhänge und Lebenswirklichkeiten, die sich quer zu nationalen Grenzziehungen zwischen Herkunfts- und Zielkontexten aufspannen.[8] Diese »neue« Form der Migration, die eben nicht mit einer kompletten Loslösung aus dem gesellschaftlichen Herkunftskontext und einer sozialen Eingliederung im Zielland

---

8   Exemplarisch für frühe europäische Forschungsarbeiten in diesem Bereich vgl. Müller-Mahn (1999): In einer empirischen Fallstudie zur Süd-Nord-Wanderung am Beispiel ägyptischer »sans papiers« in Frankreich untersucht der Autor den Zusammenhang von irregulärer Einwanderung und irregulärer Beschäftigung.

einhergeht, sondern sich in einem dauerhaften »Dazwischen« äußert, wird häufig als *Transmigration*[9] bezeichnet.

Diese Anfang der 1990er Jahre als Gegenentwurf zum methodologischen Nationalismus formulierte *transnationale* Perspektive forderte nicht nur dazu auf, neu über Fragen der gesellschaftlichen Assimilation/Integration im Zielkontext nachzudenken, sondern betraf auch jenen Zweig der Migrationsforschung, der sich explizit den Auswirkungen (internationaler) Wanderungen für den Herkunftskontext widmete. Daher untersuchte die Migrationsforschung nun zunehmend die entwicklungsbezogenen Effekte transnationaler Verflechtungen für die Herkunftsländer der Transmigranten. Diese Forschungsrichtung etablierte sich zeitlich parallel zum Diskurs um *Migration & Development* in der internationalen Politik (Geiger, Steinbrink 2012). Heute bildet sie gewissermaßen die konzeptionelle Grundlage für politische Argumentationen, welche die positive Bedeutung von Rücküberweisungen, Diasporagruppen, Remigration, *brain gain/circulation* etc. postulieren – obschon sich die Forschungsergebnisse keinesfalls so eindeutig positiv (bzw. entwicklungsförderlich) darstellen, wie die politische Rhetorik oft vermuten lässt.

Ein weiterer, in der internationalen Migrationsforschung viel beachteter Ansatz, Herkunfts- und Zielregion nicht separat, sondern in ihrem systemaren Zusammenspiel zu betrachten, ist der *Migrationssystemansatz*. Dieser von Kritz et al. (1992) auf internationale Wanderungen übertragene Ansatz hat seinen Ursprung auffälligerweise in der entwicklungsgeographischen Beschäftigung mit Land-Stadt-Wanderungen in Afrika (Mabogunje 1970). Das Migrationsgeschehen wird hier lediglich als ein Bestandteil eines komplexen Wechselgefüges zwischen Herkunfts- und Zielregion interpretiert, eines größeren Systemgefüges also, das zusätzlich durch wirtschaftliche, demographische, soziale, politische und legislative Einflussgrößen

Migrationssystem als komplexes, multidimensionales Wechselgefüge zwischen Herkunfts- und Zielregion

---

9   »Transmigrants are immigrants whose daily lives depend on multiple and constant interconnections across [...] borders and whose public identities are configured in relationship to more than one nation-state« (Glick-Schiller, Basch, Blanc 1997: 121).

strukturiert ist. Es wird davon ausgegangen, dass Migrationssysteme aus der Verstetigung von migrationsauslösenden, -begleitenden, -verstärkenden oder -induzierten Faktoren auf unterschiedlichen Ebenen (Mikro bis Makro) entstehen.

Sozialkapital und soziale Netzwerke

Konzeptionell eng verknüpft mit der Perspektive des Transnationalismus und dem Migrationssystemansatz sind auch die unterschiedlichen Ansätze zu *Sozialkapital* und *Sozialen Netzwerken* in der Migrationsforschung.[10] Insbesondere das Transnationalismuskonzept ist ohne das Denken in Netzwerkstrukturen kaum vorstellbar, denn es sind die sozialen Beziehungen/Interaktionen zwischen individuellen und kollektiven Akteuren, welche die in der Transnationalismusforschung thematisierten nationalgrenzenübergreifenden sozialen Felder konstituieren. Auch für den Migrationssystemansatz spielen soziale Netzwerke eine zentrale Rolle. Sie schließen gewissermaßen die theoretische Lücke, die zwischen Mikro- und Makro-Perspektive klafft.[11] Die migrationswissenschaftliche Analyse dieser Meso-Ebene konzentriert sich überwiegend auf jene sozialen Beziehungen, die Kosten und Risiken der Migration verringern.

Die Analyse von Migrationsnetzwerken leistet somit einen relevanten Beitrag zur Erklärung von dynamischen Vorgängen in Migrationssystemen. Darüber hinaus eröffnet sie einen wichtigen Blickwinkel, um Phänomene der Kettenmigration, die »*kumulative Verursachung von Migration*« (Massey et al. 1994) und die Etablierung, Verstetigung und Veränderung von Migrationspfaden sowie raumüberspannender sozialer Felder besser zu verstehen. Innerhalb der netzwerkbezogenen Migrationsforschung entwickelte sich vor allem das *Soziale Kapital* zu einem ausgesprochen prominenten Konzept.

Der Boom netzwerkanalytischer Ansätze in der internationalen Migrationsforschung steht exemplarisch für einen generellen, seit etwa zwanzig Jahren zu beobachtenden Trend in den Sozialwissenschaften (vgl. Stegbauer, Häußling 2010). Auch in der internationalen Entwicklungsforschung erfreut sich der Netzwerkbegriff als analytisches Konzept zunehmender Beliebtheit. Nach dem vermeintlichen

---

10 Vgl. hierzu die instruktiven Übersichten von Haug (1997, 2000).

11 Faist (2010) spricht auch von einer »meso-level theory«.

»Scheitern der großen Theorien« (s. o.) wandte sich die Entwicklungsforschung vor allem pragmatischeren akteurs- und handlungs-
orientierten Ansätzen zu. Symptomatisch hierfür war das Aufkommen der *Verwundbarkeits- und Livelihood-Forschung*,[12] die seit den
1990er Jahren zu einer der prominentesten Perspektiven der Entwicklungsforschung avanciert ist.

Das Verwundbarkeitskonzept interpretiert die Individuen und
Gruppen als Handelnde in Risikosituationen und stellt die Systeme
der Lebenshaltung (*livelihoods*) in den Mittelpunkt. Die Risikokons-
tellation wird dabei als Strukturengeflecht verstanden, innerhalb dessen die verwundbaren Individuen und Gruppen (meist Haushalte) ihre
Anpassungs-, Bewältigungs- bzw. Livelihood-Strategien entwickeln.

Systeme der Lebenshaltung als Untersuchungsobjekt der Livelihood- und Verwundbarkeitsforschung

Dabei geht es um Ressourcenausstattung und Handlungsstrategien im
Kontext von Krisen und Unsicherheit. Innerhalb dieser Forschungsrichtung werden zwischenmenschliche Beziehungen von Akteuren –
also soziale Netzwerke – als wichtiger Teil der verfügbaren
livelihood assets eingeordnet und vor allem im Sinne einer sozialen
Ressource (*social capital*) betrachtet, auf die im Krisenfall zurückgegriffen werden kann. Diese starke Konzentration der Livelihood-
Studien auf die Mikro-Ebene der Akteure (ebenso wie die containerräumliche Konzeption zentraler Analysekategorien, z. B. Haushalt
und Community) (siehe ausführlich Kap. 3.2) führt allerdings dazu,
dass die Mikro-Ebene oft mit der lokalen Ebene gleichgesetzt. Gewissermaßen einem verräumlichenden Reflex folgend werden die
Systeme der Existenzsicherung deshalb oft als lokal gebunden interpretiert. Auch diese verkürzte Schlussfolgerung ist eine Form der
»*territorial trap*«. Erst in jüngerer Zeit werden auch *translokal organisierte Livelihood-Systeme* stärker thematisiert (vgl. hierzu ausführlich Kap. 3), wodurch wiederum Migrationen und raum- bzw. grenz-

---

12 Vgl. Chambers (1989); und zum Import der Verwundbarkeitsidee in die
deutsche Entwicklungsforschung siehe Bohle (1993) sowie Bohle und
Watts (1993). Diese Konzepte wurden als Ausgangspunkt und Analyserahmen für verschiedene umfangreiche entwicklungsgeographische Studien genutzt (siehe z. B. Krüger 1997; Lohnert 1995; Gertel 1993; Dittrich 1995; Tröger 2002).

übergreifende soziale Netzwerke als integrale Bestandteile der Existenzsicherung ins Blickfeld rücken. Das bedeutet: Die Netzwerkperspektive verknüpft die Migrationsforschung mit der Entwicklungsforschung auch konzeptionell

Das Konzept der translokalen Livelihoods ist ein aus der Entwicklungsforschung stammender migrationswissenschaftlicher Ansatz, der Wanderungen und grenzüberspannende Netzwerke aus dem Handeln im Kontext von Risiko und Unsicherheit erklärt.

Translokalität der Existenzsicherung stellt als Idee einen aus der Entwicklungsforschung stammenden migrationswissenschaftlichen Ansatz dar, der Wanderungen und grenzüberspannende Netzwerke aus den Erfordernissen der Lebenssicherung im Kontext von Risiko und Unsicherheit zu erklären versucht. Außerdem erfährt die Livelihood-Forschung durch diese Idee eine konzeptionelle Erweiterung, um die containerräumliche Befangenheit von Entwicklungsforschung und Entwicklungszusammenarbeit zu überwinden. Das Konzept bietet somit eine handlungsorientierte Möglichkeit, verschiedene raum- bzw. grenzübergreifende Formen ökonomischer, migratorischer und sozialer Interaktionen in Bezug auf entwicklungsbezogene Fragestellungen zu analysieren und in ihrer Bedeutung für die Existenzsicherung von *Movern* und *Stayern* zu verstehen.[13] Darüber hinaus birgt das Konzept erhebliches Erklärungspotential, um Prozesse der Reproduktion, des Ausgleichs oder Verschärfung von sozialen und regionalen Disparitäten zu untersuchen. Insofern kann dieser verhältnismäßig junge Ansatz gleich in mehrfacher Weise einen zentralen Beitrag innerhalb der großen aktuellen Debatte um den stark politisierten Nexus »*Migration & Development*« leisten (vgl. Abbildung 1).

---

13 Vgl. Lohnert, Steinbrink (2005); Thieme (2008); Zoomers, van Westen 2011; Steinbrink (2012) sowie Steinbrink, Peth (2014).

Abbildung 1: Translokale Livelihoods als Verknüpfung von
Migrationsforschung und Livelihoodforschung

Quelle: eigene Darstellung

2.2 GRENZEN DES LAND-STADT-DENKENS

Land und Stadt stehen sich auf begrifflicher Ebene unvereinbar gegenüber. Beides ist nur in Abgrenzung zueinander denkbar. Pointiert ließe sich behaupten, dieser sprachlogische Zusammenhang sei ein verstecktes Kernproblem der Entwicklungsforschung, insbesondere der geographischen Entwicklungsforschung. Denn Stadt und Land sind originär raumbezogene Begrifflichkeiten, und als solche konstituieren sie sich grundsätzlich aus der räumlichen Kategorisierung anderer gegensätzlicher Begriffspaare. Erst aus der Gegensätzlichkeit der gewählten Begriffspaare entsteht dann der Land/Stadt-Gegensatz. Die Begriffe Land und Stadt sind dabei prall gefüllt mit populären und wissenschaftlichen Konnotationen, die so vielfältig und teils widersprüchlich sind, dass sie letztlich jeglichen signifikanten analytischen Wert verlieren. Trotzdem ist dieses dichotome Land/Stadt-Konzept tief verwurzelt im »Entwicklungsdenken« und eine getrennte Betrachtung »ländlicher« und »städtischer« Probleme die Folge.

Land und Stadt sind Kategorien zur Verräumlichung analytischer Dualismen.

Das dichotome Land/Stadt-Denken ist in der Entwicklungsforschung tief verwurzelt.

Vor allem angesichts der empirischen Realität eines starken sozialen Interaktionsgefüges zwischen städtischen und ländlichen Gebieten in vielen Ländern des Südens erweist sich dieses Denken zunehmend als unangemessen. Eine zentrale These dieses Buches lautet deshalb stattdessen: Land und Stadt sind sozioökonomisch oft so stark verflochten, dass eine separierende Betrachtung zu eklatanten Fehleinschätzungen bei der Beurteilung spezifischer Problemkomplexe führen kann.

Im Folgenden wird den Gründen für die erstaunliche Zählebigkeit des rural-urbanen Dichotomiedenkens in der entwicklungstheoretischen und entwicklungspolitischen Debatte nachgegangen: Wie haben sich die entwicklungstheoretischen und -politischen Debatten der verschiedenen Zeiten im Land/Stadt-Denken niedergeschlagen und zu dessen Verfestigung beigetragen?

2.2.1 Das Land/Stadt-Denken in der entwicklungstheoretischen Debatte: Dualistische Verräumlichungen

In der internationalen Entwicklungsforschung sind Land und Stadt seit jeher zentrale analytische Kategorien. Die Art und Weise, wie man sich dem Themenkomplex der Urbanisierung, der Land-Stadt-Migration und dem strukturellen Verhältnis von Land und Stadt genähert hat, sowie die gezogenen Schlussfolgerungen spiegeln meist auch den entwicklungstheoretischen und -politischen Zeitgeist der jeweiligen Epoche wider. Für die Vertreter der beiden großen theoretischen Denkrichtungen waren Land und Stadt jeweils Konzepte zur *Verortung dualistischer Denkkategorien* und wurden so selbst zu zentralen analytischen Kategorien in der Entwicklungsforschung. Diese Verräumlichung nicht-räumlicher Kategorien und die dualistische Logik des klassischen Land/Stadt-Denkens wird im Folgenden anhand einer Gegenüberstellung dargestellt (vgl. hierzu detaillierter Steinbrink 2009: 22-38).

Land/Stadt als antithetischer Dualismus

Einer der zentralen Grundannahmen der Modernisierungstheorien zufolge prägt der unvereinbare Gegensatz von »Traditionalität« und »Modernität« die innere Struktur sogenannter Entwicklungsländer. Das Traditionelle und das Moderne werden demnach als antithetischer Dualismus verstanden.[14] Gleichzeitig gehen die Modernisierungstheorien davon aus, dass dieser Dualismus nur eine Transitionsphase im Entwicklungsprozess beschreibt und sich der vormoderne Sektor im Zuge sukzessiver Entwicklungsfortschritte auflöst (»nachholende Entwicklung«).

Angesichts der zentralen Annahme, die historisch-ökonomischen Erfahrungen aus dem europäischen und angloamerikanischen Kontext seien auf die Entwicklungsländer zu übertragen, erstaunt es nicht, dass die Begriffe von »Land« und »Stadt« dazu verleiten, dieses Dualismusmodell unter der Hand zu verräumlichen: Die Schlüsselbegriffe »Traditionalität« und »Modernität« können scheinbar eins zu eins ins Räumliche übersetzt werden. Die Stadt gilt dabei als räumlicher Träger all jener Attribute, die mit Entwicklung verbunden werden, und als Ort, wo all jene Modernisierungsprozesse ablaufen, die zum *Takeoff* und zur Überwindung der »Unterentwicklung« beitragen. Das Land hingegen steht für ökonomische, kulturelle und soziale Stagnation und stellt somit den räumlichen Träger jener traditional-rückständigen Merkmale dar, die am Ende des Entwicklungsprozesses überwunden werden. In Analogie zu dem Dualismuskonzept stehen somit auch Land und Stadt als zwei abgeschottete Sphären nebeneinander, die unterschiedliche und relativ autonome Entwicklungsdynamiken aufweisen. Im Kontext der postulierten historischen Abfolge werden das Ländliche und das Städtische gleichsam als Pha-

Modernisierungstheoretisches Land/Stadt-Denken: Antithetischer Dualismus von Tradition und Moderne

---

14 Dieses Dualismusmodell geht davon aus, dass die Gesellschaften in zwei unvereinbare Sektoren gespalten sind: hier der moderne, dynamische, in den Weltmarkt integrierte, dort der traditionelle, rückständige und stagnierende Sektor. Nach Ansicht der Modernisierungstheoretiker unterliegen beide unterschiedlichen Entwicklungsdynamiken mit jeweils eigenen Gesetzmäßigkeiten (vgl. Blenck, Tröger, Wingwiri 1985; Schmidt-Wulffen 1987).

sen im Entwicklungsprozess betrachtet. Gesellschaftliche und ökonomische Entwicklung wird mit urbaner Entwicklung gleichgesetzt. Land und Stadt stellen demnach gewissermaßen die räumliche Manifestation des Modells der dualistischen Gesellschaftsstruktur als Übergangsphase im Wachstums- und Entwicklungsprozess dar. Auf diese Weise wird aus dem antithetischen Dualismus von »Traditionalität/Modernität« wie selbstverständlich der antithetische Dualismus »Land/Stadt«.

Land/Stadt als dialektischer Dualismus

Die ab Mitte der 1960er Jahre artikulierte dependenztheoretische Kritik setzte an den Wurzeln der Modernisierungstheorien an. Vor allem die Grundannahme, Unterentwicklung habe endogene Ursachen, wurde auf theoretischer Ebene radikal hinterfragt. Stattdessen rückte die Verstrickung in ein durch asymmetrische Beziehungen charakterisiertes Netz von Abhängigkeiten zu den Industriestaaten in den Mittelpunkt der Erklärungsmodelle (vgl. Senghaas 1972, 1974; Evers, Wogau 1973). Innerhalb der Dependenztheorien mauserte sich das Konzept der strukturellen Heterogenität (vgl. Córdova 1973) zum zentralen analytischen Ansatz. Demnach unterscheiden sich strukturell heterogene Gesellschaften von strukturell homogenen Gesellschaften durch eine Koexistenz unterschiedlicher, spezifisch einander wirkender Produktionsweisen. Insofern hat das Konzept der strukturellen Heterogenität innerhalb der Dependenztheorien eine vergleichbare Funktion wie das Dualismusmodell in den Modernisierungstheorien. Denn beide Ansätze dienen der Konzeptualisierung der inneren Struktur peripherer Gesellschaften. Wie das modernisierungstheoretische Dualismuskonzept geht auch das Konzept der strukturellen Heterogenität davon aus, dass verschiedene Gesellschaftssegmente existieren. Somit kann die strukturelle Heterogenität als direktes dependenztheoretisches Pendant zum antithetischen Dualismusmodell der Modernisierungstheorien verstanden werden. Dabei wird allerdings nicht nach traditionellen und modernen Segmenten unterschieden, sondern nach Segmenten kapitalistischer und nicht- bzw. präkapitalistischer Produktionsweisen. Auch das Gegenkonzept bedient sich also eines analytischen Dualismus (»kapitalistisch/nicht-kapitalistisch«); dieser wird allerdings nicht als antithetischer, sondern – da die Interdependenzen und das Zusammenspiel zwischen den Sektoren im Mittelpunkt stehen – als *komplementärer Dualismus* verstanden.

Die dependenztheoretische Kritik bezog sich auch auf das dualistische Land/Stadt-Konzept der Modernisierungstheorien, wobei sie nicht auf die Demontage der »Verräumlichung« des Dualismus selbst abzielte. Vielmehr blieben Land und Stadt auch in der kritischen Auseinandersetzung die räumlichen Träger der zentralen Kategorien des politisch-ökonomischen Gegenkonzepts. Das Konzept der strukturellen Heterogenität wurde ebenfalls ins »Räumliche« übersetzt, indem Land und Stadt als Kategorien zur Verortung der unterschiedlichen Produktionsweisen bzw. zur Verortung von Produktion und externalisierter Reproduktion genutzt werden. Das Land gilt dabei als Ort des prä- bzw. nicht-kapitalistischen Sektors (Subsistenzwirtschaft), während die Stadt als Raum der dominanten kapitalistischen Produktionsweise interpretiert wird – und als Zentrum der Kapitalakkumulation, vor allem begünstigt durch die Externalisierung der Reproduktionskosten in den ländlichen, nicht-kapitalistischen (Subsistenz-)Sektor. Städtisches Wirtschaftswachstum wird in diesem Zusammenhang nicht zuletzt mit der Ausbeutung des ländlichen Hinterlands begründet und die ländliche Unterentwicklung als Resultat eines ausbeuterischen Prozesses dargestellt. Für die Vertreter der Dependencia-Schule spiegelt das Land-Stadt-Verhältnis in den Entwicklungsländern die asymmetrischen Beziehungen der Produktionsweisen zueinander wider.[15]

Im Unterschied zu modernisierungstheoretischen Autoren sehen die Vertreter der Dependenzthese Land und Stadt nicht als getrennte Sphären an, sondern als durch stark hierarchische Abhängigkeitsketten verbundene Sektoren. Trotz der Betonung des politisch-ökonomischen Beziehungszusammenhangs transportiert diese Denkweise ebenfalls ein »begrenztes« Bild von Land und Stadt, indem

Dependenztheoretisches Land/Stadt-Denken: Komplementärer Dualismus »kapitalistisch/nicht-kapitalistisch«

---

15 Der ländliche Raum stellt demnach das letzte und schwächste Glied einer weltumspannenden hierarchischen Ausbeutungskette dar, wobei die Städte in Entwicklungsländern als vorletztes Glied zumindest von der Ausbeutung des ländlichen Raumes profitieren (vgl. Potter 1989; Potter, Unwin 1995).

beide als scharf kontrastierte Teilräume des nationalen Territoriums konzipiert werden. Auch in der dependenztheoretischen Schule blieben Land und Stadt somit Kategorien zur Verräumlichung eines Dualismus, auch wenn dieser nicht mehr als antithetischer, sondern als komplementärer bzw. dialektischer Gegensatz gedacht wurde.

2.2.2 Land/Stadt-Denken in der entwicklungspolitischen Diskussion: Dualistische Persistenzen

Im Zuge der radikalen Kritik an den Modernisierungstheorien kamen auch die bis dahin propagierten Entwicklungsstrategien, die sich vorwiegend auf die Förderung der urban-industriellen Zentren konzentrierten, auf den theoretischen Prüfstand der politischen Ökonomie. Es waren jedoch nicht in erster Linie die Argumente der Dependencia, die dazu führten, dass sich in der entwicklungspolitischen Diskussion eine pro-ländliche Perspektive herausbildete. Vielmehr waren es die unübersehbaren Prozesse einer sich zusehends verschärfenden Armut in ländlichen Gebieten.

»Urban bias« und »rural-urban income gap« waren lange zentrale Schlagworte in der Debatte um »Land und Stadt in Entwicklungsländern«.

Lipton (1977) formuliert in einem einflussreichen Beitrag erstmals die These des »*Urban Bias*«. Er zeigt auf, wie die Handels-, Tarif- und Steuerpolitik sowie die Infrastruktur- und Investitionsprogramme vieler Regierungen in Entwicklungsländern städtische Räume zulasten der armen Landbevölkerung bevorzugen. Die Diagnose: eine sich immer weiter öffnende Einkommensschere zwischen ländlichen und städtischen Gebieten. »*Rural-urban income gap*« und *urban bias* wurden nun zentrale Schlagworte in der entwicklungspolitischen Diskussion um Urbanisierung und Landflucht und oft zur Charakterisierung der Struktur »typischer« Entwicklungsländer herangezogen. So fand jetzt also auch das begriffliche Gegensatzpaar »arm/reich« seine geographische Verortung im Land/Stadt-Gegensatz.

Auf die Kritik an den bisherigen Entwicklungsmodellen reagierend, änderten die internationalen Entwicklungsorganisationen ihren Kurs: Die Prioritäten wurden stärker auf das jahrzehntelang vernachlässigte Land verlagert; und ab Mitte der Siebziger forcierten die internationalen Geberorganisationen die Strategie der »Ländlichen Entwicklung«.[16] Diese pro-rurale Sichtweise avancierte in der Folgezeit zum entwicklungspolitischen Mainstream. Man ging davon aus, dass die Stadtbevölkerung im Vergleich zur ländlichen Bevölkerung einen deutlich höheren Lebensstandard hat – und dieses Stadt-Land-Gefälle wurde als Hauptursache für die rasanten Urbanisierungsraten angesehen. Konsens war, dass der politische »Hang zum Urbanen« ursächlich für die Entwicklungsmisere sei, weil dieser zu einer volkswirtschaftlich höchst ineffizienten staatlichen Ressourcenallokation führe und so ländlicher Verarmung Vorschub leiste.

Die »Urban-Bias-These« hielt sich auch, als es bereits zu einer entwicklungsstrategischen Umorientierung von Weltbank und Internationalem Währungsfond (IWF) kam und die Grundbedürfnisstrategie zugunsten einer neoliberalen Strukturanpassungsstrategie (SAP) aufgegeben wurde. Die Implementierung der SAP hatten vor allem auch für die städtische Bevölkerung deutliche Konsequenzen: Die Situation in verschiedenen afrikanischen Staaten analysierend, beschreiben Jamal und Weeks (1988) den Prozess der »Urbanisierung der Armut«, der die Diskussion um das Verhältnis von Land und Stadt im Globalen Süden bis heute beeinflusst. Die Autoren weisen auf folgende, seit Ende der 1970er Jahre zu beobachtende Trends hin (Jamal, Weeks 1988: 273f):

• Die Reallöhne der städtischen Arbeiter fallen dramatisch.
• Sicherheit und Stabilität von Beschäftigungsverhältnissen im formellen (städtischen) Wirtschaftssektor sind nicht gegeben.
• Die Einkommensunterschiede zwischen formellem und informellem Arbeitsmarkt werden geringer oder verschwinden.
• Die Einkommensschere zwischen städtischen Lohnarbeitern und der Landbevölkerung schließt sich immer weiter und öffnet sich in einigen Staaten bereits in die entgegengesetzte Richtung.
• Die gesamtgesellschaftliche Einkommensverteilung hat sich in den meisten Staaten verschlechtert.

---

16 Zur Strategie der Ländlichen (Regional-)Entwicklung vgl. u. a. Rauch (1996).

• Trotz der übrigen Trends hat sich die Land-Stadt-Migration nicht verringert.

Jamal und Weeks (1988) leiten aus diesen Beobachtungen ab, dass sich die Verteilung des Einkommens zwischen Land und Stadt seit den 1970er Jahren maßgeblich verändert hat. Sie kritisieren, die Analysen der Armuts- und Arbeitsmarktforschung in Afrika habe sich immer auf das Verhältnis Kleinbauer/Lohnarbeiter und somit auf den Land/Stadt-Gegensatz konzentriert, ohne dabei die Heterogenität dieser Gruppen zu berücksichtigen. Die Grundannahme der sich öffnenden Einkommensschere zwischen Land und Stadt sei – so die Diagnose von Jamal und Weeks (1988) – ohne ausreichende empirische Belege transportiert und die Vielschichtigkeit der Interaktionszusammenhänge zwischen Land und Stadt deutlich vernachlässigt worden.

Es gibt ein weitverbreitetes Verständnis von ländlicher und städtischer Armut als unabhängige Phänomene.

Mit der einsetzenden Erkenntnis, dass die Armut im Zuge der Wirtschaftskrise auch in den Städten Einzug gehalten hatte, änderte sich einmal mehr die Schwerpunktsetzung in der Entwicklungsdebatte, die sich nun z. T. wieder »re-urbanisierte«. So rückte das »neue« Phänomen der städtischen Armut zwar stärker in den Blickpunkt der Forschung, was jedoch nicht dazu führte, dass sich die Armutsforschung vom Land/Stadt-Paradigma löste. Immer noch werden ländliche und städtische Armut häufig als zwei weitgehend voneinander unabhängige Phänomene verstanden. Diese dualistische räumliche Klassifizierung der Armut hatte zur Folge, dass vornehmlich nach städtischen Ursachen und Auswirkungen des Phänomens gesucht wurde. Wratten (1995) weist darauf hin, dass die Fokussierung auf die Frage, ob städtische Armut extremer sei als ländliche, von den strukturellen Determinanten, die die Lebensbedingungen der Armen in *beiden* Sektoren beeinflussen, ablenke. Dadurch, so Wratten (1995), beschränkten sich auch die Lösungsansätze oft auf die Symptomlinderung auf lokaler (städtischen *oder* ländlichen) Ebene.

Vor dem Hintergrund dieser Kritik scheint es geboten, nach einer analytischen Perspektive Ausschau zu halten, die beide Sphären der Existenzsicherung – Stadt und Land – als ein komplexes System betrachtet.

2.3 Translokale Perspektiven

Entwicklungsforschung, die sich auf dichotome Kategorien wie modern/traditionell, Herkunft/Ziel und Stadt/Land stützt, stellt stets das Trennende in den Vordergrund. Der Komplexität und Kontextualität empirischer Realitäten kann ein solches Denken nicht gerecht werden. In den letzten Jahren haben sich in der Migrations- und in der Entwicklungsforschung deshalb zunehmend Ansätze herausgebildet, deren Ziel es ist, die analytische Relevanz trivial-dualistischer Kategorien auszuhebeln. Hierzu gehört auch die konzeptionelle Etablierung einer *translokalen Perspektive*, die vor allem das konventionelle Containerraumdenken zu überwinden versucht (u.a. Steinbrink 2009; Brickell, Datta 2011; Zoomers, van Westen 2011; Verne 2012; Greiner, Sakdapolrak 2013). Neben dem *Hier* und *Dort* wird in dieser Perspektive insbesondere dem *Dazwischen* Beachtung geschenkt, also auf das Verbindende fokussiert.

Die translokale Perspektive dient der Überwindung des konventionellen Containerraumdenkens.

Translokale Perspektiven haben in der Wissenschaft sowohl im internationalen wie auch im deutschsprachigen Kontext derzeit Konjunktur. Dass seit etwa zehn Jahren immer mehr Wissenschaftler verstärkt mit dem Begriff der Translokalität arbeiten, zeigen nicht zuletzt die Publikationszahlen. Abbildung 2 veranschaulicht die zeitliche Entwicklung der Suchergebnisse mit dem trunkierten Suchbegriff »*translocal**« und »*translokal**« in der Literaturdatenbank *google scholar*.

Translokalität boomt!

Abbildung 2: Entwicklung der Publikationszahlen zu »Translokalität« zwischen 2000 und 2015

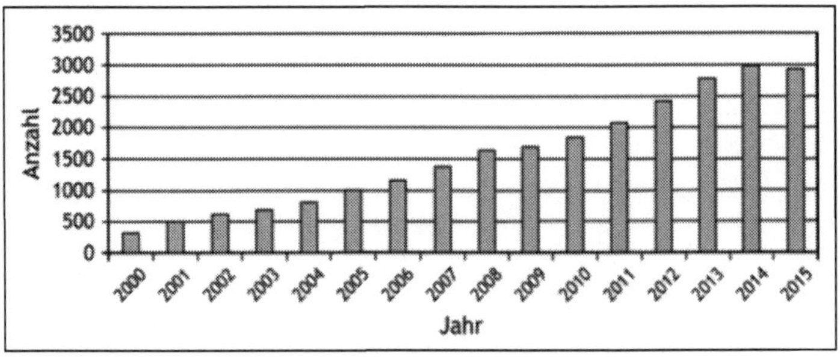

Quelle: google scholar (Zugriff: Juni 2016), eigene Darstellung

Doch obwohl »Translokalität« en vogue zu sein scheint, ist der Begriff keineswegs eindeutig definiert.[17] Das liegt insbesondere daran, dass der Entstehungskontext des Terminus und seiner Bedeutung recht diffus ist und sich nicht klar auf das Werk eines einzelnen Autors zurückführen lässt. Heute wird der Begriff als akademisches *catch word* in sehr unterschiedlichen thematischen und disziplinären Zusammenhängen verwendet; so z. B. in der Geographie (u. a. Lohnert, Steinbrink 2005; Conradson, McKay 2007; Brickell, Datta 2011; Steinbrink 2009; Featherstone 2011; Verne 2012; Gilles 2015), in den Geschichts- und Regionalwissenschaften (u. a. Oakes, Schein 2006; Freitag, von Oppen 2010), in Ethnologie und Sozialanthropologie (u. a. Appadurai 2003; Argenti, Röschenthaler 2006; Gottowik 2010; Greiner 2010; Marion 2005; Núñez-Madrazo 2007; Peleikis 2003) sowie in der Entwicklungsforschung (u. a. Zoomers, van Westen 2011).

---

17 Zu begrifflichen Überlappungen und den Verwirrungen um die Begriffe Multilokalität und Translokalität vgl. Weichhart (2010).

In der gegenwärtig stark zunehmenden Literatur zur Translokalität ist man konfrontiert mit einer erstaunlichen Vielzahl anderer, teils recht großer Begriffe, die sich im semantischen Hof der Translokalität tummeln (z. B. Mobilität, Migration, Netzwerk, soziale Rimessen, Ort, Lokalität, Identität, Zirkularität, Transfer, [Wissens-]Flüsse, Sozialkapital). Einige Autoren bemühen sich um konzeptionelle Kohärenz, indem sie manche dieser Begriffe in Bezug zu bestehenden Sozialtheorien setzen (z. B. von Giddens oder Bourdieu: Brickell, Datta 2011; Greiner, Sakdapolrak 2012; Steinbrink 2009). Etliche Autoren verwenden »Translokalität« jedoch eher als »*umbrella term*« (Greiner, Sakdapolrak 2013: 3), um unterschiedliche Formen von Mobilität und räumlicher Vernetzung zu beschreiben (z.b. Grillo, Riccio 2004; Ma 2002). So definiert Tenhunen (2011: 416) »*translocality*« einfach als »*relations that extend beyond the village community*«. Freitag und von Oppen (2010b: 5) bezeichnen Translokalität als »*descriptive tool*«, das sich auf die Gesamtzahl der Phänomene bezieht, die aus einer Reihe von Zirkularitäten und Formen des Transfers resultieren.[18] Ausführlicher erläutert Greiner (2011: 610) den Begriff:

» [...] translocality as the emergence of multidirectional and overlapping networks created by migration that facilitate the circulation of resources, practices and ideas and thereby transform the particular localities they connect.«
(Greiner 2010: 610)

»I define translocality as the emergence of multidirectional and overlapping networks created by migration that facilitate the circulation of resources, practices and ideas and thereby transform the particular localities they connect. Translocality thus refers to the dynamics, linkages and interdependencies of the multidimensional social space connecting migrants' areas of origin and destination.«

Trotz bestehender definitorischer Unklarheiten und deutlicher Unterschiede im Detail lassen sich doch fraglos Gemeinsamkeiten feststellen: Disziplinübergreifend benutzen Autoren den Translokalitätsbegriff gemeinhin, wenn sie bestimmte Limitierungen herkömmlicher, implizit auf spezifische räumliche Grenzziehungen basierender Konzepte überwinden wollen und gesellschaftliche Phänomene betrachten, die aus intensiven grenz- und distanzüberschreitenden Mobilitä-

---

18 Für einen instruktiven Überblick über die unterschiedlichen Verwendungsweisen siehe auch Greiner und Sakdapolrak (2013: 375ff).

ten von Menschen, Gütern, Informationen, Ideen und Symbolen her-
vorgehen. Wer sich dem Literaturstand zur Translokalität auseinandersetzt, kommt zu der Erkenntnis, dass die Translokalitätsforschung
in erster Linie darum bemüht ist, die durch immer komplexere sozialräumliche Dynamiken entstehenden Spannungen zwischen Mobilität
und Lokalität besser zu verstehen und den Realitäten der »Netzwerkgesellschaft« (Castells 2001) Rechnung zu tragen.

Die Translokalitätsforschung hat sich aus den Diskussionen um
das Konzept des Transnationalismus entwickelt und baut auf zentralen Einsichten der Transnationalismusforschung auf; gleichzeitig zielt
der Begriff der Translokalität jedoch darauf ab, dessen nationalstaat-
lichen Fokus zu überwinden. Denn anders als Trans*nationalität* setzt
Trans*lokalität* nicht grundsätzlich das Überschreiten nationalstaatli-
che Grenzen voraus. Nach Freitag und von Oppen (2010b: 12) umfasst Translokalität stattdessen

»a multitude of possible boundaries which might be transgressed, including
not limiting itself to political ones, thus recognizing the inability even of
modern states to assume, regulate or control movement, and accounting for
the agency of a multitude of different actors«,[19]

und oft wird gerade die besondere Bedeutung der konkreten Orte im
translokalen Zusammenhang thematisiert. Das begriffliche Verhältnis
von Translokalität und Transnationalität ist jedoch letztlich nicht eindeutig: Einige Autoren verwenden die Begriffe weitgehend synonym,
andere versuchen, das Transnationalismuskonzept mithilfe des
Translokalitätsbegriffs zu konkretisieren, und wieder andere benutzen
ihn eher als Gegenbegriff, um die Bedeutung des »Nationalen« zu re-
lativieren.

Ein gemeinsames Merkmal der Translokalitätsforschung ist, dass
fast immer ein relationaler Raumbegriff zugrundegelegt und der Blick
auf die Mikroebene und »*local-to-local dynamics*« gerichtet wird.
Translokalität kann als Forschungsgegenstand oder als Forschungsperspektive betrachtet werden (Freitag, von Oppen 2010a); charakte-

---

19 Vgl. auch Gilles 2015: 44-45.

ristisch ist jedoch in beiden Fällen die Relationalität. Im Mittelpunkt stehen stets die Beziehungen *zwischen* Lokalitäten. D.h., Translokalität meint nicht nur die *Mobilitäten* zwischen spezifischen Lokalitäten, sondern insbesondere die *Vernetzungen*, die aus den verschiedenen Mobilitäten resultieren und sich als grenz- und distanzübergreifende Struktur formieren.

Translokalitätsforschung ist ein junger, sich derzeit etablierender Forschungszweig. Unserer Meinung nach stellt das Translokalitätskonzept einen sehr vielversprechenden Ansatz dar, der aus unterschiedlichen Gründen großes Potenzial besitzt. Die folgende Textbox (Abbildung 3) fasst die Stärken des Translokalitätsansatzes zusammen.

Der Fokus der Translokalitätsforschung richtet sich auf räumliche Mobilitäten und Vernetzungen zwischen Lokalitäten.

Abbildung 3: Potentiale der translokalen Perspektive

Potentiale der translokalen Perspektive

1. **Der Translokalitätsansatz hinterfragt und reflektiert die dichotomen räumlich-geographischen Konzepte** (Agnew 2005) - wie Herkunfts- und Zielgebiet, Stadt und Land, Zentrum und Peripherie - vor dem Hintergrund empirischer Realitäten (vgl. Steinbrink 2009, Zoomers, van Westen 2011).

2. Der akteurs- und handlungsorientierte Fokus auf die soziale Herstellung und Reproduktion von **Translokalität eröffnet einen Blick auf zeitliche Dynamiken, Pfadabhängigkeiten und raumzeitliche Veränderungen von sozialräumlichen Prozessen.** Das Konzept der **Translokalität** ist somit besonders gut geeignet, um zu untersuchen, wie diese Prozesse sozial differenziert ablaufen und sich auswirken. Folglich kann auch explizit die Rolle von Machtungleichgewichten im Hinblick auf die Strukturierung der „Flüsse und Bewegungen" (Massey 1991: 25f) betrachtet werden.

3. Translokalität ermöglicht eine alternative räumlich-relationale Betrachtungsweise jenseits der üblichen hierarchischen Gliederung der Maßstabsebenen (Global-National-Regional-Lokal) und stellt somit die besondere Bedeutung von „vernetzten Orten" und „Orten der Vernetzung" heraus. Weil der Translokalitätsansatz anders als der Transnationalismusansatz die methodologische Fixierung auf den Nationalstaat relativiert und stattdessen »*local-to-local*«-Dynamiken ins Zentrum rückt, bietet diese Perspektive u. U. auch einen **neuen Blickwinkel auf die »Historiographie der Globalisierung«** (vgl. Freitag, von Oppen 2010a).

4. Indem Translokalitätsforschung ausdrücklich nicht nur menschliche Mobilitäten umfasst, sondern neben Geld- und Warenströmen auch Flüsse und Kreisläufe von Ideen, Symbolen, Werten und Wissen etc. betrachtet, eröffnet dieser Ansatz zudem eine stimulierende Perspektive auf dauerhaft sesshafte Bevölkerungsteile. **Damit können nun die Vernetzungsstrukturen, welche die verschiedenen Flüsse regulieren, als eine Koproduktion analysiert werden** - als gemeinsame Herstellungsleistung, an der eben sowohl mobile als auch immobile Akteure bzw. Migranten und Nicht-Migranten (*Mover* und *Stayer*) beteiligt sind.

5. Translokalitätsforschung ist immer auch Lokalitätsforschung. Deshalb geraten die jeweiligen lokalen Bedingungen und deren Veränderungen direkt in den Fokus. Das betrifft insbesondere die Veränderungen der physischen und natürlichen Umwelt. Translokalität kann dabei Folge oder Ursache von Umweltveränderungen sein. Insofern vermag die Translokalitätsforschung einen **Beitrag zur Diskussion um (globale) Umweltveränderungen** zu leisten, indem sie in der Debatte auf die zentrale Bedeutung von translokaler Mobilität (von Menschen, Ressourcen, Ideen) und Vernetzung aufmerksam macht (vgl. Greiner, Peth und Sakdapolrak 2015).

Quelle: eigene Darstellung, in Anlehnung an Greiner und Sakdapolrak (2013)

3 Translokale Livelihoods – Neue Perspektiven in der Livelihood-Forschung

Besonders weit fortgeschritten ist die Diskussion um das Konzept der Translokalität innerhalb der (geographischen) Entwicklungsforschung, wobei die am stärksten ausgereifte Operationalisierung des Translokalitätsbegriffs im Zusammenhang mit der Livelihood-Forschung zu beobachten ist. Verschiedene Autoren haben mittlerweile gezeigt, dass sich die Livelihood-Perspektive und die translokale Perspektive analytisch gegenseitig befruchten: Einerseits eröffnet die Analyse von Livelihood-Systemen (bzw. von Livelihood-Strategien) einen Zugang zur Untersuchung translokaler Strukturen, andererseits trägt die translokale Perspektive dazu bei, die große Bedeutung raumübergreifender Verflechtungsstrukturen für Systeme der Existenzsicherung genauer zu erfassen.

Im Folgenden wird zunächst begründet, weshalb die Translokalisierung der Livelihood-Perspektive zweckmäßig ist, um anschließend auf das Konzept der translokalen Livelihoods überzuleiten und auf einige methodologische Implikationen einzugehen.

3.1 TRANSLOKALISIERUNG DER LIVELIHOOD-PERSPEKTIVE

Livelihood-Forschung fokussiert auf die Mikroebene der Haushalte und deren Ausstattungen mit unterschiedlichen Ressourcen sowie auf Handlungsoptionen und -strategien der Ressourcennutzung in spezifischen Handlungskontexten.

Livelihood-Ansätze (Carney, 1998; Chambers, 1987; Chambers, Conway 1992; DFID 1999; Scoones 1998) sind seit fast drei Jahrzehnten beliebte Analyserahmen, wenn es darum geht, menschliche Handlungsstrategien in von Risiko und existenzieller Unsicherheit geprägten ländlichen und städtischen Kontexten zu untersuchen. Als handlungs- und akteursorientiertes Analyseinstrument fokussiert die Livelihood-Forschung auf die Mikroebene der Haushalte und deren Ausstattungen mit materiellen wie immateriellen Ressourcen (*livelihood assets*) sowie auf die Handlungsoptionen und -strategien der Ressourcennutzung (*livelihood strategies*) in spezifischen Handlungskontexten (*vulnerability context, transforming structures and processes*). Die Stärke des Ansatzes besteht darin, dass er ein tieferes Verständnis der Entscheidungs- und Handlungslogiken sowie der konkreten strategischen Handlungen von Haushaltsmitgliedern ermöglicht. Analysiert wird der Einsatz der Haushaltsressourcen als Anpassungs- oder Bewältigungsstrategien im Alltagshandeln. Durch die Konzentration auf das Alltagshandeln stellt das Analyseschema des Livelihood-Ansatzes eine Zielgruppenorientierung für die praktische EZ her und liefert somit auch konkrete Ansatzpunkte für externe Interventionen. Dieser praktischen Anwendbarkeit – auch im entwicklungsbezogenen Projektzusammenhang – mag es geschuldet sein, dass Untersuchungen, die auf diesem Ansatz basieren, allzu leicht auf einer deskriptiven Ebene verharren. Insofern geht es beim Livelihood-Ansatz letztlich weniger um die Erklärung des Zustandekommens von existenzbedrohenden Situationen als um die Beschreibung der Situation (*Vulnerabilitätskontext*) und um die Frage, wie die Menschen ihrem verfügbaren Ressourcenbündel entsprechend darauf reagieren (können).

Vielen Entwicklungsforschern gilt der Livelihood-Ansatz nach wie vor als unverzichtbares Werkzeug für die Analyse von ländlichen (z. B. de Haan 2012; de Haas 2010; King 2011; Mazibuko 2012; Scoones 2009) und städtischen (Lohnert 1995, Krüger 1997, Farrington, Ramasut, Walker 2002; Lohnert, Steinbrink 2005; Rakodi 1995, 2002) Dynamiken auf der Mikroebene – trotz der Kritik, die er in den letzten beiden Jahrzehnten hinsichtlich seiner theoretischen und heuristischen Grenzen erfahren hat. Ein Hauptkritikpunkt bezieht sich auf die konzeptionelle Schwäche hinsichtlich der Berücksichtigung makrostruktureller Faktoren (z.b. Dörfler, Graefe, Müller-Mahn 2003; Steinbrink 2009; Müller-Mahn, Verne 2010; Scoones 2009) und gesellschaftlicher Machtverhältnisse jenseits der Haushaltsebene (z. B. de Haan 2008, 2012). Vielfach wird darauf hingewiesen, dass es diese Unterkomplexität ist, die eine Verknüpfung mit anderen theoretischen und analytischen Ansätzen notwendig macht (Bebbington, Batterbury 2001; de Haan 2012; Thieme 2008; van Dijk 2011, Greiner, Sakdapolrak 2013).

Eine weitere konzeptionelle Schwäche konventioneller Livelihood-Forschung bezieht sich auf die »flächenräumliche Befangenheit« (Steinbrink 2009) der Forschungsperspektive.

»›Classical‹ livelihood approaches largely failed to grasp spatial mobility and migration dynamics in rural households, family systems and communities.« (Benz 2014: 260)

Obgleich sich die Livelihood-Forschungen lange und intensiv mit *sektoraler Einkommensdiversifizierung* beschäftigten, war der Ansatz kaum dazu geeignet, die räumliche Diversifizierung der Existenzsicherungssysteme zu erfassen (King 2011; Steinbrink 2012). Da die empirischen Forschungen überwiegend auf lokalen Fallstudien basierten, vernachlässigten die Untersuchungen oft, dass die erforschten lokalen Lebenszusammenhänge nur als Teilstrukturen eines Gesamtzusammenhangs verständlich werden. Dass die untersuchten Gruppen häufig lediglich Substrukturen von Gemeinschaften darstellen, die sich translokal organisieren, wurde kaum berücksichtigt. Eine solche Livelihood-Forschung, die sich an territorialen Grenzziehungen orientiert, zerschneidet leicht die zu untersuchenden sozialen Zusammenhänge, zumal es zunehmend die Migration ebenso wie die soziale Vernetzung über Grenzziehungen und große Distanzen hinweg sind, welche die Existenzsicherung erst ermöglichen. Insofern wundert es auch nicht, dass die herkömmlichen Livelihood-Studien große Schwierigkeiten damit hatten, die neuen Mobilitäten in der ländlichen Peripherie des Globalen Südens konzeptionell zu fassen. Erst in den

Die konventionelle Livelihood-Forschung war lange von »flächenräumlicher Befangenheit« gekennzeichnet.

letzten zehn Jahren bemühte man sich in der internationalen Entwicklungsforschung, die räumliche bzw. raumübergreifende Dimension der Livelihoods stärker zu berücksichtigen (King 2011). In der Konsequenz heißt das: Der Blickwinkel der Livelihood-Forschung musste sich verändern, um sich von dem Containerdenken der bisherigen Paradigmen zu befreien. Für einen Gegenentwurf respektive eine Erweiterung kommt es also zunächst darauf an, eine *translokale Perspektive in der Livelihood-Forschung* zu entwickeln.

Viele Namen, (mehr oder weniger) eine Bedeutung: »multilocal livelihoods«, »multilocational livelihoods«, »translocal livelihoods«, »transnational livelihoods«

Einige Autoren verwenden in diesem Zusammenhang den Begriff »*multilocal livelihoods*« (de Haan 2008; de Haan, Zoomers 2003; Elmhirst 2012; Thieme 2008) bzw. »*multilocational livelihoods*« (Deshingkar, Farrington 2009; Ramisch 2014, 2015), andere sprechen von »*translocal livelihoods*« (Lohnert, Steinbrink 2005; Steinbrink 2007, 2012; Long, 2008; Greiner 2010, 2012) oder – sofern eine Nationalstaatsgrenze überschritten wird – von »*transnational livelihoods*« (Bebbington, Batterbury 2001). Diesen Konzepten ist gemeinsam, dass sie auf einer relationalen, sprich auf räumliche Distanzen überspannende Netzwerke und Interaktionen gerichteten Perspektive basieren. Die Entwicklung der translokalen Perspektive setzt jedoch einige Anpassungen des begrifflich konzeptionellen Instrumentariums sowie des empirischen Forschungsdesigns voraus (vgl. hierzu Lohnert und Steinbrink 2005).

3.2 METHODOLOGISCHE IMPLIKATIONEN: DIE KONZEPTE *TRANSLOKALE COMMUNITY*, *TRANSLOKALE HAUSHALTE* UND *TRANSLOKALE LIVELIHOODS*

Die Translokalisierung der Livelihood-Perspektive hat einige weitreichende Implikationen.[1]

Zunächst einmal muss sich die Livelihood- und Verwundbarkeitsforschung von einer Traditionslinie weitgehend verabschieden. Denn sie steht in der Forschungstradition der sozial-anthropologischen *community studies* – und diesen liegt die Vorstellung einer Kongruenz von Sozialraum und Territorium zugrunde. Angesichts heutiger Migrationsprozesse und der großen Bedeutung sozialer Vernetzung jenseits von Gemeindegrenzen verliert das containerräumliche Denken der klassischen Gemeindeforschung deutlich an empirischer Plausibilität. Längst hat eine Entkopplung der sozialen Verflechtungszusammenhänge von dem Wohnort der Akteure stattgefunden. Deshalb ist es sinnvoll von *translokalen Communities* zu sprechen. In Anlehnung an die Gemeindedefinition von Elias (1974) lässt sich eine translokale Community als eine Gemeinschaft von Menschen definieren, deren Mitglieder an unterschiedlichen Orten leben, die durch funktionale Interdependenzen verknüpft sind, die tendenziell stärker sind als jene, die sie mit anderen Menschen im weiteren sozialen Umfeld verbinden. Die Community ist demnach nicht als räumliche Entität, sondern als soziales Netzwerk zu verstehen. Das prinzipielle Definitionskriterium ist demnach das, was Menschen füreinander tun, und nicht der Ort, an dem sie leben. Dennoch ist die translokale Gemeinschaft weder »enträumlicht« noch delokalisiert:

Translokale Community: Gemeinschaft von Menschen, deren Mitglieder an unterschiedlichen Orten leben und durch funktionale Abhängigkeiten miteinander verknüpft sind, die tendenziell stärker sind als jene, die sie mit anderen Menschen im weiteren sozialen Umfeld verbinden. Die Community ist demnach als soziales Netzwerk zu verstehen und nicht als Ort.

1) Die verschiedenen konkreten Orte, an denen sich die Mitglieder aufhalten, stellen die Arenen dar, in denen Ressourcen genutzt

---

1   Zu den hier dargestellten Konzepten »translokaler Haushalt« und »translokale Community« sowie der Notwendigkeit einer multilokalen Feldforschung vgl. ausführlich Lohnert und Steinbrink (2005) sowie Steinbrink (2009: 45-52).

werden und die bestimmte Opportunitätsstrukturen aufweisen, welche aufgrund der raumübergreifenden Netzwerkbezüge verschmelzen.

2) Die verknüpften Lokalitäten sind auch Orte, an denen Face-to-Face-Situationen möglich sind und an denen im persönlichen Kommunikations- und Interaktionszusammenhang die (translokale) Gemeinschaftlichkeit kontinuierlich reproduziert werden kann.

3) Der Raum fungiert auch als symbolisches Bindeglied zwischen den Mitgliedern. Insbesondere der Herkunftsraum (z.b. Heimatdorf) wird im Netzwerkkontext kommunikativ genutzt, um soziale Grenzen zu ziehen; er wird als In- und Exklusionskriterium (»Wir-und Sie-Gruppe«) sozial konstruiert. Mit Hilfe dieses Mediums werden lokale und translokale Netzwerkbezüge begründet, hergestellt und erhalten.

Letztlich ist der Begriff der *translokalen Community* weitgehend deckungsgleich mit dem abstrakteren Begriff des *translokalen (Sozial-) Raums*, verweist jedoch stärker auf die besondere Bedeutung der Gemeinschaftlichkeit als Ressource.

Zum Verständnis der Armuts- und Verwundbarkeitsproblematik ist es nicht nur notwendig, die Relevanz der translokalen Gemeinschaftlichkeit für die Existenzsicherung zu untersuchen, sondern auch zu analysieren, inwiefern die Translokalität der Gemeinschaften die Livelihoods beeinflusst. Die Beantwortung der Fragen, warum und wie diese translokalen Communities entstehen, welchen sozialen Dynamiken diese Gemeinschaften unterliegen und wie sie sich erhalten, verändern oder auflösen, können wesentlich zum Verständnis des Land-Stadt-Verhältnisses und des Wanderungsgeschehens in Afrika beitragen.

Die zweite und sehr viel weitreichendere Herausforderung im Hinblick auf die Entwicklung einer translokalen Perspektive in der Livelihood-Forschung ist die *Rekonzeptualisierung des Begriffs Haushalt:* Der Haushalt ist *die* zentrale Betrachtungs- und Analyseeinheit der Livelihood-Forschung; gemeinhin wird der Haushalt als Träger der Livelihoods betrachtet. Die meisten der zahlreichen Haushaltsdefinitionen, die in der Literatur zu finden sind, weisen in folgenden zentralen Punkten Gemeinsamkeiten auf: Als Haushalt wird eine Gruppe von Menschen definiert, die koordiniert Entscheidungen über die Ressourcenverwendung trifft, ihre Einkünfte zusammenlegt (*»income pooling«*) und *gemeinsam wohnt* (Ellis 1998; Barrett, Reardon, Webb 2001).[2] Insbesondere in dem Definitionskriterium des Zusammenwohnens manifestiert sich erneut eine containerräumliche Befangenheit.

Eine translokale Perspektive erfordert hingegen, die Kategorie des Haushalts als *»Konsum- und Reproduktionsgemeinschaft«* (Meillassoux 1983) zu überdenken und den Haushalt aus seinen *»vier Wänden«* zu befreien. Stattdessen müssen die durch spezifische soziale Rollen und kulturelle Normen geregelten, reziproken Beziehungen des Teilens, der Kooperation und des Austauschs als Definitionskriterium gelten. Es geht also darum, auch den Haushalt darüber zu bestimmen, was Menschen füreinander tun, und nicht darüber, wo sie schlafen.

Notwendigkeit zur Rekonzeptualisierung des Haushaltsbegriffs: Befreiung aus den »vier Wänden«.

Es bietet sich daher an, Haushalt als eine im spezifischen sozialen Kontext anerkannte *»haushaltende«* Gemeinschaft zu definieren, deren Mitglieder ihre Aktivitäten der Konsumption, Reproduktion und Ressourcennutzung über lange Zeit hinweg koordinieren. Die Haushaltsmitglieder müssen folglich nicht unbedingt zusammenwohnen![3]

Translokaler Haushalt: eine im spezifischen sozialen Kontext anerkannte »haushaltende« Gemeinschaft, deren Mitglieder nicht dauerhaft an einem Ort leben, ihre Aktivitäten der Konsumption, Reproduktion und Ressourcennutzung aber über lange Zeit hinweg koordinieren

---

2 Etliche Autoren geben zu bedenken, dass es in der Praxis extrem schwierig sei, die Grenzen eines Haushalts entsprechend der obigen Definitionskriterien klar auszumachen und von anderen Organisationseinheiten abzugrenzen: Die Strukturen und Zusammensetzungen der – als Haushalt definierten – Residenzgruppe können je nach Ausprägung der gesellschaftlichen, ökonomischen und kulturellen Rahmenbedingungen räumlich sehr unterschiedlich und zeitlich sehr wandelbar sein (vgl. Russell 1993). Die Vorstellung von dem Haushalt als universell vergleichbare Analysekategorie ist somit an sich höchst zweifelhaft.

3 Das Haus selbst ist somit nicht mehr Definitionskriterium, sondern erstens eine ökonomische Ressource der haushaltenden Gemeinschaft und zweitens u. U. der Bezugspunkt, um eine gemeinsame Identität zu konstruieren. Die Mitgliedschaft ist mit der Anerkennung sozialer Normen sowie mit bestimmten Rechten und Pflichten innerhalb der Gruppe verbunden. Gleichzeitig kann über die Zugehörigkeit zu dieser Gemeinschaft

Wenn die Mitglieder eines so definierten Haushalts an unterschiedlichen Orten leben und über eine räumliche Distanz hinweg haushalten, kann von einem *translokalen Haushalt* gesprochen werden.[4] Diese Bezeichnung trägt der Tatsache Rechnung, dass die Organisation der Existenzsicherung oft gar nicht räumlich gebunden ist. Vielmehr ist sie gerade nur mithilfe der translokalen Organisation einer Mehrfachverortung möglich.

Innerhalb der translokal organisierten Haushaltsgemeinschaften bestehen soziale, emotionale und kulturelle Bindungen zwischen Akteuren an unterschiedlichen Orten sowie vielfältige Austausch- und Kooperationsbeziehungen in Form von Geld-, Waren-, Personen- und Informationstransfers. Für eine schematisch-exemplarische Zusammenstellung vgl. Abbildung 4.

---

auch die Einbindung in größere soziale Zusammenhänge (z. B. Clan oder Community) geregelt sein.

4   Wesentliche Grundgedanken des Konzepts des »translokalen Haushalts« (Steinbrink 2009) finden sich auch in den Haushaltsdefinitionen anderer Autoren. So spricht Vorlaufer (1992) von »gespaltenen Haushalten«, Takoli (1999) von »multi-spatial households«, Forsberg (1999) von »satellite households« und Lohnert (2002) von »multi-lokalen Haushalten«, Adepoju (1995) von »dual households«, Frayne und Pendelton (2001) von »split households«, Smith (1998) von »multiple home households«. Alle diese Begriffe beziehen sich auf das Phänomen räumlich fragmentierter Haushaltsverbände. Es soll hier jedoch darauf verzichtet werden, die Gemeinsamkeiten und Unterschiede der jeweiligen Konzepte zu erörtern. Zum Haushaltsbegriff siehe auch Schmidt-Kallert (2009); zur Kritik an diesen Konzepten siehe Greiner (2012).

Abbildung 4: Art und Richtung des Austauschs innerhalb translokaler Haushalte im Land-Stadt-Kontext

	Stadt		Land
Geld	- Finanzielle Unterstützung von Schulkindern - „Startgeld" für neu angekommene Migranten	➡️ ⬅️	***regelmäßige Rücküberweisungen (Rimessen):*** - für konsumtive Zwecke - für investive Zwecke (zunehmend per Mobiltelefon [*mobile cash*]) ***Besonderen Überweisungen:*** - in akuten Notsituationen (z.B. Krankheit) - Schulgeld und -uniformen - Finanzierung von Festen und Zeremonien (z.B. Hochzeiten, Beschneidungen, Beerdigungen) - Brautpreis - für Investitionen in Hausbau - Investitionen in Viehbestand ***Geldgeschenke bei Besuch***
Waren/Güter	- Nahrungsmittel - traditionelle Medikamente	➡️ ⬅️	- Technische Geräte (Fernseher, Handies, Radio etc.) - Möbel - Kleidung, Schuhe - Nahrungsmittel - kleine Geschenke (Alkohol/Süßigkeiten etc.)
Personen	***Land-Stadt-Wanderung:*** - Arbeitsmigration - Bildungsmigration - Gesundheitsmigration - Partnerschaftsmigration (Nachzug) - Mitmigrierende Kleinkinder - Flucht vor (häuslicher) Gewalt	↔️	***Rückwanderung (Stadt-Land):*** - bei Erwerbsunfähigkeit - im Alter (meist nach Inkrafttreten des Rentenanspruchs) - bei schweren Erkrankungen - bei Schwangerschaft/während der frühen Mutterschaft - bei längerer Erwerbslosigkeit - in Zeiten hohen Arbeitskräftebedarfs in der Landwirtschaft (z.B. Ernteperiode) - „Unglück & Gewalt" (Ahnenglaube) - Heirat (meist nur Frauen) - Rücksendung von Kleinkindern, die in der Stadt geboren sind - Versagen in der Schule
	Besuche: - in den Schulferien - „Ausloten" von (Erwerbs-) Möglichkeiten	↔️	***Besuche:*** - Urlaub - Schulferien - Feste und Rituale (Beerdigungen, Hochzeiten, Beschneidungen u.a.)
Informationen	- über die Situation der Angehörigen auf dem Land (gesundheitliche Situation, Schulsituation, Einkommen, Landwirtschaft, Konflikte, Probleme, Nöte etc.) - über die Situation im Dorf allgemein (Sterbefälle, Hochzeiten, Feste, Rituale, Probleme/Konflikte, besondere Ereignisse etc.)	↔️	- über Angehörige in der Stadt (Gesundheit, Arbeit, Wohnen, Einkommen, Probleme, Streitigkeiten etc.) - über andere Migranten aus dem Dorf in der Stadt - über Arbeitsmöglichkeiten für potenzielle Migranten - über Wohnbedingungen/-möglichkeiten - über Zugangsmöglichkeiten zu Bildungseinrichtungen - über Zugangsmöglichkeiten zu Gesundheitseinrichtungen - über besondere Ereignisse in der Stadt

Quelle: eigene Darstellung, verändert nach Steinbrink (2009: 312)

Aus dieser Perspektive handelt es sich bei der rural-urbanen Arbeitsteilung eher um eine Funktionsteilung zwischen verschiedenen Haushaltsstandorten als um eine strikte Verteilung von Aufgaben zwischen
den Haushaltsangehörigen, die häufig – mal länger, mal weniger lang
– sowohl in der Stadt als auch auf dem Land leben und dort jeweils
ortsspezifische Aufgaben übernehmen. Im raumüberspannenden Ge-
samtzusammenhang der translokalen Haushalte kommen den ländlichen und städtischen Haushaltsstandorten also charakteristische
Funktionen zu. Abbildung 5 veranschaulicht die Organisation der
translokalen Arbeitsteilung.

*Abbildung 5: Funktionen ländlicher und städtischer Standorte
translokaler Haushalte*

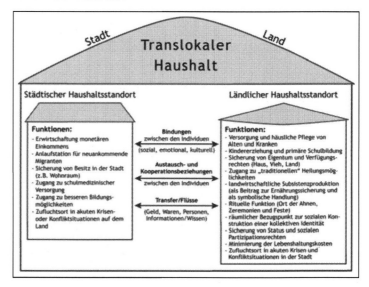

Quelle: verändert nach Steinbrink (2009: 314)

Mit dem Begriff des translokalen Haushalts steht nun der wichtigste
Terminus für die translokale Perspektive der Livelihood-Forschung
zur Verfügung:

Translokale Haushalte sind die Träger *translokaler Livelihood-Systeme*. Ein translokales Livelihood-System ist demnach ein System der Lebenshaltung/Lebensabsicherung eines Haushalts, dessen Mitglieder sich nicht alle an dem selben Ort aufhalten. In einem translokalen Livelihood-System wird sowohl die Nutzung der an den verschiedenen Haushaltsstandorten verfügbaren materiellen und immateriellen Ressourcen koordiniert als auch das strategische Handeln der dort lebenden Mitglieder, um die individuellen wie kollektiven Bedürfnisse zu befriedigen und die Existenz aller Haushaltsmitglieder langfristig zu sichern.[5]

Mithilfe dieser Definition lassen sich translokale Handlungen (z. B. zwischen Land und Stadt in Afrika) als strategische Handlungen und integraler Bestandteil der kollektiven Existenzsicherung konzeptualisieren (Steinbrink 2009: 90).

Die Akteure an den verschiedenen Orten stehen in einem flächenraumübergreifenden Interaktionszusammenhang und sind in ihrer Lebensabsicherung aufeinander angewiesen. Struktur und Organisation der translokalen Haushalte verdeutlichen das existenzielle Abhängigkeitsverhältnis zwischen den Akteuren an den unterschiedlichen Standorten. Städtische wie ländliche Existenzsicherung sind also oft nur Elemente eines translokalen Existenzsicherungssystems: Die räumliche Diversifizierung erlaubt es, Wirtschaftsaktivitäten miteinander zu kombinieren und die jeweiligen Möglichkeiten an den verschiedenen Orten zu nutzen. Durch die translokalen Netzwerke verschmelzen die Opportunitätsstrukturen an den unterschiedlichen Orten zu der einen Opportunitätsstruktur des translokalen Sozialraums. Migration, Kooperation und Austausch sind die Bedingungen für das Funktionieren dieses translokalen Livelihood-Systems.

Translokales Livelihood-System:
System der Lebensabsicherung eines translokalen Haushalts; es umfasst die Koordination der Nutzung der an den verschiedenen Haushaltsstandorten zur Verfügung stehenden materiellen und immateriellen Ressourcen sowie die Koordination des strategischen Handelns mit dem Ziel der (individuellen und kollektiven) Bedürfnisbefriedigung und der langfristigen Existenzsicherung.

---

5 Diese Definition von »translokalem Livelihood-System« wurde in Anlehnung an Chambers und Conway (1992), Grawert (1998) und Carney (1998) Definitionen von »Livelihood-System« bzw. »Livelihood« entwickelt.

4 Vulnerabilität und Translokalität: Warum Livelihoods sich translokalisieren

Im Folgenden soll es darum gehen, das Konzept der translokalen Livelihoods weiter auszuformulieren und damit einige Grundlagen zu schaffen, um folgende Fragen beantworten zu können: Warum kommt es in Afrika zur Translokalisierung von Livelihood-Systemen? Und inwiefern hängt die Translokalität der Livelihoods mit unterschiedlichen Graden der Verwundbarkeit zusammen?

4.1 TRANSLOKALITÄT ALS FOLGE UND BEDINGUNGEN DES LIVELIHOOD-HANDELNS

Um die informellen translokalen Verflechtungen in Afrika sowie deren Rückkopplungseffekte auf Prozesse des ländlichen Strukturwandels und der Regionalentwicklung besser zu verstehen bzw. mithilfe des Konzepts der *translocal livelihoods* zu fassen, ist es sinnvoll, sich zunächst den prozesshaften Charakter der raumübergreifenden Verflechtungsstrukturen zu vergegenwärtigen. Hierbei hilft der Gidden'sche Begriff der Strukturation (1979, 1984), der auf die grundsätzliche »Dualität von Handlung und Struktur« verweist.

Strukturation des Translokalen:
translokale Verflechtungszusammenhänge als Medium und Ergebnis translokaler Praktiken

In lockerer Anlehnung an Giddens (1992, 1997) spricht Steinbrink (2009: 90f) in seiner »*kleinen Theorie der Strukturation des Translokalen*« von der »*Dualität des Translokalen*«. Demnach betrifft die Konstitution des Verhältnisses von translokalem Handeln und translokalen Verflechtungsstrukturen nicht zwei unabhängig voneinander gegebene Mengen von Phänomenen – einen Dualismus –, vielmehr stellen beide Momente eine *Dualität* dar. Folglich sind die Strukturmomente der raumübergreifenden Verflechtungszusammenhänge sowohl Medium als auch Ergebnis translokaler Praktiken, welche die sozialräumlichen Vernetzungen rekursiv organisieren.

Hilfreich ist dabei die Unterscheidung zwischen (a) der Translokalisierung als Prozess und somit der Translokalität als *Handlungsfolge* einerseits und (b) der Translokalität als Zustand und *Handlungsbedingung*.

Zu a) Translokalität als Handlungsfolge

Translokale Strukturen sind immer (Zwischen-) Ergebnis eines Prozesses.

Die sozialräumlichen Land-Stadt-Verflechtungen in Afrika (translokale Strukturen) sind nicht »einfach da«; Translokalität entsteht, erhält und verändert sich. Insofern sind die vorhandenen translokalen Strukturen grundsätzlich als vorläufiges (Zwischen-)Ergebnis eines Prozesses zu interpretieren.

Aus dem Blickwinkel der Livelihood- und Verwundbarkeitsforschung steht dieser Prozess in einem engen Zusammenhang mit der *Translokalisierung von Livelihood-Systemen*. Denn Livelihood-Systeme sind ihrerseits keine statischen Gebilde, sondern unterliegen einem permanenten Wandel. So sind die jeweilige Ausprägung der Systeme der Lebensabsicherung stets das Ergebnis einer mehr oder weniger gelungenen Anpassungsleistung, also einer Veränderung der Livelihood-Strategien als Reaktion auf sich verändernde Handlungskontexte. Die Translokalisierung und die daraus resultierenden rural-urbanen Verflechtungen sind Ausdruck dieses Anpassungsprozesses, weshalb die translokalen Strukturen als Folge sich wandelnder Handlungsstrategien zu interpretieren sind.

Zu b) Translokalität als Handlungsbedingung

Die raumüberspannenden Verflechtungen sind nicht nur die Folge der Translokalisierung von Livelihood-Strategien, sondern stellen als Struktur selbst einen wichtigen Aspekt des Kontextes dar, der wiederum das Handeln der eingebundenen Akteure beeinflusst.

Die Verflechtungsstrukturen sind ein wesentliches Moment des Handlungskontextes, an den sich die Akteure anpassen müssen.

Im Zuge des Translokalisierungsprozesses der Existenzsicherungssysteme entstehen also soziale Verflechtungszusammenhänge, die als Strukturen grundsätzlich einen ermöglichenden oder einschränkenden Charakter aufweisen. Die translokalen Strukturen sind folglich Teil des Handlungskontextes, auf den die Livelihood-Strategien der translokalen Haushalte abgestimmt sind und auf die sie immer wieder abgestimmt werden müssen. Die Anpassung der Livelihood-Strategien findet somit innerhalb der translokalen Strukturen statt; hier wird strategisch gehandelt – und durch das strategische Livelihood-Handeln der eingebundenen Akteure wiederum reproduziert sich die sozialräumliche Struktur als Folge und Bedingung des Handelns und so fort.

Dieser Gedanke der Dualität des Translokalen verdeutlicht, dass die raum- und grenzüberspannenden Verflechtungen zwischen Land und Stadt nicht unabhängig vom Handeln in sozialen Interaktionszusammenhängen zu verstehen sind. Zudem wird klar, dass Translokalität nicht aus sich heraus besteht, sondern nur als rekursive Praxis gedacht werden kann. Somit gilt zweierlei: Erstens sind die translokalen Strukturen als Folgen rationalen translokalen Handelns zu begreifen. Zweitens sind die translokalen Handlungen (Migrationen und raumübergreifende soziale Interaktionen) als eingebettet in die translokalen Strukturen zu verstehen, weshalb sie sowohl in als auch aus diesem Kontext heraus zu erklären sind.

4.2 TRANSLOKALISIERUNG VON LIVELIHOODS IM KONTEXT SOZIALER VERWUNDBARKEIT

Menschen handeln im Kontext von Risiko und Unsicherheit anders als unter Bedingungen relativer Sicherheit.

Selbstverständlich ist keinesfalls pauschal davon auszugehen, dass nur Menschen, die in besonderer Weise existenziellen Risiken und Unsicherheiten ausgesetzt sind, migrieren und sich in translokale Strukturen begeben. Nicht immer ist der Translokalisierungsprozess Ausdruck großer Verwundbarkeit. Angesichts der vielerorts prekären Lebensbedingungen in ländlichen und städtischen Gebieten in Subsahara-Afrika ist jedoch davon auszugehen, dass ein Großteil der in translokale Zusammenhänge eingebundenen Akteure als sozial verwundbar einzustufen ist. Insofern ist es bei der Betrachtung der Translokalität in Afrika gerechtfertigt, explizit die Besonderheiten des Handelns in Verwundbarkeitskontexten zu berücksichtigen, denn zweifellos handeln Menschen im Kontext von Risiko und Unsicherheit anders als unter Bedingungen relativer Sicherheit. Und damit ist nicht nur die triviale Tatsache gemeint, dass verwundbaren Akteuren meist bestimmte Mittel (Ressourcen) fehlen, um gesetzte Ziele zu erreichen; vielmehr kann sich mit dem Grad der Verwundbarkeit vor allem die grundlegende Handlungsorientierung verschieben.

Die Maxime der Nutzen-/Profitmaximierung ist nicht universell, sondern nur eine Ausprägung der Handlungsorientierung und als solche nicht per se rational.

Mitunter muss erst wieder daran erinnert werden, dass die Maxime der Nutzen-/Profitmaximierung keineswegs universell ist, sondern nur *eine* Ausprägung der Handlungsorientierung; zudem ist sie keinesfalls per se rational. An Nutzenmaximierung ausgerichtetes Handeln kann nur dann als rational angesehen werden, wenn keine existenzbedrohlichen Risiken zu erwarten sind. In dem Falle ist es sogar bereits Ausdruck von Handlungsfreiheit. Je größer indes die individuelle Unsicherheit, desto irrationaler wäre die Orientierung an der Maximierungsmaxime.

Rationalität der Sicherheit

So wird deutlich, dass neben das Prinzip der Nutzenmaximierung mindestens ein weiteres treten muss: das *Streben nach Sicherheit*.[1]

---

1   Für eine ausführliche Auseinandersetzung zu »handlungszentrierten Simplifikationen« in der Verwundbarkeitsforschung sowie zur »kontextvariaten Handlungslogik« und zur »Rationalität der Zwecksetzung« im Kontext sozialer Verwundbarkeit siehe Steinbrink (2009: 68-82).

Als einer der ersten Entwicklungsforscher hat James C. Scott (1976) auf die *Rationalität der Sicherheit* aufmerksam gemacht. In seinem Werk »Moral Economy of the Peasant« arbeitet er überaus präzise das »Safety-First-Prinzip« heraus. Das folgende Zitat verdeutlicht Scotts gedanklichen Ausgangspunkt:

»It is perfectly reasonable that the peasant who each season courts hunger and all it's consequences should hold a somewhat different opinion of risk-taking than the investor who is gambling ›off the top‹. [...] Given the social reality of the subsistence crises level for most peasant cultivators, it makes eminent sense for them to follow [...] the safety-first principle.« (Scott 1976: 15)[2]

Somit zeigt sich, dass es nicht die eine universelle ökonomische Handlungslogik gibt. Insbesondere ist neben der Rationalität der Wohlstandsmaximierung die Rationalität der Risikominimierung auszumachen.

Ergänzen lässt sich diese Differenzierung insofern, als jene Haushalte, die bereits in einem Zustand vollständiger Verarmung leben und sich in akuter Lebensgefahr befinden, ihr Verhalten weder an Nutzenmaximierung noch an der Sicherheitsmaxime orientieren, sondern am puren Überleben (Shahabuddin et al. 1986 a/b). Bricht das Livelihood-System zusammen – also in Katastrophensituationen –

Überlebensrationalität

---

2   Scott (1976) leitet dieses »Safety-First-Prinzip« aus dem Bereich der kleinbäuerlichen Subsistenzlandwirtschaft ab: Aus der Betrachtung der minimalen Erntemenge, die zur Deckung des überlebensnotwendigen Subsistenzbedarfs eines Haushalts als notwendig erachtet wird (»subsistence level«), sowie der Schwankungen, denen die tatsächliche Erntemenge unterliegt, leitet er ab, dass die in kleinbäuerlichen Zusammenhängen häufig zu beobachtende Risikoaversion bei wirtschaftlichen Entscheidungen einer sehr rationalen ökonomischen Logik entspricht – einer Logik allerdings, die nicht mit dem neoklassischen Prinzip der Profitmaximierung in Einklang zu bringen ist: »In the choice of seeds and techniques in cultivation it means simply that the cultivator prefers to minimize the probability of having a disaster rather than maximising his average returns.« (Scott 1976: 17f)

richten sich die Handlungen nicht mehr am Ziel der Restabilisierung aus, sondern folgen einer kurzfristigen Überlebenslogik. Die Zwecksetzung ist in einer solchen Situation an der reinen Lebenserhaltung orientiert. Diese Handlungslogik lässt sich daher auch als *Rationalität der Verzweiflung* bezeichnen.

In Abhängigkeit von dem Grad der Existenzgefährdung sind demnach drei grundsätzliche Handlungslogiken zu unterscheiden:

1) Rationalität der Nutzen-/Wohlstandsmaximierung (Maximierungsrationalität)
2) Rationalität der Risikominimierung (Sicherheitsrationalität)
3) Überlebensrationalität (Rationalität der Verzweiflung)

Abbildung 6 dient der Verdeutlichung des kontextvariaten Verhältnisses zwischen dem Grad der Verwundbarkeit und der Rationalität der Zwecksetzung.

Abbildung 6: Verwundbarkeit und Handlungsorientierung

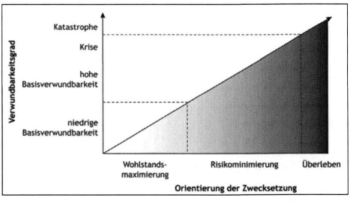

Quelle: eigene Darstellung

Diese Unterscheidung kontextgebundener Handlungsorientierungen eröffnet einen differenzierten Zugang zum Verständnis des (translokalen) Handelns und dessen Folgen für ländliche Entwicklungsdynamiken.

Die meisten Forschungen zu sozialer Verwundbarkeit (*social vulnerability*) berücksichtigen das »Safety-First-Prinzip« und basieren im- oder explizit auf der Grundannahme, dass die Handlungsrationalität von verwundbaren Akteuren vor allem dem Handlungsziel der Risikominimierung entspringt. Als wesentliches Mittel zur Risikominimierung gilt die *Risikoverteilung*. In den Studien der Livelihood- und Verwundbarkeitsforschung wurden vor allem zwei Strategietypen zur Risikostreuung untersucht:

Ökonomische Risikoverteilung: Gemeint ist die ökonomische Diversifizierung durch die Kombination unterschiedlicher Wirtschaftsstrategien mit dem Ziel, mögliche Einkommensrisiken durch ein breiteres Einkommensportfolio auszugleichen (vgl. z. B. Ellis, 1998; Barrett, Reardon, Webb 2001).

Ökonomische, soziale und räumliche Diversifizierung sind Mittel zur Risikominimierung.

Soziale Risikoverteilung: Hiermit ist die Verteilung ökonomischen Risikos innerhalb sozialer Netzwerke gemeint, in denen Redistributionsmechanismen ablaufen und die für eingebundene Akteure folglich als informelles soziales Sicherungssystem fungieren.[3]

---

3 Die Entstehung des Verwundbarkeitsansatzes Ende der 1980er Jahre war eine Reaktion auf die bis dahin dominanten rein ökonomistischen Ansätze innerhalb der Entwicklungsforschung und auf die konventionellen, auf monetäre Einkommensvariablen beschränkten Konzepte von Armut. Die Verwundbarkeitsforschung widersprach der undifferenzierten Annahme, dass »die Armen« eine homogene und passive Masse darstellten (vgl. Chambers 1989; Swift 1989). Entsprechend wurde Verwundbarkeit auch nicht gleichgesetzt mit materieller Armut, sondern als mehrdimensionale und kontextspezifische Situation des Mangels gedeutet, in der die Akteure aktiv handeln und Strategien des Umgangs entwickeln. Die *soziale Isolation* wurde in der Diskussion stets als Faktor erkannt, der die Verwundbarkeit beeinflusst (vgl. Chambers 1989, 1992; Racodi 1995; Bohle, Watts 1993). In diesem Zusammenhang verstand man soziale Netzwerke als informelle soziale Sicherungsnetze, auf die in Krisenzeiten im Sinne einer *Coping-Strategie* zurückgegriffen werden kann. Seither gewinnt die Beschäftigung mit sozialen Netzwerken und ihrer Bedeutung für die Überlebenssicherung marginalisierter Bevölkerungsteile zunehmend an Popularität innerhalb der Entwicklungsforschung (vgl. Steinbrink 2012).

Aber sowohl soziale Netzwerke als auch ökonomische Diversifizierung wurden lange vornehmlich im lokalen Kontext analysiert. Zu wenig berücksichtigt blieb oft ein dritter Strategietyp zur Risikominimierung: die Risikoverteilung durch räumliche Diversifizierung (*räumliche Risikoverteilung*).[4]

Abbildung 7: Formen der Risikoverteilung

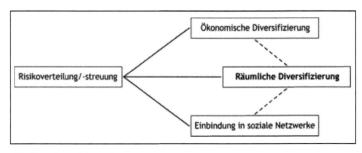

Quelle: eigene Darstellung

Zentrale Teilaspekte translokaler Livelihoods:
1. translokale ökonomische Diversifizierung
2. Etablierung und Pflege translokaler Netzwerke
3. Transmigration

Um zu verstehen, wie das translokale rural-urbane Gefüge in Afrika entsteht und sich stabilisiert, gilt es, diese drei Typen risikominimierender Strategien als zentrale Teilaspekte der translokalen Existenzsicherung zu begreifen. Es muss also vornehmlich um (1) *translokale ökonomische Diversifizierung*, (2) Aufbau, Erhaltung und Nutzung *translokaler* informeller sozialer Netzwerke und (3) *Trans*migration gehen.

Diese drei Aspekte sind in einem unmittelbaren Voraussetzungs- und Bedingungsgefüge miteinander verbunden. Dabei sind die inhaltlichen Verknüpfungen zwischen den Teilaspekten ebenso trivial wie erkenntnisrelevant für die Analyse des Translokalen. Abbildung 8 soll diesen Gedanken grafisch verdeutlichen.

---

4   Zwar sparten die Studien die Migration als Untersuchungsgegenstand nicht aus, doch wurde die Migration meist als Bewältigungsstrategie (*coping strategy*) im akuten Krisen- oder Katastrophenfall angesehen und nicht als integraler Bestandteil der Existenzsicherung selbst.

Abbildung 8: Analysemodell des Translokalen

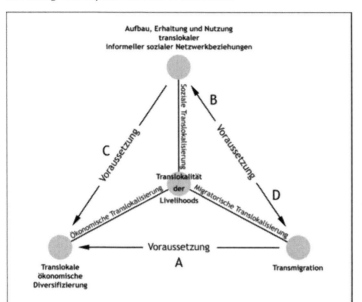

(A) Die ökonomische Diversifizierung findet zunehmend durch Kombination verschiedener Wirtschaftstätigkeiten an unterschiedlichen Orten statt (*ökonomische Translokalisierung*). Die Vorbedingung dafür ist die *migratorische Translokalisierung*, als die Migration von Mitgliedern sozialer und ökonomischer Einheiten, die auch nach der Wanderung Teil dieser Einheiten bleiben. Diese Migranten werden hier als Transmigranten bezeichnet und die sich in dem Zuge der Transmigration translokalisierenden sozialen Einheiten als *translokale Haushalte* (s.o.).

(B) Durch die Transmigration entstehen flächenraumübergreifende soziale Netzwerke, die sich zwischen Herkunfts- und Zielgebiet aufspannen (soziale Translokalisierung). Die *soziale Translokalisierung* ist der Prozess, der zur räumlichen Expansion von sozialen Netzwerkstrukturen führt.

(C) Die translokalen sozialen Bindungen bilden die Grundlage für die Kooperations- und Austauschbeziehungen, ohne die die translokale ökonomische Diversifizierung nicht möglich wäre. Die soziale Translokalisierung stellt also die Voraussetzung für die ökonomische Translokalisierung dar.

(D) Soziale Netzwerkbeziehungen am Zielort sind zudem wiederum eine wesentliche Bedingung für weitere Migrationsereignisse, denn sie ermöglichen u.a. den Zugang zu Erwerbs- und Wohnmöglichkeiten für potentielle Migranten und senken somit die Migrationskosten und -risiken (*Kumulative Verursachung der Translokalisierung*).

Quelle: eigene Darstellung

In den folgenden Abschnitten sollen die drei Strategietypen jeweils im Hinblick auf Verwundbarkeit und Translokalität betrachtet werden.

4.2.1 Ökonomische Diversifizierung, Verwundbarkeit und Translokalität

»Diversification is the norm.« (Barrett, Reardon, Webb 2001: 1)

Afrika gilt zwar nach wie vor als Kontinent der Subsistenz-Bauern; tatsächlich jedoch verfügen die meisten Haushalte – selbst in ländlichen Gebieten Afrikas – über außerlandwirtschaftliche Einkommensquellen, wenngleich oft nur in äußerst bescheidenem Umfang. Zudem wird etwa die Hälfte des durchschnittlichen monetären Haushaltseinkommens außerhalb der Landwirtschaft erwirtschaftet.[5] Das bedeutet: »Diversification is the norm« (Barrett, Reardon, Webb 2001: 1).

Das Phänomen der ökonomischen Diversifizierung rückt seit den 1980er Jahren immer mehr in den Fokus. Der Schwerpunkt der Forschungen liegt dabei allerdings eindeutig im ländlichen Raum, so dass Diversifizierung meist im Kontext ländlicher Entwicklung sowie ländlichen sozioökonomischen Wandels untersucht wird.[6] Besonders innerhalb der Livelihood- und Verwundbarkeitsforschung war der Begriff von Anfang an sehr prominent.[7] Im Zentrum steht hier der strategische Aspekt, also die Bedeutung der Diversifizierung für die Existenzsicherung und als potenzieller Ausweg aus Armut und Verwundbarkeit.[8] Dem Paradigma der Livelihood-Forschung entspre-

---

5   Vgl. Bryceson, Jamal (1997); Reardon (1997); Little et al. (2001); Barret, Reardon, Webb (2001); Bryceson (2002).

6   Mittlerweile ist jedoch gut dokumentiert, dass Diversifizierung kein rein ländliches Phänomen ist, sondern auch für große Teile der städtischen Bevölkerung in Entwicklungsländern eine wichtige Strategie darstellt (vgl. Rakodi 1995; de Haan 1999; Moser 1998).

7   »[...] diversification lies at the heart of livelihood strategies in rural Africa« (Barrett, Reardon, Webb 2001: 1)

8   Die Kombination verschiedener Wirtschaftsstrategien wird in der Literatur als »occupational multiplicity« (vgl. White 1976; Breman 1996), »multi-tasking« (vgl. Zoomers 2001), »income diversification« (vgl. Bar-

chend, ist der Haushalt dabei die zentrale Betrachtungseinheit; im Vordergrund steht also die Kombination der verschiedenen Wirtschaftstätigkeiten der einzelnen Haushaltsmitglieder.[9] Trotz der in der Entwicklungsforschung ebenso langen wie umfangreichen Diskussion um die ökonomische Diversifizierung in Afrika liefert diese keine eindeutige Antwort auf die entscheidenden Fragen nach Ursache und Auswirkung von Diversifizierung (Ellis 1998): In einigen Studien wird die Diversifizierung als Ausdruck der Entscheidungs- und Handlungsfreiheit der Akteure sowie als Nutzung vorhandener wirtschaftlicher Möglichkeiten begriffen (vgl. z. B. Stark 1991), in anderen wiederum vor allem als unfreiwillige und durch den Handlungskontext erzwungene Reaktion auf krisenhafte Ereignisse (z. B. Davies 1996). Bisweilen wird die Diversifizierung insbesondere als Chance für Arme gepriesen, mehr ökonomische Sicherheit zu erlangen (z. B. Zoomers, Kleinpenning 1996), und wieder andere Studien betrachten ökonomische Diversifizierung als spezielle Option für Wohlhabendere, um ihren Wohlstand weiter zu mehren (z. B. Hart 1994).

Die Effekte von Diversifizierung auf kleinbäuerliche Produktionssysteme werden in der Literatur ebenfalls sehr unterschiedlich bewertet: Einige Autoren meinen nachweisen zu können, dass die agrarwirtschaftliche Produktivität kleinbäuerlicher Betriebe durch außerlandwirtschaftlich erworbenes Investitionskapital steigt (z. B.

---

rett, Reardon, Webb 2001) oder »livelihood diversification« (vgl. Ellis 1998) bezeichnet. Zur Kategorisierung der kombinierten Wirtschaftstätigkeiten werden je nach Erkenntnisinteresse unterschiedliche Kriterien herangezogen. Kategorisiert wird u. a. nach: landwirtschaftlich/außerlandwirtschaftlich, informell/formell, Lohnarbeit/Selbständigkeit und lokal/migratorisch (vgl. dazu Ellis 1998:5 sowie Barett, Reardon, Webb 2001: 6ff).

9 Diversifizierung kann innerhalb einer Tätigkeit (z. B. gleichzeitige landwirtschaftliche Produktion für Subsistenzzwecke und Markt), durch die Kombination verschiedener Wirtschaftstätigkeiten einer Person oder durch die Kombination unterschiedlicher Tätigkeiten mehrerer Haushaltsmitglieder stattfinden.

Stark, Bloom 1985; Carter 1997). Andere empirische Arbeiten kommen zu dem Ergebnis, dass die kleinbäuerliche Landwirtschaft durch Diversifizierung in nicht-agrarische Bereiche erheblichen Schaden nimmt, da notwendige Ressourcen – vor allem Arbeitskraft – abgezogen werden (z. B. Low 1986; Lipton 1977; Preston 1989). Laut Bryceson (1996, 2000, 2002) sei die Diversifizierung maßgeblich für den in Afrika vielerorts ablaufenden Prozess der *Deagrarisierung,* also den zunehmenden Bedeutungsverlust der Landwirtschaft in ländlichen Gebieten.

Auch hinsichtlich der Gründe für die Diversifizierung der Wirtschaftstätigkeiten lassen sich in der Diskussion unterschiedliche Argumentationslinien ausmachen: In der eher wirtschaftswissenschaftlichen Literatur werden die Unvollständigkeiten von Boden-, Arbeits- oder Kreditmärkten genannt (vgl. z. B. Barrett 1997; Reardon et al. 2000; Little et al. 2001; Barrett, Reardon, Webb 2001). Agrarsoziologische Studien verweisen hingegen oft auf die landwirtschaftliche Saisonabhängigkeit als wesentliche Erklärung:

»Seasonality on its own explains many of the patterns of diversity in rural household incomes [...]. In economic terms, seasonality means that returns to labour in both on-farm activities and off-farm labour markets vary during the year, causing seasonal changes in occupation as labour time is switched from lower to higher return activities.« (Ellis 1998: 11)

Ökonomische Diversifizierung als Risikominimierung:
Zugunsten geringerer Einkommensvariabilität verzichten die Akteure auf ein potenziell höheres Einkommen, indem sie ökonomische Tätigkeiten kombinieren, die – bezogen auf das Einkommensrisiko – eine möglichst geringe Kovarianz aufweisen.

Eine immer wiederkehrende Gemeinsamkeit in den Argumentationen zu den Hauptgründen der ökonomischen Diversifizierung ist jedoch der Aspekt der Risikominimierung: Zugunsten einer geringeren Einkommensvariabilität verzichten die Akteure auf ein potenziell höheres Einkommen, indem sie ökonomische Tätigkeiten kombinieren, die – bezogen auf das Einkommensrisiko – eine möglichst geringe Kovarianz aufweisen. Entsprechend dem Safety-First-Prinzip (s.o.) erweitern die Haushalte ihr Einkommensportfolio nicht, um Profit zu machen, sondern aus rationalen Sicherheitserwägungen heraus.[10] Der Großteil der Studien zur ökonomischen Diversifizierung in ländlichen Räumen Afrikas kommt also zu dem Schluss, dass der Prozess der Diversifizierung des Einkommensportfolios der ländlichen Haushalte als Anpassung der Livelihood-Systeme an eine risikobehaftete Umwelt zu verstehen ist (*Risikomanagement-Strategie*).

Damit zeigt sich bereits, dass es voreilig wäre, die ökonomische Diversifizierung allzu optimistisch als *die* erfolgversprechende Strategie für die Armen zur Verringerung von Verwundbarkeit zu bewerten. Denn erstens ist die Sicherheitsorientierung häufig Ausdruck einer *Zwecksetzung* im Zeichen unsicherer Lebenskontexte und oft eine Reaktion auf sich akut verschlechternde Handlungsbedingungen. Die beobachtbare ökonomische Diversität der Livelihoods wäre so gesehen eher ein Symptom der Verwundbarkeit als ein Ausweg aus derselben. Auf der anderen Seite verweisen einige Fallstudien in ländlichen Gebieten Afrikas auf einen positiven Zusammenhang zwischen dem Diversifizierungsgrad von Haushalten und verschiedenen Wohlstandsindikatoren[11] und konstatieren, dass es nicht (nur) die Armen und Verwundbaren sind, die diversifizieren. Diese Beobachtung steht in gewissem Gegensatz zu der Vorstellung, die Risikominimierung sei das Hauptmotiv für Diversifizierung, und legt den Schluss nahe, dass ökonomische Diversifizierung auch der Profitmaximierung dienen kann. Das heißt: Gibt es keine Risiken, die den Haushalt existenziell bedrohen, kann das Motiv für die Diversifizierung auch die Akkumulation sein.

Die stark voneinander abweichenden Forschungsergebnisse zur ökonomischen Diversifizierung der Livelihoods in Afrika deuten demnach darauf hin, dass sich die Fragen, wer warum welche Möglichkeiten zur Diversifizierung hat oder wer welchen Beschränkungen unterliegt, nicht pauschal beantworten lassen. Ökonomische Diversifizierung ist ein »*infinitely heterogeneous social and economic pro-*

Ökonomische Diversität der Livelihoods als Symptom der Verwundbarkeit?

Im Sinne der translokalen Perspektive der Livelihood-Forschung ist es notwendig, ökonomische Diversifizierung im raumübergreifenden Kontext zu betrachten.

---

10 Vgl. Alderman, Paxson (1992); Bryceson (1996); Dercan, Krishnam (1996); Scoones (1998); Ellis (1998); Francis (2000) sowie Barrett, Reardon, Webb (2001).

11 Vgl. dazu den Überblick von Reardon (1997).

cess, obeying a myriad of pressures and possibilities« (Ellis 1998: 29). Die Entscheidungen zur wirtschaftlichen Diversifizierung sind immer in kulturelle, soziale und politisch-institutionelle Kontexte eingebettet, die von Ort zu Ort stark variieren können. Ursachen und Auswirkungen lassen sich letztlich nur in lokalen und – wie hier betont wird – in *translokalen* Einzelstudien untersuchen.

Im Sinne der translokalen Perspektive der Livelihood-Forschung ist es notwendig, die ökonomische Diversifizierung raumübergreifend zu betrachten. Denn die Diversifizierung von Livelihoods ist keineswegs ein lokales Phänomen; sie manifestiert sich vielmehr zunehmend in der Kombination von Wirtschaftstätigkeiten an ländlichen *und* städtischen Standorten. Viele Studien, die sich mit der Überlebenssicherung in ländlichen Gebieten Afrikas auseinandersetzen, weisen auf die große Bedeutung von Migrationen für die Erweiterung des Einkommensportfolios hin und betonen den Stellenwert von Rimessen für die Einkommenssituation der ländlichen Bevölkerung (vgl. Reardon 1997; de Haan 2006).

Die *ökonomische Translokalisierung* – also Kombination unterschiedlicher Wirtschaftsstrategien an unterschiedlichen Orten – bezeichnet eine wichtige Schnittstelle zwischen ökonomischer Diversifizierung und Migration. Denn Migration von Haushaltsmitgliedern, die trotz der räumlichen Trennung noch Teil der sozialen Einheit und durch Kooperations- und Austauschbeziehungen mit den Zurückgebliebenen (»*Stayer*«) verbunden bleiben, ist zum einen die natürliche Voraussetzung für die translokale ökonomische Diversifizierung; zum anderen stellt die Bestrebung (bzw. Notwendigkeit) zu diversifizieren bekanntermaßen ein Hauptmotiv für viele Migrationsereignisse dar. Und häufig ist das Streben nach ökonomischer Diversifizierung der Auslöser von Translokalisierungsprozessen.

Um den Zusammenhang zwischen ökonomischer Diversifizierung und der Translokalität von Livelihood-Systemen greifbar zu machen, ist der Migrant eben nicht isoliert zu betrachten. Folglich wandert ein Gros der arbeitsuchenden Migranten nicht, um den Haushalt zu verlassen, sondern um – meist spezifischen Rollenerwartungen entsprechend – eine »Funktion« innerhalb der Haushaltsgemeinschaft zu erfüllen. So muss die Arbeitsmigration sowohl als individuelle Handlung wie auch als Teil einer kollektiven Haushaltsstrategie begriffen werden, deren zentrale Motivation die Diversifizierung ist. Nur vor diesem Hintergrund können die Migration und Phänomene wie Rücküberweisungen sinnvoll in den Kontext der Diskussion um die Diversifizierung von Livelihoods eingebettet werden.[12]

Wie oben beschrieben, können den ökonomischen Diversifizierungsbestrebungen von Haushalten, in Abhängigkeit von den jeweiligen Bedingungen, unterschiedliche Handlungsorientierungen zugrunde liegen. Dasselbe gilt selbstverständlich für die translokale »portfolio diversification«. Der kontextabhängigen Zwecksetzung gemäß kann die ökonomische Translokalisierung entweder profitorientiert oder sicherheitsorientiert sein – oder im Extremfall alternativlos, wenn das Verbleiben aller Mitglieder ein existenzielles Risiko darstellen würde.

Während also die ökonomische Translokalisierung als eine Form der Anpassung zu sehen ist, gelten die translokalen multiplen Livelihoods als Ergebnis dieses Prozesses. Die translokale Diversifizierung kann entweder eine kurzfristige Veränderung der wirtschaftlichen Handlungsstrategien sein (*Coping*)[13] oder aber Teil einer geplanten längerfristigen Veränderung der Livelihood-Strategien.

Ökonomische Translokalisierung ist eine Form der Anpassung; und die translokalen multiplen Livelihoods sind ein Ergebnis dieses Anpassungsprozesses.

12 Der migrationswissenschaftliche Ansatz der »New Economics of Labour Migration« basiert auf einer vergleichbaren Sichtweise (vgl. z.B. Stark 1984, 1991). Er hebt die Bedeutung von Familien und Haushalten und ihrer kollektiven Strategien als zentrale Elemente von Migrationsprozessen hervor. Während die klassischen Migrationstheorien von einem autonom handelnden Individuum ausgehen, treten bei diesem Ansatz die Familien bzw. Haushalte an die erste Stelle. Die Wahl des Haushalts als Analyseeinheit bringt es mit sich, dass nicht das individuelle Einkommen der Mitglieder betrachtet wird, sondern das Haushaltseinkommen. Dabei kann der aggregierte Haushaltsnutzen durchaus dem individuellen Nutzen widersprechen. Insofern wird auch bei der Untersuchung von Migrationsentscheidungen der erhoffte Gesamthaushaltsnutzen bzw. das Gesamtrisiko der Haushalte in den Mittelpunkt gerückt.

13 So z. B. die kurzfristige Lohnarbeit eines Haushaltsmitglieds in einem urbanen Zentrum nach einem Ernteausfall, um den unerwarteten Einkommensverlust auszugleichen.

Wie der Prozess der translokalen ökonomischen Diversifizierung sich nun langfristig auf die Verwundbarkeitskonstellation des jeweiligen Haushalts auswirkt, hängt davon ab, warum in welchem Handlungskontext sich welche Haushalte translokalisieren. Ob das gleichzeitige Nutzen bestimmter Opportunitäten an unterschiedlichen Orten durch translokal organisierte soziale Einheiten Ausdruck von Zwang oder Handlungsfreiheit ist, ob die Handlungslogik der Akteure überlebens-, sicherheits- oder profitorientiert ist, lässt sich letztlich erst anhand konkreter Fallstudien beantworten. Generalisierende Antworten gibt es auch hier nicht. Es ist aber plausibel, dass mit dem Grad der Handlungsfreiheit auch die Wahrscheinlichkeit steigt, dass die ökonomische Translokalisierung Teil eines positiven Anpassungsprozesses ist. Je stärker jedoch die Translokalisierung Ausdruck von Zwang ist, desto wahrscheinlicher sind mittel- oder langfristige negative Folgen für den Haushalt.

4.2.2 Migration, Verwundbarkeit und Translokalität

Livelihood- und Verwundbarkeitsstudien betrachteten Wanderungsereignisse in Afrika lange Zeit vornehmlich als Form der Flucht: entweder als Endpunkt eines voranschreitenden Prozesses steigender Verwundbarkeit (z. B. Landflucht) oder als Reaktion auf eine akute Krise oder Katastrophen. Die Migration wurde somit als exzeptionelles Ereignis bzw. als Anomalie interpretiert. Diese Sichtweise entspricht der in Migrations- und Entwicklungsforschung immer noch weit verbreiteten Vorstellung von der Sesshaftigkeit als Norm.[14]

Der Ansatz der translokalen Livelihoods richtet sich gegen die Vorstellung von der Sesshaftigkeit als Norm: Migration findet auch unter »Normalbedingungen« statt.

Angesichts der empirischen Tatsache, dass viele Migrationsereignisse in Afrika integrale Aspekte der alltäglichen Existenzsicherung sind, ist es notwendig, sich von dieser Vorstellung zu verabschieden. Der Ansatz der translokalen Livelihoods trägt der Tatsache Rechnung, dass die Wanderung vielfach zum Funktionieren der Livelihood-Systeme beiträgt. Die Strategie der Migration kommt

---

14 »[...] Wanderung wird wahrgenommen als eine räumlich und zeitlich sehr begrenzte Ausnahmeerscheinung in einem ansonsten sedentären Leben« (Pries 2001: 8).

nicht nur im Extremfall zum Einsatz, sondern oft auch unter »normalen« Bedingungen, wiewohl diese stark von Risiken und Unsicherheit bestimmt sein können und die Bedrohung durch Krisen allzu oft zur »afrikanischen Normalität« gehört.

Die Unterscheidungen mehrerer möglicher Handlungsorientierungen trägt dazu bei, die kontextvarianten Motive auch für Migrationsvorgänge genauer aufzufächern. Als überlebensrationale Handlung kann Migration ein Ausdruck von Zwang sein, aber ebenso ein Ausdruck von relativer Entscheidungsfreiheit. Auch die Zwecke, die den Migrationen zugrunde liegen, können überlebens-, sicherheits- oder profitorientiert sein.

Auf dieser Grundlage kann auch bei der Beurteilung der *Effekte von Migration* (z. B. für Prozesse der ländlichen Regionalentwicklung) differenziert werden. Positive oder negative Folgewirkungen werden nicht mehr aus bestimmten Vorannahmen abgeleitet, sondern aus der empirischen Analyse des Handlungskontexts erklärt. Der Kontextabhängigkeit des Migrationsphänomens wird auf diese Weise Rechnung getragen. Dabei wird sofort plausibel, dass Migrationen, die auf einer freien Entscheidung beruhen, mit einer größeren Wahrscheinlichkeit positive Effekte haben, als jene Migrationen, die aus Mangel an gangbaren Handlungsalternativen erfolgen.

Die in Migrationsstudien lange Zeit dominante Vorstellung von Herkunfts- und Zielregion als sozial weitgehend getrennte Sphären erschwert ein Verständnis der existenzsichernden Migration:

»[...] geographical categories are less important than understanding the role migration plays in livelihood strategies. In fact, geographical distinctions can limit our understanding of livelihoods.« (de Haan 2000: 2)

Der Ansatz der translokalen Livelihoods hingegen eröffnet den Blick auf die Bedeutung der Wanderung für die Lebensabsicherung. Und gleichzeitig wird offensichtlich, welche Bedeutung die Strategie der Migration für die sozialräumliche Verschmelzung von Herkunfts- und Zielgebieten zu einem translokalen sozialen Gesamtraum hat.

Der Idee der *Strukturation des Translokalen* (s. o.) entsprechend ist die Migration im Kontext des Translokalen in dreifacher Weise relevant: Erstens ist die Wanderung eine Vorbedingung für die

Translokalisierung; zweitens ist sie eine Handlung, die innerhalb des translokalen Sozialraums stattfindet und damit drittens auch eine Handlung, die zur Reproduktion der translokalen Vernetzungszusammenhänge beiträgt.[15] Die Entstehung translokaler Migrationszusammenhänge wird hier als *migratorische Translokalisierung* bezeichnet. Die Migration innerhalb translokaler Räume – bzw. entlang translokaler Netzwerklinien – lässt sich, in Anlehnung an die Transnationalismusforschung mit dem Begriff *Transmigration*[16] bezeichnen.

Um die Transmigration konzeptionell abzugrenzen, ist es hilfreich, folgende Grundunterscheidungen (Migrationstypen) zugrunde zu legen:

»(Sozialräumliche) Emigration« bedeutet einen einmaligen, unidirektionalen Ortswechsel. Mit der Wanderung geht ein weitgehender Abbruch der vorherigen sozialen Beziehungen einher.

• *(Sozialräumliche) Emigration:* Migrationen, die im Sinne eines einmaligen, unidirektionalen Ortswechsels bedeuten, den bisherigen Sozialraum zu verlassen und in einen anderen Sozialraum einzutreten. Mit der Wanderung ist ein weitgehender Abbruch der bisherigen Sozialbeziehungen verbunden. Im Zusammenhang mit Translokalität spielt dieser Migrationstypus nur eine marginale Rolle, da er weder zur Entstehung noch zur Reproduktion translokaler Vernetzungsstrukturen beiträgt. Wie bereits erwähnt basierten die Ansätze der meisten migrationswissenschaftlichen Studien auf diesem Migrantentyp. Die empirischen Realitäten in Afrika zeigen aber, dass nur die wenigsten Wanderungsereignisse außerhalb sozialer Netzwerke stattfinden.

---

15 Die Translokalität des Sozialraums ist Folge und gleichzeitig Bedingung migratorischer Handlungen, da die sozialräumliche Struktur den Handlungskontext der eingebundenen »Mover» und »Stayer« und damit deren Handlungsentscheidungen maßgeblich beeinflusst.

16 Zum Begriff der *Transmigration* in der Transnationalismusforschung vgl. u. a. Pries (1997, 2002).

• *(Sozialräumliche) Expansion:* Dieser Migrationstyp stellt die Voraussetzung für die Translokalisierung von Livelihoods dar.[17] Der »Expandist« wandert in ein Zielgebiet, das bisher nicht durch translokale Verflechtungen mit dem Herkunftsgebiet verbunden war, und hält seine alten Sozialbindungen aufrecht (Rücküberweisungen, Besuche, Telefonate etc.). Er bleibt also Teil der haushaltenden Gemeinschaft. Die Expansion dient meist als Form der Arbeitsmigration dem Ziel der ökonomischen Diversifizierung.

»Expandisten« wandern in Zielgebiete, die bisher nicht durch translokale Verflechtungen mit dem Herkunftsgebiet verbunden waren; alte soziale Bindungen werden nicht aufgegeben.

Vermutlich macht die expansive Migration quantitativ nur einen sehr geringen Teil aller Migrationsbewegungen in Afrika aus. Trotzdem spielt sie für die Initiation der Translokalisierung eine entscheidende Rolle: Der Expandist verlässt zwar den Sozialraum, gleichzeitig zieht er ihn aber mit bzw. zieht ihn über flächenräumliche Grenzen hinweg auseinander, indem er in die sozialen Beziehungen im Herkunftsgebiet eingebunden bleibt. Das diesen Beziehungen inhärente soziale Kapital wandert gewissermaßen mit (Translokalisierung sozialen Kapitals) und ist für andere potenzielle Migranten eine wichtige zielortspezifische Ressource. Die Beziehungen zu den Expandisten verringern die Migrationsrisiken und machen Wanderungsentscheidungen somit wahrscheinlicher.[18] Der Expandist bildet also den Nukleus für die Entstehung translokaler Netzwerke und schafft somit die Voraussetzung für jene Migrationsereignisse, die dann innerhalb der translokalisierten Strukturen stattfinden.

• *Transmigration:* Migrationen, die durch soziale Kontakte am Zielort stimuliert bzw. gelenkt werden und innerhalb eines translokalen Gefüges stattfinden. Bereits etablierte translokale Netzwerke werden für den Migrationsprozess genutzt; sie stellen Rahmenbedingungen sowohl für die Wanderungsentscheidung als auch für

»Transmigration« findet innerhalb bestehender translokaler Gefüges statt. Bereits etablierte translokale Netzwerke werden für den Migrationsprozess genutzt.

---

17 In den Studien, die sich mit Phänomenen der Kettenmigration und Migrationsnetzwerken beschäftigen, wird diese Wanderung meist als *Pioniermigration* bezeichnet.

18 In der Migrationsforschung werden diese selbsterhaltenden oder selbstverstärkenden Prozesse als *Kettenmigration* oder »cumulative causation of migration« (Massey et al.1994) bezeichnet.

die Wahl des Zielorts dar. Wir sind davon überzeugt, dass der Großteil des gesamten Migrationsgeschehens in Afrika in diesem Sinne als Transmigration stattfindet.

Um die Transmigration als Element translokaler Livelihood-Organisation fassbarer zu machen, sind zwei Arten von Transmigration zu unterscheiden: (a) jene, die zu einer Translokalisierung von Haushalten führt, und (b) jene, die innerhalb bereits translokalisierter Haushaltsstrukturen stattfindet.

Im ersten Fall (a) werden für die Transmigration soziale Beziehungen *außerhalb* des Haushalts genutzt (weitere Verwandtschaft, Freunde etc.). Es ist davon auszugehen, dass die allermeisten dieser Transmigrationen dem Ziel der ökonomischen Diversifizierung dienen, es sich also vorwiegend um Arbeitsmigrationen handelt.

Transmigrationen zwischen den verschiedenen Haushaltsstandorten können der ökonomischen Diversifizierung, aber auch der Nutzung anderer, an den verschiedenen Orten verfügbaren Ressourcen dienen (z. B. Zugang zu Bildungs- und Gesundheitseinrichtungen).

Im zweiten Fall (b) geht es um das Migrationsgeschehen zwischen den verschiedenen Haushaltsstandorten eines translokal organisierten Haushalts. Die besondere Art der sozialen Bindungen innerhalb der translokalen Haushalte bringt es mit sich, dass neben der Arbeitsmigration vermehrt auch andere Formen der Migration (z. B. Kleinkindmigration, Bildungsmigration, Gesundheitsmigration, Nachzug von Partnern) stattfinden.[19] Die besondere Konstitution haushaltsinterner Beziehungen ermöglicht die Transmigration wirtschaftlich abhängiger Mitglieder. Obwohl diese Wanderungen, die nicht der Arbeitsuche dienen, vermutlich einen erheblichen Teil des gesamten Migrationsaufkommens in Afrika ausmachen, finden sie im Vergleich zur Arbeitsmigration deutlich weniger wissenschaftliche und planerische Beachtung. Das mag vor allem daran liegen, dass diese Formen der Migration nicht in die Modelle herkömmlicher makrostruktureller oder mikroökonomischer Ansätze passen.

---

19 Die Ansprüche, die zwischen Mitgliedern desselben Haushalts geltend gemacht werden, sind tendenziell ungleich stärker als jene gegenüber Personen des weiteren sozialen Umfelds. Haushaltsinterne Unterstützungen basieren weniger auf der Erwartung relativ kurzfristiger Gegenleistung als auf einer langfristig angelegten Strategie.

Aus der translokalisierten Livelihood-Perspektive wird die Vielfalt der Transmigrationsmotive deutlich: Die Migrationsbewegungen zwischen den verschiedenen Haushaltsstandorten können der ökonomischen Diversifizierung dienen, aber ebenso Handlungen darstellen, die erforderlich sind, um die an den verschiedenen Orten verfügbaren Ressourcen überhaupt nutzen zu können (z. B. Zugang zu Infrastruktureinrichtungen wie Krankenhäuser und Bildungseinrichtungen). Neben den unterschiedlichen ökonomischen Opportunitäten und der infrastrukturellen Ausstattung können zudem unterschiedliche Lebenshaltungskosten an den Haushaltsstandorten ausschlaggebend für bestimmte Migrationsereignisse sein. So sind die Lebenshaltungskosten in ländlichen Gebieten Afrikas deutlich geringer; deshalb wird die Remigration häufig als Strategie im Falle längerer Erwerbslosigkeit oder -unfähigkeit infolge von Erkrankungen oder Alter angewendet, um die Kosten zu senken. Darüber hinaus erfolgen innerhalb der translokalen Haushalte Migrationen, die in erster Linie der Aufrechterhaltung der translokalen Organisation selbst dienen. Das betrifft beispielsweise Wanderungen von Haushaltsmitgliedern, um Verfügungsrechte oder Eigentum an dem jeweils anderen Haushaltsstandort zu sichern, sowie Wanderungen, um häusliche Aufgaben wie die Alten- oder Krankenpflege oder Kindererziehung an einem anderen Haushaltsstandort zu übernehmen. Dieser letzte Gesichtspunkt zeigt, dass die translokalen Haushaltsstrukturen Migrationen nicht nur ermöglichen, sondern mitunter auch nötig machen.

Translokalität ist das Ergebnis der Gesamtheit von unterschiedlichsten translokalen Handlungsstrategien, die je nach Situation der einzelnen Haushalte an verschiedenen Zielen orientiert sein können.

Die durch die *migratorische Translokalisierung* entstehenden, genutzten und reproduzierten translokalen Verflechtungszusammenhänge lassen sich folglich keineswegs auf eine generelle Handlungslogik zurückführen. Vielmehr können die Migrationsgründe und -arten sehr verschieden sein.[20] Somit ist die Translokalität das Ergebnis der Gesamtheit von unterschiedlichsten translokalen Handlungsstrategien, die je nach Situation der einzelnen Haushalte an verschiedenen Zielen orientiert sein können.

In Afrika ist Migration (z. B. zwischen Land und Stadt) wahrlich keine Ausnahmeerscheinung und auch keine einmalige unidirektionale Ortsveränderung oder individuelle Strategie autonomer Akteure. Richtig ist vielmehr, dass die Migration ein wesentliches Moment kollektiver Haushaltsstrategien ist. Die migratorische Translokalisierung führt zu einer räumlichen Diversifizierung der Livelihoods, die

Die translokale Livelihood-Organisation lässt die jeweiligen lokalen Rahmenbedingungen zum translokalen Handlungskontext der eingebundenen Akteure verschmelzen.

den strategischen Umgang mit den ökonomischen und außerökonomischen Gelegenheiten und Hemmnissen sowie Krisen an den verschiedenen Orten ermöglicht. Durch die translokale Livelihood-Organisation verschmelzen die jeweiligen lokalen Rahmenbedingungen zum translokalen Handlungskontext der eingebundenen Akteure.

4.2.3 Soziale Netzwerke, Verwundbarkeit und Translokalität

Was heute in den Sozialwissenschaften als Netzwerkperspektive bezeichnet wird, wurzelt in ganz unterschiedlichen disziplinären Forschungssträngen. In Bezug auf die gesellschaftliche Bedeutung sozialer Netzwerken in Afrika blickt insbesondere die Sozialanthropologie auf eine recht lange Tradition zurück (Holzer 2006, Fuhse 2016). In

---

20 Das Postulat, die Translokalität des Sozialraums sei grundsätzlich Ausdruck von Handlungen zur Minimierung des ökonomischen Risikos, greift zu kurz. Zur migratorischen Translokalisierung tragen nämlich auch migratorische Handlungen bei, zu denen es kaum eine gangbare Alternative gibt, genauso wie Migrationen, die Teil einer langfristig geplanten, an Nutzenmaximierung orientierten Anpassung der Livelihood-Systeme sind.

der Entwicklungsforschung sind vor allem die Arbeiten der *Manchester School* im *Copperbelt* bekannt (vgl. Mitchell 1969). Diese Studien konzentrierten sich vornehmlich auf soziale Netzwerke in städtischen Kontexten und deren Transformationen während des Urbanisierungsprozesses.[21] Dabei stand die Bedeutung von Netzwerken zur Mobilisierung von Unterstützungsleistungen in persönlichen Konflikt- und Krisensituationen (vgl. z. B. Wheeldon 1969) im Mittelpunkt. In Südafrika nutzte Philip Mayer bereits 1961 Elemente der Netzwerkanalyse, um den Prozess der »städtischen Anpassung« von *isiXhosa*-sprechenden Land-Stadt-Migranten zu untersuchen (Mayer 1961).

Auch die *Moralökonomie* und die »*Economy of affection*« haben die Netzwerkperspektive in der Entwicklungsforschung stark beeinflusst. Sie nahmen das ökonomische Handeln in nicht-modernen Gesellschaften und die Rolle sozialer und kultureller Institutionen in den Blick (vgl. Scott 1976). Die Moralökonomie betont die herausragende Bedeutung kollektiver Sicherungsmechanismen, die den Mitgliedern vorkapitalistischer Gesellschaften ein Subsistenzminimum garantieren (vgl. Booth 1994). Vertreter der *Economy of Affection* deuteten die Austauschbeziehungen in kleinbäuerlich geprägten Gesellschaften vornehmlich im Sinne einer sozialen Logik, die durch kulturelle Regeln und moralische Imperative bestimmt sei (vgl. Heyden 1983).[22]

Mit der *Verwundbarkeitsforschung* schließlich erlebte der Netzwerkbegriff Ende der 1980er Jahre einen weiteren Aufschwung in der Entwicklungsforschung. Soziale Netzwerke wurden als informelle Sicherheitsnetze verstanden, auf die gerade in Krisenzeiten zurückgegriffen werden kann.[23] Die Beurteilungen im Hinblick auf ihr Potenzial zur Krisenabfederung liegen allerdings weit auseinander: Zahl-

---

21 Als die Ethnologie ihren Interessenschwerpunkt von ländlichen auf urbane Kontexte ausweitete, erkannten die Forscher, dass neben den verwandtschaftlichen auch andere Beziehungsarten eine wesentliche Rolle spielten.

22 Kritiker warfen diesen Studien vor allem vor, die Strukturen ungleicher Machtverteilung in sozialromantisierender Weise zu ignorieren.

23 Vgl. z. B. die Einzelbeiträge in Laurenco-Lindell (2001), Simone (2001) sowie Miles (2001) in Tostensen, Tvedten und Vaa (2001).

Studien verweisen auf die hohe Relevanz sozialer Netzwerkbeziehungen in Krisenzeiten und beschreiben, wie diese gerade unter Unsicherheitsbedingungen intensiviert werden.

reiche Studien weisen auf die generell große Bedeutung der sozialen Netzwerkbeziehungen in Krisenzeiten hin und beschreiben, wie diese insbesondere unter Unsicherheitsbedingungen reaktiviert und intensiviert werden (z. B Lohnert 1995; De Herdt, Marysse 1997).[24] Andere Autoren hingegen betonen die Zerbrechlichkeit informeller sozialer Sicherungssysteme im Falle wiederholter schwerer Krisen (vgl. u. a. Devereux 1999; Benda-Beckmann, Kirsch, Freiberg-Stauss 1997). Im Zusammenhang von Ernährungskrisen wurde dieser Aspekt früh thematisiert – und eine wesentliche Erkenntnis dieser Studien war, dass sich Unterstützungsbeziehungen in Zeiten moderater Knappheit intensivieren, in Phasen akuter Existenzbedrohung jedoch zusammenbrechen können (vgl. z. B. Drèze, Sen 1989; Corbett 1988; Campbell 1990; Davies 1996; Adams 1993). Indem diese Arbeiten von einer begrenzten Tragfähigkeit der informellen Sicherungsnetze ausgehen, bilden sie einen Gegenpol zur Coping- und Selbsthilfe-Euphorie in der Verwundbarkeitsforschung.

Innerhalb des *Sustainable-Livelihood-Ansatzes* wurden soziale Netzwerkbeziehungen noch zentraler gestellt: Über die »*capabilities*« und das materielle Vermögen hinaus wurden auch die »*intangible assets*«, sprich die immateriellen Vermögenswerte als wichtige Komponente der Livelihoods betont. In dem bekannten *Livelihood-Framework* werden solche immateriellen Vermögenswerte als *Sozialkapital* bezeichnet. Dabei fällt auf, dass die sozialen Beziehungen in der Livelihood- und Verwundbarkeitsforschung vornehmlich als *Ressourcen* angesehen werden. In den meisten Studien gilt das Netzwerk als informelles System, das jenseits formeller Sicherungssysteme *besteht*. Die sozialen Beziehungen werden also gern als etwas *Gegebenes* interpretiert, weshalb der Gesichtspunkt der *Netzwerkherstellung*

---

24 Laurenco-Lindell (2002: 30) weist zudem darauf hin, dass einige Autoren sogar so weit gehen, Knappheit und Risiko als Vorbedingungen für die Entwicklung von Unterstützungsnetzwerken zu verstehen, und führt als Beispiel u. a. die Studie von de la Rocha (1994) an. Als Vorläufer dieses Gedankens können auch die Studien von Stack (1974) und Lomnitz (1977) sowie die bekannten Arbeiten von Lewis (z. B. 1965) zur »culture of poverty« gelten.

kaum berücksichtigt wird. Netzwerke sind aber stets das Ergebnis eines Prozesses: Sie werden geknüpft und gepflegt und bestehen nur so lange, wie sie auch genutzt werden.

Dem Aspekt der Konstruktion von Netzwerken als strategische Handlung wurde in der bisherigen Diskussion um Netzwerke und Verwundbarkeit zu wenig Beachtung geschenkt. Da informelle Netzwerkbeziehungen für den Einzelnen jedoch eine wichtige soziale Ressource sind, die für die individuelle Zielerreichung eingesetzt werden kann, ist deren Aufbau und Erhalt ein wichtiges Handlungsziel. Es geht also (1) um den strategischen *Rückgriff* auf soziales Kapital und (2) um den strategischen *Aufbau und Erhalt* der sozialen Netzwerkbeziehungen (*»networking«*):

Soziale Netze sind das Ergebnis eines Prozesses; sie werden geknüpft und gepflegt – und sie bestehen nur so lange, wie sie auch genutzt werden.

1) Wenn – wie oben dargelegt – der Grad der Verwundbarkeit maßgeblich für die jeweilige Zweckorientierung ist, dann bestimmt dieser auch mit, an welchen Zwecken sich der *strategische Rückgriff* auf soziale Beziehungen orientiert. In bisherigen Verwundbarkeitsstudien wurde der Einsatz sozialer Ressourcen meist als eine Coping-Strategie in Krisenzeiten herausgestellt, die sich an sicherheitsrationalen Erwägungen orientiert.[25] Soziale Netzwerkbeziehungen zu nutzen ist jedoch auch in »Normalzeiten« eine Livelihood-Strategie. So baut die Existenzsicherung großer Bevölkerungsteile in Afrika eben nicht nur in akuten Krisen- oder Katastrophenphasen ganz maßgeblich auf die Einbindung in sozialen Netzwerken auf. Vielmehr gehört der Rückgriff auf soziales Kapital zum Alltag. Unter den auf dem afrikanischen Kontinent vielerorts vorhandenen Verwundbarkeitsbedingungen spielt die Sicherheitsrationalität sicherlich eine entscheidende Rolle; das Ziel der Profitmaximierung wird im Hinblick auf soziale Netz-

---

25 Hierzu gehört auch das Bestreben, bestehende Beziehungen nicht durch einseitige Hilfsforderungen zu überlasten. In Situationen unmittelbarer Existenzgefährdung treten solche Erwägungen jedoch zugunsten einer puren Überlebensrationalität (s. Kap. 4.2) in den Hintergrund, so dass u. U. auch das Zerbrechen der Beziehungen in Kauf genommen werden muss.

werkbeziehungen erst mit abnehmendem Verwundbarkeitsgrad handlungswirksam.

Herstellung von sozialem Kapital ist gleichbedeutend mit der Schaffung einer Lebensgrundlage: Networking als wichtige Livelihoodstrategie

2) Soziales Kapital ist nicht einfach im Besitz des Einzelnen; denn Netzwerkbeziehungen ist es inhärent, dass in Form von »Beziehungsarbeit« kontinuierlich in sie investiert werden muss. Ist die Nutzung sozialen Kapitals als Bewältigungs- und Livelihood-Strategie also von existenzieller Bedeutung für die Lebensabsicherung, so ist die *Herstellung von sozialem Kapital* gleichbedeutend mit dem Schaffen einer Lebensgrundlage. Je wichtiger das soziale Netzwerk für die Existenzsicherung ist, desto stärker ist das Bestreben, es auf- und auszubauen bzw. es nicht zerfallen zu lassen. Dem Gedanken zur kontextvarianten Handlungsorientierung entsprechend bestimmt der Grad der Verwundbarkeit also auch die Handlungsmotive, die dem strategischen *Networking* – sprich der *Investition in soziales Kapital* – zugrunde liegen:

- Mit steigendem Grad der Verwundbarkeit wird sich das strategische soziale Handeln auf den Aufbau und Erhalt jener Beziehungen konzentrieren, die eine größere soziale Sicherheit versprechen.
- Stärker auf Akkumulation hin angelegtes *Networking* wird sich eher jenen sozialen Beziehungen zuwenden, die als nutzbringend im Sinne von Nutzen-/Profitmaximierung eingeschätzt werden.
- Menschen hingegen, deren Livelihood-Systeme zusammengebrochen sind und die sich in existenzbedrohenden Lebenssituationen befinden, werden kaum die Möglichkeit haben, strategisch in soziale Beziehungen zu investieren. Sie sind auf einseitige Gabebeziehungen angewiesen und müssen das Risiko eingehen, aus dem Gefüge herauszufallen.

Insofern ist auch hinsichtlich der *Networking*-Strategie zu bedenken, dass die Gründe für die strategische Netzwerkarbeit sehr unterschiedlich sein können. Da sich die Grundlage von sozialen Beziehungsgefügen folglich nicht auf eine einfache Formel bringen lässt, ist es eine Frage des Einzelfalls, welche spezifische Bedeutung die informellen sozialen Netzwerke für Armutsbekämpfung oder die Entwicklung der jeweiligen Gruppe haben.

Innerhalb des Ansatzes der translokalen Livelihoods hat der Begriff des sozialen Netzwerks die Schlüsselfunktion schlechthin: Die translokale Perspektive ist eine Netzwerkperspektive, denn translokale Verflechtungszusammenhänge sind nichts weiter als die verdichtete Konfiguration relativ dauerhafter sozialer Beziehungen zwischen Akteuren, die sich an unterschiedlichen Orten aufhalten. Gemäß der »Dualität des Translokalen« (s.o.) werden die raumüberspannenden sozialen Netzwerke als das konstituierende Element von Translokalität und als Folge und Bedingung von Handeln verstanden. Im Zusammenhang mit der Livelihood-Forschung ist die Struktur der translokalen sozialen Netzwerke somit als Ergebnis von strategischem Handeln im Umgang mit Risiko und Unsicherheit bzw. Krisen zu betrachten, das sich in Form von uni- oder bilateralen Inter- bzw. Transaktionen zwischen Menschen an verschiedenen Orten darstellt.

Die translokale Perspektive ist eine Netzwerkperspektive: Die raumüberspannenden sozialen Netzwerke sind das konstituierende Element von Translokalität; sie sind Folge und Bedingung von Livelihood-Handeln.

Die *soziale Translokalisierung* ist der Prozess der räumlichen Ausdehnung dieser Netzwerkstrukturen über die Grenzen des Lokalen hinaus. Das Ergebnis ist die *soziale Translokalität*. Letztere steht in engem Zusammenhang mit den beiden in den Kapiteln 4.2.1 und 4.2.2 thematisierten Strategietypen (translokale ökonomische Diversifizierung und Transmigration). Die Migration von Expandisten ist zunächst die wesentliche Grundvoraussetzung für den sozialen Translokalisierungsprozess, aber auch die nachfolgenden Migrationen haben eine Intensivierung der sozialen Translokalisierung zur Folge, da sich das soziale Interaktionsgefüge zwischen den »verknüpften Orten« mit ihnen zunehmend verdichtet. Dass die Migration der Expandisten und der nachfolgenden Migranten oft – wenn auch keinesfalls ausschließlich – mit der Strategie der translokalen ökonomischen Diversifizierung zusammenhängt, weil diese eines der Hauptmotive für die Migrationen ist, wurde bereits in Kapitel 4.2.1 festgestellt.

Als Struktur bilden die translokalen Netzwerke (*soziale Translokalität)* zudem häufig eine Voraussetzung für die Durchführbarkeit von Haushaltsstrategien. Das betrifft sowohl (a) die sozialen Beziehungen innerhalb als auch Beziehungen (b) jenseits der translokalen Haushalte:

(a) Die translokalen sozialen Bindungen *innerhalb der Haushalte* sind per definitionem Grundvoraussetzung für das translokale Haushalten. Entsprechend sind diese Kooperations- und Austauschbeziehungen auch eine notwendige Bedingung für die Strategie der translokalen Kombination unterschiedlicher Wirtschaftstätigkeiten.

(b) Die translokalen sozialen Beziehungen *jenseits der Haushalte* bilden ebenfalls eine elementare soziale Ressource. Ohne den Einsatz von sozialem Kapital, das diesen Beziehungen (zu Freunden, Verwandten etc.) inhärent ist, bestünden bestimmte translokale Handlungsoptionen gar nicht. Für die Aspekte Diversifizierung und Migration wurde das in den Kapiteln 4.2.1 und 4.2.2 bereits dargestellt.

Translokale informelle soziale Netzwerke (inner- und außerhalb der Haushalte) schaffen und verbinden Opportunitätsstrukturen an unterschiedlichen Orten, und häufig bieten sie Sicherheiten, die weder die Marktwirtschaft noch die in Afrika meist wenig tragfähigen staatlichen Sozialsysteme bieten. Der Verbleib im translokalen Netz ist deshalb ein starkes Handlungsmotiv, so dass *Networking* auch im translokalen Kontext eine existenziell notwendige Strategie darstellt.

Neben ermöglichenden Momenten weisen soziale Netzwerke stets auch einschränkende Momente auf.

Grundsätzlich weisen soziale Netzwerke aber nicht nur ermöglichende, sondern auch einschränkende oder gar zwingende Momente auf. Das ist bei translokalen Netzwerkstrukturen nicht anders. Und letztlich ist es stets nur für den spezifischen Einzelfall zu bestimmen, wie sich konkrete Netzwerkmechanismen auf das strategische Handeln auswirken. Folgende Faustregel lässt sich allerdings formulieren: Je größer die Bedeutung der sozialen Absicherung durch die translokalen sozialen Netzwerke für den Einzelnen – also je deutlicher die Sicherheitsorientierung des Handelns im Vordergrund steht –, desto größer dessen Abhängigkeit innerhalb des translokalen sozialen Zusammenhangs. Diese Abhängigkeit führt u. U. zu weiteren Einschränkungen der Handlungsfreiheit und macht negative Effekte (Properitätshindernisse) wahrscheinlicher.

Daher kann auch für die Strategie des Networking nicht generalisierend beantwortet werden, welche Motivationen dem Aufbau, dem Erhalt und der Nutzung des translokalen sozialen Kapitals zugrunde liegen. Erst im Einzelfall lässt sich beurteilen, auf welchen sozialen Mechanismen die Austausch- und Redistributionsprozesse innerhalb des translokalen Sozialraums zwischen Stadt und Land fußen. Ob die intensiven informellen Land-Stadt-Verflechtungen, die in weiten Teilen Afrikas bestehen, in ihrer jeweiligen Ausprägung eher Ausdruck relativer Handlungsfreiheit oder aber als Symptom eingeschränkter Handlungsoptionen im Kontext von Verwundbarkeit zu interpretieren sind, ist letztlich nur im spezifischen Fall zu klären. Auch deshalb erweisen sich allgemeine Aussagen darüber, inwiefern die Einbindung in die translokalen Strukturen günstig oder hinderlich für die Zielsetzung der Akteure (bzw. Haushalte) ist und welchen Einfluss die sozialräumliche Interaktion auf die Situation in den lokalen bzw. regionalen Teilräumen und gegebenenfalls auf die gesamtgesellschaftliche Entwicklung hat, als äußerst schwierig.

5 Translokale Livelihoods in Afrika südlich der Sahara

Dieses Kapitel wendet sich konkret dem Phänomen der translokalen Livelihoods in Subsahara-Afrika zu. Nach einer knappen Beschreibung der Besonderheiten des afrikanischen Urbanisierungsprozesses (Kap. 5.1) folgt der Versuch einer quantitativen Abschätzung der Bedeutung des Phänomens in Afrika südlich der Sahara (Kap. 5.2). Im Anschluss an die Vorstellung eines idealtypischen »*Phasenmodells der Translokalisierung*« werden in Kapitel 5.3 einige grundlegende räumliche und zeitliche Muster der Translokalisierung thematisiert und soziale Strukturierungen dargestellt.

5.1 VERSTÄDTERUNGSPROZESSE IN AFRIKA: »URBANISIERUNG OHNE WACHSTUM ABER MIT TRANSLOKALISIERUNG«

Der Urbanisierungsprozess ist sicherlich eine der tiefgreifendsten raumstrukturellen Dynamiken auf dem afrikanischen Kontinent. Obwohl Afrika mit einem durchschnittlichen Urbanisierungsgrad von ca. 40%[1] (UN Population Fund, State of World Population 2010: 105)

Afrika – der am wenigsten verstädterte, aber am schnellsten sich verstädternde Kontinent

---

1 Zum Vergleich: Europa 73%, Weltdurchschnitt 50%. In Bezug auf den Urbanisierungsgrad zeigt sich in den verschiedenen Großregionen Afrikas jedoch ein recht heterogenes Bild. So lebten 2010 in Ostafrika nur 24%

nach wie vor der am wenigsten verstädterte Erdteil ist, werden die Staaten gerade wegen des enorme Tempos der Verstädterung vor weitreichende Probleme gestellt; denn mit einer geschätzten Urbanisierungsrate von jährlich 3,4% (UN Population Fund, State of World Population 2010: 105) ist Afrika – trotz eines Rückgangs in den 1990er und 2000er Jahren – mit Abstand der am schnellsten sich verstädternde Kontinent (Beguy, Bocquier, Zulu 2010: 551-552).[2] Ein Treiber für dieses enorme Städtewachstum ist neben der Land-Stadt-Migration auch das starke natürliche Bevölkerungswachstum.[3]

Anders als in Nordamerika und Europa geht afrikanische Urbanisierung selten mit einer positiven volkswirtschaftlichen Entwicklung einher.

Die besonderen Herausforderungen resultieren jedoch weniger aus dem quantitativen Ausmaß und der hohen Urbanisierungsdynamik als vielmehr aus den ökonomischen und sozialen Rahmenbedingungen, unter denen das enorme Städtewachstum abläuft. Anders als in Nordamerika und Europa geht die afrikanische Verstädterung nämlich nicht mit einer positiven volkswirtschaftlichen Entwicklung einher, sondern findet auch in Zeiten wirtschaftlicher Stagnation und immenser nationaler Verschuldung statt. Bis in die 1960er Jahre galt das Phänomen der Urbanisierung in Afrika als eng verknüpft mit der Ausbreitung nicht-agrarischer Wirtschaftsweisen sowie größer werdender Produktivitätsunterschiede zwischen ländlicher und städtischer Wirtschaftsweise. Das Städtische galt lange als gleichbedeutend mit Industrialisierung, Modernität, Fortschritt, Wachstum, Wohlstand

---

der Bevölkerung in Städten, in Südafrika hingegen waren es 59%. Zentral- und Westafrika hatten Anteile von 43% bzw. 45% (UN Population Fund, State of World Population 2010: 105).

2   Zum Vergleich: Lateinamerika und Karibik 1,6; Asien 2,3; Nordamerika 1,3; Europa 0,4; Welt 1,9. Aber auch hinsichtlich der Urbanisierungsrate weisen die verschiedenen Großregionen Afrikas auffallend große Unterschiede auf: Ostafrika 3,8; Zentralafrika 4,1; Nordafrika 2,5; Südafrika 1,9; Westafrika 3,9 (UN Population Fund, State of World Population 2010: 105).

3   Laut einiger Autoren (Bocquier 2003; Bocquier, Traoré 2000; Potter, Unwin 1995) ist das heutige Städtewachstum in Afrika mittlerweile stärker auf natürliches Wachstum als auf die Land-Stadt-Wanderung zurückzuführen (Beguy, Bocquier, Zulu 2010: 551-552).

und Entwicklung. Entsprechend wurden Unterschiede des Urbanisierungsgrads einzelner Staaten als Ausdruck unterschiedlicher »Entwicklungsstadien« und eines gesamtgesellschaftlichen Strukturwandels betrachtet (vgl. Kap. 2.2). Angesichts der rapiden Verstädterung in Afrika jedoch verlor der bis dahin postulierte Zusammenhang zwischen Wohlstandsentwicklung und Verstädterung bald an empirischer Evidenz und kehrte sich um: Inzwischen sind die ärmsten Länder oft jene mit den höchsten Urbanisierungsraten.[4]

Die Gründe für die schwache wirtschaftliche Entwicklung im subsaharischen Afrika nach der Unabhängigkeit sind vielfältig und komplex. An dieser Stelle soll es genügen zu erwähnen, dass die neugegründeten afrikanischen Staaten, deren Wirtschaft meist nach wie vor auf dem Export von Rohstoffen und Agrarprodukten basierte, zur Zeit der Unabhängigkeit eine schwierige Ausgangsposition hatten. Grund dafür waren u.a. die niedrigen Weltmarktpreise. Die Krise der Exportindustrie wurde begleitet von einer fortschreitenden Verringerung der Möglichkeiten für (Semi-)Subsistenzwirtschaft, die bis heute für einen großen Teil der Landbevölkerung eine wesentliche Existenzgrundlage darstellt. Auslöser für diesen Prozess sind das starke natürliche Bevölkerungswachstum, voranschreitende ökologische Degradation großer landwirtschaftlicher Flächen und die konkurrenzbedingte Verdrängung kleinbäuerlicher Wirtschaftsweise durch exportorientierte kommerzielle Landwirtschaft (*cash-crop production*).

Oft sind die ärmsten Länder jene mit den höchsten Urbanisierungsraten.

Die wirtschaftliche Krise des subsaharischen Afrikas war zu Beginn vor allem eine ländliche Krise, die sich in einer stetig rückläufigen landwirtschaftlichen Pro-Kopf-Produktionsrate ausdrückte (vgl. van Westen 1995). Strikte staatliche Preisregulierungen, die darauf abzielten, die Nahrungsmittelpreise für die Stadtbevölkerung niedrig

Die wirtschaftliche Krise Subsahara-Afrikas war zunächst vor allem eine ländliche Krise.

---

4   Laut der UN Population Division (2015) weisen die folgenden Staaten die höchsten Urbanisierungsraten in Afrika auf: Rwanda (6,43%), Burkina Faso (5,87%), Burundi (5,66%), Uganda (5,43%), Tansania (5,36%), Niger (5,14%), Eritrea (5,11%), Mali (5,08%), Südsudan (5,05%). Sechs dieser neun Staaten gehören zu den 10 afrikanischen Ländern mit den niedrigsten HDI-Werten (vgl. Human Development Report 2014: 159).

zu halten, um soziale Unruhen zu vermeiden, verschärften die Situation der Kleinbauern zusätzlich. Diese Politiken führten dazu, dass sich die Bereitschaft zur landwirtschaftlichen Produktionssteigerung bzw. zur Vermarktung der Produkte verringerte, was wiederum negative volkswirtschaftliche Effekte nach sich zog. Die wirtschaftliche Situation in vielen ländlichen Gebieten Afrikas verschlechterte sich so weit, dass immer weniger Menschen ihre Existenz ohne den Zugang zu anderen monetären Erwerbsquellen decken konnten. Als einziger Ausweg blieb ihnen oft nur, in städtische Gebiete abzuwandern, um sich dort Arbeit zu suchen (vgl. Gilbert 1992). Zu dieser Krise in der kleinbäuerlichen Landwirtschaft kamen die teils katastrophalen Auswirkungen von Dürre- und Überschwemmungsereignissen sowie Kriegen hinzu: Den Menschen blieb oft nichts anderes übrig, als ihre ländliche Heimat zu verlassen und in die Städte zu ziehen, die vielfach als letzte Zufluchtsorte galten.

Vor allem wegen ihrer schwach entwickelten Produktionsstrukturen verfügen Afrikas Städte jedoch nicht über die Kapazitäten, die nötig wären, um die große Zahl der aus ländlichen Gebieten Zugewanderten in den formellen Bereich der Wirtschaft einzugliedern.[5] Deshalb sind die meisten der Land-Stadt-Migranten auf informelle oder semi-formelle, meist prekäre Wirtschaftstätigkeiten angewiesen.

Obwohl die absolute Zahl der unterhalb der Armutsgrenze lebenden Menschen in Afrika nach wie vor in peripher-ländlichen Gebieten am dramatischsten ist, hat sich Armut schon in den 1970er Jahren – nicht zuletzt verstärkt durch die Strukturanpassungsprogramme von IWF und Weltbank – zunehmend auch zu einem städtischen Problem ausgewachsen. Durch die sich vielerorts verschlechternden städtischen Lebensbedingungen (Einkommensmöglichkeiten, Infrastruktur, Wohnraum etc.) ging auch die Absorbstionsfähigkeit der städtischen Zentren in weiten Teilen Afrikas sukzessive zurück.

---

5 Dieser Prozess wird in der Literatur bisweilen als »overurbanisation« beschrieben (vgl. Gugler 1982).

Die Urbanisierungsdynamik in Afrika ist ein Prozess des Städtewachstums ohne entsprechendes Wirtschaftswachstum; man kann ihn auch als »Urbanisierung der Armut« bezeichnen. Diese Problematik findet ihren physisch-stadträumlichen Ausdruck u. a. in der Entstehung, Ausdehnung und Verdichtung informeller Siedlungen, in denen mittlerweile der größte Teil der afrikanischen Stadtbevölkerung wohnt. Südlich der Sahara leben heute fast drei Viertel der urbanen Bevölkerung in Slums oder slumähnlichen Gebieten (Beguy, Bocquier, Zulu 2010: 550).

»Urbanisierung der Armut«:
Solange die Entwicklung der städtischen Erwerbsmöglichkeiten nicht mit der Bevölkerungsentwicklung Schritt hält, wird die urbane Lebenssituation vieler Land-Stadt-Migranten dauerhaft von Unsicherheit und Risiko geprägt sein.

Viele Land-Stadt-Migranten geraten in eine Art städtische Armutsfalle, der sie aufgrund der prekären Bedingungen des Arbeitsmarktes und der stark steigenden Preise für städtischen Wohnraum und Nahrungsmittel nicht entkommen können. Solange die Entwicklung der städtischen Erwerbsmöglichkeiten nicht mit der Dynamik der Bevölkerungsentwicklung Schritt hält, wird die urbane Lebenssituation vieler Land-Stadt-Migranten dauerhaft von Unsicherheit und Risiko geprägt sein.[6]

Aufgrund der z. T. extremen existenziellen Unsicherheit in der Stadt finden die Land-Stadt-Wanderungen sehr selten als Umzug kompletter Haushaltsgemeinschaften statt. Meist ziehen lediglich einzelne Familienmitglieder auf der Suche nach Arbeit in die Städte; das Aufrechterhalten enger sozialer und ökonomischer Verbindungen in die Herkunftsregionen ist seit Beginn des Urbanisierungsprozesses in Afrika ein wichtiger Aspekt des sicherheitsrationalen Handelns verwundbarer städtischer Gruppen (Potts 2009).

»In this context, household linkages to rural areas have always been an important safety net for many city inhabitants.« (Cottyn et al. 2013: 11)

Der seit Jahrzehnten anhaltende Zustand z. T. extremer wirtschaftlicher Armut und Verwundbarkeit in afrikanischen Städten führte dazu, dass die Prozesse der Land-Stadt-Wanderung und der Urbanisierung

---

6 »Because urban expansion is often not in line with employment opportunities, the urban livelihoods of many people become increasingly insecure« (Cottyn et al. 2013: 11).

gänzlich anders verliefen und verlaufen als beispielsweise in Europa: Die europäische Land-Stadt-Migration hat nach einer gewissen Übergangszeit zu einer dauerhaften Ansiedlung der Zugewanderten in den städtischen Zielgebieten geführt, zirkuläre Migrationen und starke Land-Stadt-Verflechtungen (z. B. in Form »*gespaltener Haushalte*« (Vorlaufer 1992) waren also Ausdruck einer Transitionsphase im europäischen Urbanisierungsprozess. In Afrika hingegen ist die städtische Sesshaftigkeit bis heute nicht zur Norm geworden: Zirkuläre Mobilität, der intensive Kontakt zum Herkunftsdorf und die translokale Haushaltsführung sind in den meisten Teilen Afrikas als dauerhaft zu erachten. Ein hoher Anteil der Land-Stadt-Migranten pflegt intensive soziale, ökonomische, kulturelle und emotionale Beziehungen zu ihren ländlichen Herkunftsgebieten, und das oft auch über Generationen hinweg.

Städtische Sesshaftigkeit ist in Afrika nicht die Norm.

»In many African cities there are large numbers of people who have lived in the metropolis all their life, even in the second or third generation, but when asked to name their home, they will invariably give the name of a remote village in the hinterland.« (Schmidt-Kallert 2009: 320)[7]

Das heißt, entgegen den klassischen Modellen der »*urban transition*« und der »Mobilitätstransition« (Zelinsky 1971) stellen zirkuläre Formen der Migration und intensive Land-Stadt-Verflechtungen in Afrika keine temporären, sondern zeitlich stabile Erscheinungen dar. Die Urbanisierung in Afrika ist daher nur unter Berücksichtigung der Translokalität und deren starker strukturbildender Wirkung umfassend zu beschreiben. Für Politik, Planung und Entwicklungszusammenarbeit gilt es, die Tatsache anzuerkennen, dass Urbanisierung und Translokalisierung in Afrika parallele Prozesse sind und afrikanische Urbanität kaum ohne Translokalität zu denken ist.

Zirkuläre Migration und intensive Land-Stadt-Verflechtungen stellen in Afrika keine temporären, sondern zeitlich stabile Erscheinungen dar.

---

7   Siehe hierzu auch Swards Studie zu Ghana: »Social networks – for the most part – remained active amongst migrants who were part of my interview sample, with even second-generation migrants sending remittances, material goods and regularly visiting kin relations in Upper West, showing the apparent durability of such networks.« (Sward 2016: 20)

5.2 VERBREITUNG TRANSLOKALER LIVELIHOOD-FORMEN IN AFRIKA SÜDLICH DER SAHARA – VERSUCH EINER QUANTITATIVEN ABSCHÄTZUNG

Die im vorangegangenen Kapitel thematisierten Muster der Urbanisierung sind trotz regionaler Unterschiede im Einzelnen auf den gesamten afrikanischen Kontext übertragbar, so dass man insgesamt von einer sehr starken Verbreitung translokaler Existenzsicherungssysteme ausgehen kann.

Quantitativ zu erfassen, wie viele Menschen im subsaharischen Afrika ihre Livelihoods in translokalen Zusammenhängen organisieren, ist indes äußerst schwierig. Es liegen keinerlei Aggregatdaten zu translokalen Livelihoods vor. Und die ohnehin in vielen Staaten Afrikas defizitäre Zensusdatenlage gibt auch keine Hinweise auf Umfang und Richtung translokaler Verflechtungen. Eine Hauptschwierigkeit besteht zudem darin, dass bei der Erhebung von Zensusdaten in der Regel von Sesshaftigkeit ausgegangen wird und Haushaltsgemeinschaften über die Ko-Residenz definiert werden (vgl. Douglass 1998: 9). Mit den gängigen Erhebungsinstrumenten können translokale Haushaltsstrukturen also methodisch nicht erfasst werden. Auch Migrationsbewegungen werden vornehmlich nur international – und ebenfalls sehr lückenhaft – registriert.[8] Einwohnermeldesysteme, aus denen sich belastbare Umzugsdaten ermitteln ließen, existieren nicht.

Translokale Haushaltsstrukturen lassen sich nicht mit gängigen Zensusinstrumenten erfassen.

»But although the phenomenon cannot be denied, up to the present day official statistics in most countries completely fail to capture part time and seasonal occupations as well as multilocational residence. Temporary or circular migrants do not show up in annual household registration data and are even less likely to be counted in a census.« (Schmidt-Kallert 2009: 321).

---

8 Zur allgemein unzureichenden Datenlage in der Migrationsforschung vgl. IOM (2013: 35-36, 61-64). Zur besonderen Schwierigkeit mit den Daten zum Binnenwanderungsgeschehen in Subsahara-Afrika vgl. Potts (2015).

Verlässlich aggregierte Daten über Prozesse innerstaatliche Binnenmigration und deren Zirkularität in Afrika südlich der Sahara liegen
also kaum vor.[9] Demzufolge muss eine quantitative Abschätzung auf
den Erkenntnissen aus lokalen und regionalen Einzelstudien aufbau-
en. Hierbei ist wiederum zu berücksichtigen, dass die Translokalität
als Forschungsperspektive in der Entwicklungsforschung noch vergleichsweise jung ist (vgl. Kap. 3), weshalb bislang nur wenige Studien für das subsaharische Afrika vorliegen, welche die beobachteten
Phänomene der raumübergreifenden Mobilität und Vernetzung tatsächlich mit Begriffen wie Multi- oder Translokalität benennen. Dies
bedeutet indes keineswegs, dass translokale Livelihood-Systeme im
Subsahara-Afrika neue Phänomene sind. In zahlreichen – z. T. auch
älteren – Studien finden sich vielfältige Anhaltspunkte für translokale
Mobilitäten und Netzwerkstrukturen, die aber oft terminologisch und
konzeptionell anders gefasst werden, so z. B. in Studien zu *zirkulärer
Migration* (z. B. Bigsten 1988; Elkan 1967; Rain 1999; Potts 2010;
Cordell 1996; Dorlöchter-Sulser 2014; Beauchemin, Bocquier 2004;
Grawert 1998), *Land-Stadt-Verflechtungen* (z. B. Vorlaufer 1992,
Potts, Mutambirwa 1990; Forsberg 1999; Baker, Aina 1995; Chant
1998; Tacoli 1998; Muzvidziwa 1997; Ross, Weisner 1977; Greiner,
Sakdapolrak 2012), *Arbeitswanderung* (z. B. Rain 1999; Todaro
1969; Hahn 2004), *Rimessen* (z. B. Johnson, Whitelaw 1974; Hod-
dinott 1994; Deshingkar et al. 2015) und *Einkommensdiversifizierung*
(z. B. Reardon 1997, Giesbert 2007). Diese Studien setzen andere
Akzente, verweisen jedoch allesamt auf Aspekte translokaler
Livelihoods. Die jeweiligen Erkenntnisse können somit als Spuren
des Translokalen gedeutet werden.

»Weiße Flecken auf der Forschungslandkarte«   Betrachtet man die Forschungslandkarte der einschlägigen Studien zu den genannten Aspekten, fällt auf, dass die Untersuchungsge-
biete sehr ungleich verteilt sind: So gibt es diverse Studien zum östli-
chen Afrika (mit klar erkennbarem Fokus auf Kenia, siehe u. a. Ramisch 2015, Greiner, Sakdapolrak 2012). Auch Südafrika ist in dieser

---

9   Eine Ausnahme bildet der ghanaische *Living Standards Survey*: Hiernach
     wurden über 50% der Bevölkerung als interne Migranten klassifiziert –
     knapp die Hälfte von ihnen Frauen (Awumbila 2015: 133).

Hinsicht gut erforscht (siehe z. B. Posel 2003; Collinson et al. 2003; Lohnert, Steinbrink 2005; Kok und Collinson 2006; Ardington, Case und Hosegood 2007; Clark et al. 2007, Collinson, Tollmann und Kahn 2007; Steinbrink 2009). Weitere regionale Schwerpunkte liegen in Ostafrika vor allem in Äthiopien (u. a. Devereux 2006; Gibson, Gurmu 2012) sowie in Westafrika im Niger, in Nigeria und Burkina Faso (Hahn 2004; Youngstedt 2013; Trager 1998; Rain 1999). Wenig bis überhaupt keine einschlägigen Studien finden sich mit Bezug auf die westafrikanischen Länder Liberia, Guinea oder Sierra Leone sowie auf zentralafrikanische Länder wie den Tschad oder die Zentralafrikanische Republik.

Es wäre voreilig, das als Hinweis dafür zu nehmen, translokale Livelihood-Systeme seien nur in den untersuchten Ländern von größerer Bedeutung. Vielmehr resultieren die großen weißen Flecken auf der afrikanischen Forschungslandkarte – da sind die Verfasser überzeugt – nicht aus der Abwesenheit des Phänomens der Translokalität, sondern aus der Abwesenheit der Translokalitätsforscher. Dass die Forschungsaktivität regional so stark differiert, erklärt sich vermutlich aus der politischen und ökonomischen Situation in den einzelnen Ländern sowie aus den akademischen und persönlichen Vorlieben der jeweiligen Wissenschaftler.

Aus dem Dargestellten wird deutlich, dass sich der Grad der Einbettung der afrikanischen Gesamtbevölkerung in translokale Zusammenhänge kaum seriös abschätzen lässt. Jedoch blitzen in etlichen Studien immer wieder »translokale Zahlen« auf, die als Proxy-Indikatoren genutzt werden können. Die Aufstellung von quantitativen Daten aus verschiedenen regionalen Kontexten in Tabelle 1 soll eine Vorstellung von der Größenordnung des Phänomens vermitteln und zudem als Grundlage für eine sehr grobe quantitative Abschätzung zum Phänomen der translokalen Livelihoods im subsaharischen Afrika dienen.

Den Grad der Einbettung der afrikanischen Gesamtbevölkerung in translokale Zusammenhänge seriös einzuschätzen ist kaum möglich.

Tabelle 1: *»Translokale Zahlen« – quantitative Indikatoren aus Einzelstudien*

	Quelle	Quantitative Hinweise
Afrika	Tacoli (2002: V)	50%-80% der ländlichen Haushalte (aller Wohlstandsniveaus) haben mindestens ein Mitglied in Migration.
Äthiopien	Devereux (2006: 29)	671 Mitglieder der 1100 Haushalte in der untersuchten Somali-Region sind als temporäre Migranten zu betrachten.
Botswana	Krüger (1998: 128)	Ca. 50% der urbanen Haushalte mit niedrigem Einkommen üben pastorale oder landwirtschaftliche Aktivitäten in ihren Herkunftsdörfern aus.
Ghana	Awumbila (2015: 133)	> 50% der Bevölkerung werden als interne Migranten klassifiziert – knapp die Hälfte von ihnen Frauen
Kamerun	BUCREP (2011: 20)	31,2% der Bevölkerung Kameruns sind Binnenmigranten.
Kenia	Agesa (2004: 162)	> 33% der kenianischen Haushalte sind auf Land und Stadt verteilt.
	Mberu et al. (2013)	80% der älteren Bewohner in Nairobis Slums haben eine starke soziale Anbindung an ländliche Haushaltsstandorte.
	Ramisch (2015)	94% ländlicher Haushalte im Untersuchungsgebiet Ebusiloli (Vihiga County, Westkenia) haben mindestens ein Mitglied in Migration.
	Ramisch (2014: 24)	57% der Migranten in Nairobi kehren mindestens einmal im Monat in ihr Herkunftsdorf zurück.
	Vorlaufer (1992)	Ca. 80% der Land-Stadt-Migranten in Mombasa leben in »gespaltenen Haushalten« (zwischen Stadt und Land).
	Beguy, Bocquier, Zulu (2010: 553)	82% der Einwohner des Slums Viwandani (Nairobi) haben im Untersuchungsjahr ihr Herkunftsdorf besucht.
	Beguy, Bocquier, Zulu (2010: 553)	51% der Einwohner des Slums Korogocho (Nairobi) haben im Untersuchungsjahr ihr Herkunftsdorf besucht.
	Tostensen (1986)	88% der befragten Migranten in Nairobi hielten 1984 Landnutzungsrechte im ländlichen Gebiet aufrecht.
	Tostensen	54% der befragten Migranten in Nairobi erhielten

	(1986) (in Ramisch 2014: 15)	1984 Nahrungsmittel aus den ländlichen *shamba*.
Mali	Paterson (1999: 2)	68% der Männer zwischen 18 und 59 Jahren befanden sich im Untersuchungszeitraum außerhalb des Heimatgebiets (Bunyore).
	Tacoli (2002: 19)	70%-80% Haushalte im nördlichen Mali haben mindestens ein Mitglied in Migration.
	IIED (2001a: 12)	82,5% der Familien in Dialakorodji haben mindestens ein Mitglied, das in Bamako arbeitet.
	IIED (2001b: 12)	71,4% der Familien in Mopti haben mindestens ein Mitglied, das in Arbeitsmigration ist.
Niger	Youngstedt (2013: 142)	82% Hausamigranten in Niamey mit mindestens einem Familienmitglied oder Freund im Ausland.
	Dorlöchter-Sulser (2014: 303)	75% der Haushalte sind auf zirkuläre Migration angewiesen.
	Rain (1999: 151)	95% der Migranten in der Stadt Maradi stehen in starkem Austausch mit ihren Heimatdörfern.
	Gregoire (1992)	70%-80% der urbanen Haushalte in Maradi versorgen sich selbst mit Landwirtschaft
Ruanda	Cottyn et al. (2013: 14)	90%iger Anteil der Bevölkerung, die mindestens ein Stück Land bewirtschaften, obwohl nur 80% der Bevölkerung auf dem Land lebt
	Smit (2012: 93)	74,4% der ruralen Haushalte in der Kigali-Region in Ruanda empfangen Rücküberweisungen von städtischen Haushaltsmitgliedern.
	ACCRON (2011) in Smit (2012: 40)	Ca. 57% der Einwohner Kigalis sind Land-Stadt-Migranten.
Südafrika	SAMP (2004) in ACP (2012: 5)	25% Haushalte mit mindestens einem Mitglied im Ausland.
	SAMP (2004) in ACP (2012: 5)	40% ländlicher Haushalte mit mindestens einem Mitglied im Ausland
	Steinbrink (2009)	> 80% der Haushalte im Untersuchungsdorf (Eastern Cape Province) gaben an, dass mindestens ein Mitglied zum Befragungszeitpunkt in einer Stadt lebte. Im Durchschnitt lebten 30% der Haushaltsmitglieder in einer Stadt.
	Lohnert (2002: 240)	Geschätzte 60% der Einwohner ehemaliger Townships und informeller Siedlungen in Kapstadt leben in multilokalen Haushaltsstrukturen.
	Clark et al. (2007: 3)	60% der Männer zwischen 20 und 60 Jahren sind im Untersuchungsgebiet Bushbuckridge District (Limpopo Province) zirkuläre Migranten.
	Clark et al. (2007: 3)	20% der Frauen zwischen 20 und 60 Jahren sind im Untersuchungsgebiet Bushbuckridge District

		(Limpopo Province) regelmäßig zirkuläre Migranten.
	Lohnert (2002: 234)	90% der Einwohner der untersuchten informellen Siedlungen in Kapstadt gaben an, ein- oder zweimal im Jahr in die Herkunftsregion zu fahren.
	Collinson et al. (2003: 8)	55% der Haushalte im Agincourt-Unterdistrikt (Bushbuckridge District) haben im Untersuchungsjahr 2001 mindestens einen temporären Migranten.
Tansania	Tacoli (2002: 19)	50%-60% ländlicher Haushalte im südlichen und nördlichen Tansania haben mindestens ein Mitglied in Migration.
	Lerise et al. (o.J.: 4)	> 60% der Haushalte im Lindi-Distrikt aller Wohlstandsniveaus haben mindestens ein Mitglied in Migration.

Die Zahlen in Tabelle 1 verdeutlichen, dass es zwar gewisse regionale Unterschiede hinsichtlich der quantitativen Bedeutung translokaler Livelihoods zu geben scheint, jedoch belegen sie vor allem eindrücklich die insgesamt enorme Verbreitung des Phänomens. Die quantitativen Erkenntnisse sollen nun als Basis für den Versuch einer sehr groben Abschätzung dienen: Wenn man davon ausgeht, dass die Ergebnisse der Einzelstudien auf das gesamte Subsahara-Afrika übertragbar sind und man zudem die vereinfachende Annahme trifft, dass sich lokal und translokal organisierte Haushalte hinsichtlich der Mitgliederzahl nicht signifikant voneinander unterscheiden, hieße das, dass bei einer konservativen Schätzung 40% bis 60 % der Menschen aus ländlichen Regionen Subsahara-Afrikas in translokal organisierten Haushaltsstrukturen leben. Bei einer angenommenen Bevölkerungszahl von 973 Millionen (Weltbank 2016) und einem Urbanisierungsgrad von ca. 37 % (Rauch et al. 2016: 12) bedeutet das eine Gesamtzahl von 245 bis 365 Millionen Menschen.

Die aufgeführten Fallstudien geben Grund zu der Annahme, dass der Prozentsatz der städtischen Bevölkerung mit translokalen Bezügen vermutlich noch höher liegt als in ländlichen Gebieten. Legt man als groben Schätzwert 70% an, entspräche das einer Gesamtzahl von ca. 250 Millionen Menschen, die in translokale Verflechtungszusammenhänge eingebunden sind.

In der Summe bedeutete das, dass in Afrika südlich der Sahara geschätzt mehr als eine halbe Milliarde Menschen – über 50% der Gesamtbevölkerung – in translokale Livelihood-Systeme eingebunden sind.

Wenn diese auf überaus groben Werten beruhende Schätzung auch nur annähernd der tatsächlichen Größenordnung entspricht, wird erneut ersichtlich, dass Politik und Entwicklungszusammenarbeit dem Phänomen des translokalen Haushaltens im subsaharischen Afrika zwingend mehr Beachtung schenken sollten.

In Afrika südlich der Sahara sind geschätzt mehr als eine halbe Milliarde Menschen – über 50% der Gesamtbevölkerung – in translokale Livelihood-Systeme eingebunden.

5.3 TRANSLOKALE MUSTER

In diesem Abschnitt soll es darum gehen, einige Regelmäßigkeiten und Grundmuster der translokalen Existenzsicherung in Subsahara-Afrika herauszuarbeiten. Es werden zunächst räumliche sowie zeitliche Muster betrachtet und anschließend etwaige Regelmäßigkeiten hinsichtlich des Mobilitätsverhaltens unterschiedlicher Gruppen und der verschiedenen Migrationsgründe thematisiert.

5.3.1 Räumliche Muster

Auf Grundlage der Zahlen aus den vorliegenden Fallstudien (siehe Tab. 1 in Kap. 5.2) wird deutlich, dass translokale Existenzsicherung in ganz Afrika südlich der Sahara sehr verbreitet ist. Ein außerordentlich großer Prozentsatz der Bevölkerung in Städten und ländlichen Regionen ist in translokale Lebenszusammenhänge eingebunden. Translokalität ist in Afrika also gewissermaßen ubiquitär. Ob es regionale Unterschiede hinsichtlich der Intensität translokaler Verflechtungen und der Bedeutung translokaler Livelihood-Systeme zwischen afrikanischen Großregionen gibt, ist anhand der vorliegenden Fallstudien nicht zu beantworten. Hierzu wären weitere und dezidiert vergleichende Studien notwendig.

Translokalität ist in Afrika ubiquitär.

In Bezug auf die geographische Ausrichtung der translokalen Netzwerkstrukturen, entlang derer der Austausch und die Mobilität von Personen, Waren, Informationen und Kapital stattfindet, lassen sich jedoch einige Muster erkennen:

Der Binnenwanderung kommt die größte Bedeutung im afrikanischen Migrationsgeschehen zu.

Mit Blick auf das Migrationsgeschehen in Afrika ist zunächst einmal festzustellen, dass die interkontinentale Migration – entgegen dem gängigen medialen Bild von der »Flut« afrikanischer Migranten, die nach Europa kommen – nur einen relativ geringen Anteil ausmacht, insbesondere im Vergleich zu der innerafrikanischen, sprich internationalen bzw. intraregionalen und innerstaatlichen Migration.[10] So sind z. B. je nach Quelle 65% bis 80% der westafrikanischen internationalen Migranten über 15 Jahren innerhalb Westafrikas gewandert (Ouédraogo, D. 2009: 129 bzw. Ouédraogo, V. 2012: 1). In Bezug auf Gesamt-Subsahara-Afrika gehen verschiedene Studien davon aus, dass zwei Drittel der internationalen Migranten in andere subsaharische Staaten wandern (vgl. De Haas 2008; Fischer und Vollmer 2009, Cottyn et al. 2013). Der Binnenwanderung allerdings kommt sicherlich – auch wenn hier kaum verlässliche aggregierten Daten vorliegen – die größte Bedeutung im afrikanischen Migrationsgeschehen zu.[11]

Eine genaue Verortung der Herkunfts- und Zielgebiete dieser Wanderungsbewegungen wird – wie bereits erwähnt – durch die fehlende statistische Erfassung von innerstaatlichen (ländlichen) Emigrations- und Immigrationsraten extrem erschwert. Mobilität und die »*Kultur der Migration*« (vgl. Hahn 2004), vor allem in Form von zirkulärer bzw. temporärer Migration, sind oft so selbstverständlich in die alltägliche Lebensorganisation integriert, dass sie weitgehend unbeachtet (von Wissenschaft und Verwaltung) vonstattengehen:

»Migration is usually considered a last resort, but in fact people often move into town when no work is available in the village and return afterward. The routine nature of this mobility activity is what renders it invisible.« (Rain 1999: 7)

---

10 Die UN ging 2011 von einer Gesamtzahl von 214,2 Millionen internationalen Migranten aus, von denen 18 Millionen aus dem subsaharischen Afrika kommen (Cottyn et al. 2013: 19).

11 »Internal migration, between and within urban and rural areas, continues to account for most migratory movements in West Africa« (Black et al. 2006: 23).

Im Hinblick auf die Ausrichtung der Binnenmigrationssysteme lassen sich einige generelle Tendenzen erkennen: Die Migration findet zumeist aus den ländlichen Gebieten in urbane Zentren und häufig aus den Binnenregionen in Richtung Küste[12] statt, wo sich vielfach die größeren Städte befinden (Ouédraogo 2009: 130).

Obwohl die translokalen Livelihoods, die sich zwischen ländlichen und städtischen Gebieten organisieren, sicherlich dominieren und vor allem am besten untersucht sind, ist dies keinesfalls die einzige Konstellation. So gibt es auch zahlreiche aussagekräftige Hinweise auf starke translokale Verflechtungen zwischen ländlichen Gebieten, die z. T. sogar darauf hindeuten, dass die Land-Land-Migration eine quantitativ bedeutsamere Rolle spielt, so z. B. Beauchemin (2011)[13] sowie Deshingkar (2012)[14] für Burkina Faso; Adepoju (2006)[15] für Lesotho; Mberu (2005)[16] für Nigeria; Greiner (2008) für Namibia.

Translokale Livelihood-Systeme zwischen Land und Stadt sowie zwischen Land und Land

---

12 Rain (1999: 114) stellt für Tahoua (Niger) dar, dass bis zu 80% der Männer von 16 bis 50 Jahren als temporäre Migranten vor allem in Richtung Küste ziehen.

13 »Among those who immigrated to Côte d'Ivoire, 85% originated from rural areas and only 0.3% migrated within Burkina Faso before leaving their country. These figures confirm the common assumption that Burkinabè migrants usually move directly from rural areas in Burkina Faso to rural areas in Côte d'Ivoire, without other previous movements within their home country.« (Beauchemin 2011: 53)

14 »The Lobi in the south migrate from one rural area to another to find land to rent.« (Deshingkar 2012: 3)

15 »In most parts of Africa, migrants often originate from rural areas and settle and work in rural areas at destination, in part reflecting the predominant feature of rural Africa, the skills profile and occupational structure of these migrants. Cross-border migrants of rural origin also normally work in rural areas at destination, as is the case of the seasonal workers from rural Lesotho who work across the border on asparagus farms in South Africa .« (Adepoju 2006: 29)

Ausgangspunkt und Motiv ist hier in der Regel die translokale ökonomische Diversifizierung innerhalb des landwirtschaftlichen Sektors; diese umfasst dann oft eine Kombination aus kleinbäuerlicher Wirtschaftsweise (im Herkunftsgebiet) und Lohnarbeit in kommerziellen (Groß-)Betrieben (im Zielgebiet). So sind in der Somali-Region in Äthiopien die meisten Migranten, die innerhalb Äthiopiens bleiben, nicht in Richtung der urbanen Zentren wie Jigjiga oder Addis Abeba unterwegs (22%), sondern wandern in andere ländliche Gebiete in der Somali-Region (62%) (Devereux 2006: 29). Ein anderes Beispiel thematisiert Hahn (2004): Er beschreibt die zirkuläre Wanderung aus ländlichen Gebieten Burkina Fasos in Richtung der Plantagen in der Côte d'Ivoire und in Ghana. Derzeit untersucht Vera Tolo (Universität Bonn) in einem laufenden Forschungsprojekt ähnliche Formen der Land-Land-Verflechtungen in Kenia.

Bei klimatischen bzw. landwirtschaftlichen Extremverhältnissen besteht eine stärkere Tendenz zu translokal diversifizierter Haushaltsführung.

Die beschriebenen räumlichen Muster stehen in einem engen Zusammenhang mit den Gründen bzw. Motiven für die Migration. Rain (1999) zeigt in seiner Studie zur zirkulären Arbeitsmigration in der westafrikanischen Sahelzone den Zusammenhang zwischen klimatischen bzw. landwirtschaftlichen Bedingungen und temporärer Migration auf. Laut der vergleichenden Studie von Rain (1999) weisen die aridesten Gebiete die höchsten Migrationsraten auf: Im trockensten Untersuchungsgebiet (im Norden des Departements Boboye) halten sich 28% der erwachsenen Männer während der Trockenzeit gar nicht in ihrer Heimat auf (Rain 1999: 117).[17] Insofern ist anzunehmen, dass es bei klimatischen bzw. landwirtschaftlichen Extremverhältnissen eine stärkere Tendenz zu translokal diversifizierter Haushaltsführung gibt als in fruchtbareren Gebieten. Doevenspeck (2005, 2011) zeigt

---

16 Auf Grundlage eines nationalen Surveys zeigt Mberu (2005), dass die Mehrheit (64%) der Migrationen aus ländlichen Herkunftsgebieten in Richtung ländliche Zielgebiete verläuft (vgl. auch Cottyn et al. 2013: 23).

17 So stellt auch das in Migration erwirtschaftete Einkommen 20% des ländlichen Haushaltseinkommens in den nördlichen (trockenen) Untersuchungsgebieten dar, wohingegen es in den südlicheren (und feuchteren) Untersuchungsgebieten nur 2% bis 6% ausmacht (Rain 1999: 117).

für Benin, dass Prozesse der Bodendegradation ausschlaggebend für verstärkte Land-zu-Land-Migration sein können.

Das alte Bild der »Landflucht« in städtische Gebiete muss also einer genauen Betrachtung der vielfältigen räumlichen Mobilitäten und Vernetzungen zwischen den verschiedenen Ausgangs- und Zielregionen weichen.

Zudem findet man in Afrika südlich der Sahara auch das Muster der »*step-wise migration*«: Oft wird aus den ländlichen Gemeinden zunächst in kleinere, näher gelegene urbane Zentren migriert und dann in größere und weiter entfernte Städte im In- oder Ausland (vgl. Toure 1998, Dorlöchter-Sulser 2014 und Doevenspeck 2005, 2011).[18] Dieses Muster wird z. B. in Burkina Faso, der Côte d'Ivoire, in Gabon, Mali und dem Senegal beobachtet und entspricht den schon von Ravenstein (1885) beobachteten klassischen »*Laws of Migration*« (Awumbila et al. 2014). Diese *step-wise migration* ist z. T. eine Folge der translokalen Netzwerkentwicklungen. Die *step-wise migration* – sofern sie als Wanderung von Pionieren/Expandisten stattfindet – bedeutet aber auch eine räumliche Ausdehnung des translokalen Feldes, was auch nachfolgenden Migranten neue Möglichkeiten eröffnet.

»step-wise migration«

Zwar liegen keine vergleichenden Studien darüber vor, ob es in den letzten Jahren eine Tendenz gibt, dass sich die translokalen Livelihoods über immer größere Distanzen aufspannen, doch erscheint diese Annahme angesichts der Entwicklungen im Transportsektor sowie vor allem im Zuge der immensen technologischen Fortschritte im Bereich der Telekommunikation und der neuen Medien (inkl. *mobile cash transfers*) sehr plausibel (vgl. Ramisch 2014, 2015; Sterly 2015). Das Kontakthalten, die Mobilität und der translokale Austausch werden dank dieser technologischen Neuerungen auch

Veränderung der translokalen Livelihood-Systeme aufgrund verbesserter Transport- und Kommunikationsmöglichkeiten

---

18 »Often the result is a step-wise migration from rural areas, first to the cities and then abroad. In Côte d'Ivoire, for instance, 28 per cent of the population in 1995 were immigrants, mainly from neighbouring Burkina Faso (49%) and Mali (20%) (1993 figures), and most emigrants (78%) moved to West African countries while the remaining 22 per cent emigrated to Europe an America« (Adepoju 2006: 29).

über große Distanzen hinweg erleichtert.[19] Folgende Passagen bestätigen diese Annahme:

»While the African population has been on the move for ages, we can state that African migration patterns become more complex with an increasing diversification in destination and actors. Although a few among many, two factors in particular influence these mobility patterns: first, the decrease in the real cost of travel by the development of transport infrastructure that brings distant places closer and second, the spread of new information technologies which expand the horizons of potential migrants.« (Cottyn et al. 2013: 22-23)

»Another noticeable trend is the increase in movement to distant destinations, often across national borders. In southeastern Nigeria, destinations include local urban centres such as Aba and Port Harcourt, but also Lagos, and Cotonou in neighbouring Benin; and migrants from Mali can move as far away as the main cities on the Atlantic coast of West Africa, as well as Libya and Saudi Arabia. More affordable transport, increasingly extensive migrant networks and demand in destination countries are some of the main factors for this expansion in the scope of movement. More distant destinations mean that migrants are away for longer periods of time (in Mali, this is often between 5 and 20 years) and, crucially, are unable to return home for the farming season, as is the case with intraregional movement. In northern Mali, labour shortages are increasingly acute and, at the same time, households' dependence on remittances is growing.« (Bah et al. 2003: 20)

Ein weiteres Muster ist, dass sich die im Zuge der Translokalisierung der Livelihoods etablierenden Netzwerkbeziehungen, die von den jeweiligen Dörfern ausgehen, meist auf vergleichsweise wenige andere Orte ausrichten. Die translokalen Netze bilden also überwiegend klare räumliche Schwerpunkte aus (vgl. Sporton et al. 1999; Doevenspeck, 2011), die ihrerseits aus kumulativen Prozessen der Netzwerkverdichtung im Zuge von Kettenmigrationen resultieren.

Persistenz und Flexibilität translokaler Netzwerke

Einmal etablierte Netzwerkbezüge zwischen Orten weisen eine gewisse Zählebigkeit auf, die Ausrichtung der Netzwerke ist oft erstaunlich persistent. Translokale Netzwerke können zwar aufgrund

---

19 Vgl. auch Tacoli (2002).

von Änderungen von Opportunitätsstrukturen auch »umschwenken« und sich auf neue Orte ausrichten, allerdings passiert dies recht langsam. Andererseits erweisen sich die translokalen Netzwerke nach innen hin als sehr flexibel. Hinsichtlich der räumlichen Mobilität, die innerhalb der etablierten Strukturen stattfindet, sind die translokalen Livelihoods anpassungsfähig und »reaktionsschnell«: So stellen sich die Wanderungsbewegungen und -richtungen in den translokalen Netzwerkstrukturen oft unmittelbar auf bestimmte Veränderungen der Handlungskontexte und Opportunitäten in den unterschiedlichen vernetzten Teilräumen des translokalen Gefüges ein (klimatische Bedingungen, Preisschwankungen für Nahrungsmittel und Mieten, Lohnerwerbsmöglichkeiten, politische Situation etc.) (vgl. Potts 2010; Steinbrink 2009; Ratha et al. 2011; Schutten 2012). Für Sambia und Simbabwe zeigt Potts (2015), dass Intensität und Migrationsrichtung in beiden Ländern in einem ursächlichen Zusammenhang mit der Veränderung politischer und ökonomischer Rahmenbedingungen zu sehen sind. In beiden Ländern hat sich die dominante Migrationsrichtung zu bestimmten Zeiten in eine Stadt-Land-Wanderung umgekehrt. Die Menschen wanderten wegen der Einkommensunterschiede zwischen landwirtschaftlichen und nicht-landwirtschaftlichen Sektoren und, um die Kosten der Lebenshaltung zu senken, aus den Städten zurück in ländliche Gebiete. Eine solche Form der flexiblen Anpassung ist letztlich nur dank tragfähiger sozialer Land-Stadt-Netzwerke möglich, also nur deshalb, weil die Livelihoods translokal organisiert sind.

Wanderungsbewegungen in Subsahara-Afrika können demnach keineswegs auf unidirektionale, einmalige Wanderung vom Land in die Stadt reduziert werden; Land-Stadt-Wanderung ist kein linearer Prozess. Vielmehr muss sie in ihrer gesamten Komplexität und unter Berücksichtigung vieler Faktoren vor dem Hintergrund der Lebensorganisation und Haushaltsführung betrachtet werden.

5.3.2 Zeitliche Muster

Das Mobilitäts- und Wanderungsverhalten in den translokalen Netzen reagiert sehr unmittelbar auf Veränderungen der Handlungskontexte an den verschiedenen Orten. Diese Veränderungen sind abhängig von

vielfältigen politischen wie ökonomischen Faktoren auf unterschiedlichen räumlichen Maßstabsebenen und ihr Auftreten somit nicht vo-
rauszusagen. Trotzdem lassen sich bestimmte zeitliche Regelmäßigkeiten feststellen, die sich vor allem auf Muster der Mobilität im Jahresverlauf beziehen: Das eine zeitliche Muster bezieht sich auf die (1)
Saisonalität zirkulärer Arbeitsmigrationen, das andere auf Regelmäßigkeiten von (2) Besuchen im Heimatdorf im Zusammenhang mit
Festen und Urlaubszeiten:

*Saisonalität zirkulärer
Arbeitsmigration*

Zahlreiche Studien belegen, dass die zirkuläre Arbeitsmigration
aus kleinbäuerlich geprägten Gebieten im subsaharischen Afrika häufig dem jährlichen Zyklus der Landwirtschaft folgt, also verbunden
ist mit Aussaat und Ernte bzw. den Regen- und Trockenzeiten.

»[...] seasonal migration has always been a fundamental feature of Sahelian
economy and society and is ›perhaps the principal income diversification
strategy, and the most lucrative‹ (Taylor-Powell 1992, p. 17).« (Rain 1999:
29)

Viele arbeitsfähige Männer und Frauen verlassen zum Ende der Regenzeit (z. B. in den westafrikanischen Binnenländern im September)
ihre Heimatdörfer, um entweder in Städten einer Erwerbstätigkeit
nachzugehen oder aber »dem Regen folgend« eine Lohnarbeitsanstel-
lung in einem anderen ländlichen Gebiet zu finden (Awumbila et al.
2014). Diese Form der Arbeitswanderung dient oft dem sicherheitsrationalen Zweck, die Versorgungslücke, die in den landwirtschaftlich
inaktiven Phasen in der ländlichen Residenzgruppe entsteht, zu
schließen. Schätzungen zufolge reicht die Versorgung durch die
landwirtschaftliche Aktivität nur für etwa acht Monate im Jahr, die
restlichen Monate müssen daher anderweitig überbrückt werden müssen (Oltmer 2015: 13). Die Rückkehr erfolgt meist zu Beginn der
nächsten Regenzeit bzw. in landwirtschaftlich aktiven Phasen, da die
Migranten dann wieder als Arbeitskräfte für den Ackerbau benötigt
werden. Beispiele dieser Art finden sich u. a. in Burkina Faso (Oltmer
2015), Niger (Rain 1999), Kenia (Ramisch 2015) und Sambia
(Hazell, Hojjati 1995). Ein ähnliches saisonales Muster lässt sich
nicht nur bei den erwachsenen Arbeitssuchenden erkennen, sondern
auch bei der Kindermigration, die hinsichtlich Muster und Pfade viel-

fach der Migration der Erwachsenen folgt. Von einer saisonalen Migration in Richtung der Plantagen an der Côte d'Ivoire und in Ghana sind beispielsweise ca. 5% bis 6% der Kinder im südlichen Burkina Faso betroffen (Oltmer 2015: 16). Welchen Stellenwert die zirkuläre Migration z. B. bei der Volksgruppe der Hausa einnimmt, lässt sich auch an ihrer Sprache ablesen: Hier gibt es laut Rain (1999) »*25 terms for spatial movement and all but one refer to circular migration of varying duration and purposes*« (zit. nach Newland, Rannveig Agunias, Terrazas 2009: 16).

Die saisonalen Zirkularitätsmuster der Arbeitsmigration sind jedoch nicht nur vom landwirtschaftlichen Produktionszyklus in den Herkunftsgebieten abhängig. Gerade bei Land/Land-Netzwerken ist der saisonale Bedarf an landwirtschaftlicher Arbeitskraft im agrarischen Lohnsektor im *Ziel*gebiet ausschlaggebend. Nach Ablauf des Saisonarbeitsvertrags gehen die Arbeiter wieder zurück in ihre Herkunftsdörfer – unabhängig davon, ob dort landwirtschaftliche Arbeitskräfte benötigt werden oder nicht.

Neben der saisonal-zirkulären Migration zur Einkommensgenerierung kehren die meisten Migranten auch zu Besuchszwecken in ihre Herkunftsdörfer zurück. Hierbei sind ebenfalls zeitliche Muster erkennbar, denn die Besuchsfrequenz ist meist aufgrund fester Urlaubszeiten und Feiertage im Jahresverlauf zyklisch strukturiert. In christlich geprägten Gegenden Afrikas z. B. stellen insbesondere die Weihnachts- und Osterfeiertage wichtige »Fixpunkte« im Jahr dar. Die besondere Bedeutung des Besuchs zu diesen Zeitpunkten wird u. a. in Studien aus Kenia (Ramisch 2015; Beguy, Bocquier, Zulu 2010), Namibia (Greiner 2010), Südafrika (Steinbrink 2009) und Mosambik (Cremin et al. 2015) bestätigt. Entsprechend hoch ist das Verkehrsaufkommen[20], wenn die Menschen sich auf den Weg in ihre Heimat machen. Steinbrink (2009) berichtet z. B. aus einem

Regelmäßige Besuche in den Herkunftsdörfern

---

20 In vielen Regionen Afrikas steigt die Zahl der Verkehrstoten in den Ferienzeiten sprunghaft an. Hierfür ist nicht nur die große Zahl der Reisenden, sondern auch die gravierenden Mängel im Bereich der Sicherheitsbedingungen im Transportsektor verantwortlich.

Township in Kapstadt, wo sich die Wohnbevölkerung in Dezember und Januar teilweise auf etwa ein Drittel reduziere, während sich die Zahl jener, die sich zeitgleich in dem ländlichen Untersuchungsgebiet (ein Dorf in der *Eastern Cape Province*) aufhielten, nahezu verdopple.[21] Diese deutliche saisonale Verschiebung der Aufenthaltsorte großer Bevölkerungsteile ist in verschiedenen afrikanischen Ländern zu beobachten.

Cremin et al. (2015) berichten von einer besonderen *indirekten* Auswirkung dieses zeitlichen Musters der Translokalität: So gebe es in der Gaza-Province in Mosambik eine signifikant erhöhte Geburtenrate im September eines jeden Jahres, wohingegen dieser Trend in anderen Landesteilen, die geringere Arbeitsmigrationsraten aufweisen, nicht erkennbar sei (Cremin et al. 2015: 2).

Funktionen von Festivitäten im Heimatdorf

Oft werden auch andere (z. T. regional- und kulturspezifische) Feste und Rituale wie Hochzeiten, Taufen und Beschneidungen in die jährlich Ferien- und Urlaubszeiten gelegt (z. B. bestätigt für Namibia: Greiner 2008, 2010, Niger: Rain 1999 und Burkina Faso: Piot 1999).[22] Für den translokalen Zusammenhalt können auch Rituale bedeutsam sein, die in größeren zeitlichen Abständen stattfinden.[23]

---

21 Ein Bewohner des Township Site 5 beschreibt die Atmosphäre in der städtischen Siedlung zur Weihnachtszeit folgendermaßen: »You know, in december Site 5 is a little bit like a ghost town, like a grave yard ... It´s quiet, man, many doors are locked. All the people are at home, you see, in Transkei.« (Steinbrink 2009: 279).

22 Auch Beerdigungen haben einen ausgesprochen hohen Stellenwert für den translokalen Kontakt. In vielen regionalen Kontexten, in denen der Ahnenglaube große Bedeutung hat, besteht die religiöse Pflicht, Verstorbene (unabhängig davon, wo sie gestorben sind) in dem »Boden der Ahnen« zu bestatten und bei der Beerdigung sowohl die Verstorbenen als auch die Ahnen zu ehren. Auch diese Tradition trägt maßgeblich zur Stabilisierung der translokalen Bezüge bei.

23 Ein Beispiel hierfür beschreibt De Jong (1999) für den Senegal: das Initiationsritual »bukut«, das elementar für den Zusammenhalt zwischen Daheimgebliebenen und Migranten sei, obwohl es nur alle paar Jahrzehnte vorkommt. Dieses Ritual ist für alle Männer der Dorfgemeinschaft be-

Verbreitet gilt die Rückkehr zu solchen Gelegenheiten innerhalb der translokalen sozialen Zusammenhänge als moralischer Imperativ bzw. soziale Verpflichtung, der nachzukommen für die Migranten außer Frage steht.[24] Häufig bringen die Migranten zu diesen Anlässen Geld- oder Sachgeschenke für die Familienangehörigen auf dem Land mit. Aber auch »glücklose« Arbeitssuchende kehren gerade dann in die Dörfer zurück – nicht zuletzt in der Hoffnung, von den »erfolgreicheren« Migranten Informationen über Erwerbsmöglichkeiten an anderen Orten zu erhalten (vgl. u.a. Steinbrink 2009). Im translokalen Netzwerk bilden die Herkunftsdörfer meist den zentralen räumlichen Knoten; und jede Festivität ist eine wichtige Gelegenheit für den Face-to-Face-Kontakt zwischen den Mitgliedern der translokalen Community, die ansonsten oft sehr weit voneinander entfernt leben.

Feiertage, Feste und Rituale im Herkunftsgebiet der Migranten haben demnach eine immense Bedeutung für den translokalen Zusammenhalt, da sie verlässliche Gelegenheiten darstellen, um bestehende soziale Bindungen zu festigen, neue aufzubauen und um Informationen auszutauschen.

Neben dem jahreszeitlichen Muster gibt es auch gewisse zeitliche Muster des Translokalisierungsprozesses, wie z. B. die Diversifizie-

---

stimmt, die seit dem letzten *bukut* geboren sind. Zu diesem Ereignis kehren alle Migranten in ihr Heimatdorf zurück, selbst jene, die nicht mehr dort geboren sind. Zum *bukut* trägt die ganze Dorfgemeinschaft bei: Jene, die in der Ferne Geld erwirtschaften, schicken dieses oder andere materielle Güter in die Heimat, auch, um den Ausfall der landwirtschaftlichen Aktivität im Jahr des *bukut* abzufangen. De Jong (1999) beschreibt, welche Relevanz das Heimatdorf über dieses Initiationsritual bei den Migranten behält und wie hierdurch die translokalen sozialen Bande gestärkt werden.

24 »You are supposed to go back home at least after one year, perhaps in the big holiday between December and January. You are supposed to go back and meet the whole family.« (Interview mit einer Land-Stadt-Migrantin in Kapstadt) (Steinbrink 2009: 397).

rung der Migrationsmotive und -arten im Zuge der »Reifung« eines translokalen Netzwerks, dem Alter bei Migration und Remigration etc. Auf diese Aspekte soll im folgenden Kapitel näher eingegangen werden.

5.3.3 Wandel der Migrationsformen im Translokalisierungsprozess: *»Von Expandisten zu Transmigranten«*

Translokale Livelihoods sind nicht nur das Ergebnis von Migrationen, vielmehr bringt Translokalität auch Migrationen hervor. Die Formen der Migrationen, die Migrationsmotive sowie die beteiligten Personengruppen unterliegen im Kontext von Translokalisierungsprozessen einem zeitlichen Wandel. Sich diesen Wandel zu vergegenwärtigen hilft, das Migrations-/Mobilitätsgeschehen in Afrika besser zu verstehen.

Die Formen der Migrationen, die Migrationsmotive sowie die beteiligten Personengruppen unterliegen im Kontext von Translokalisierungsprozessen einem zeitlichen Wandel.

Hier soll deshalb ein idealtypisches dreiphasiges Modell (vgl. Abbildung 9) der Entstehung, Konsolidierung und Reifung translokaler Netzwerke vorgestellt werden, um zu veranschaulichen, welche Formen der Migration und welche »Migrantentypen« in verschiedenen Phasen der Translokalisierung vorherrschend sind.

Abbildung 9: Phasenmodell der Translokalisierung: Diversifizierung des Migrationsgeschehens im Translokalisierungsprozess

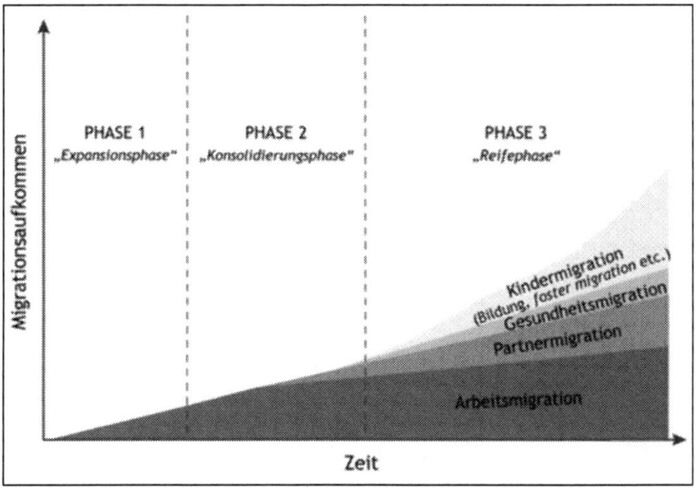

Quelle: eigene Darstellung

Phase 1: »Translokale Expansion«

Diese Phase beschreibt den Beginn eines Translokalisierungsprozesses zwischen zwei Orten. Eine besondere Rolle kommt hierbei den Pioniermigranten bzw. Expandisten (vgl. Kap. 4.2.1) zu. Sie geben ihre sozialen Bindungen zu Angehörigen und Freunden im Herkunftsgebiet nicht auf, sondern halten diese durch Rücküberweisungen, Besuche, Informationsaustausch etc. aufrecht. Die vorliegenden Studien geben Anlass zu der Annahme, dass diese Expandisten in der Regel die »typischen Arbeitsmigranten« sind: Die Suche nach Arbeit ist der Hauptgrund für ihre Migration. In dieser Phase geht es vor allem um die Anpassung der wirtschaftlichen Aktivitäten der Haushalte im Sinne einer ökonomischen Diversifizierung mit dem Ziel der Krisenbewältigung oder Risikominimierung.

Phase 1: Translokale Expansion durch Pioniermigranten

Den vorliegenden Studien zufolge sind die meisten Expandisten junge Männer: »*Usually, only a few members of rural households, mostly men, move initially to the cities*« (Krüger 1998: 121). Sie bilden gewissermaßen die Kristallisationskerne der translokalen Netzwerkbildung und bereiten mit ihrer Migration das translokale Feld vor.

Phase 2: »Konsolidierungsphase« (Haushaltsexterne Transmigrationen)

Phase 2: Konsolidierung des Netzwerks

In dieser zweiten Phase kommt ein sich selbst verstärkender Prozess der Kettenmigration in Gang. Die Expandisten sind die Anlaufpunkte für weitere Migranten aus der Herkunftsregion. In Phase 2 dominiert ebenfalls noch die Arbeitsmigration. Die sich nun etablierenden translokalen Netzwerke werden von nachfolgenden Arbeitssuchenden genutzt, um das Migrationsrisiko zu senken. Die Kontakte am Zielort eröffnen z. B. den Zugang zu Wohnraum sowie Unterstützung bei der Jobsuche.

Es ist davon auszugehen, dass in dieser Phase vor allem freundschaftliche und verwandtschaftliche Bindungen *außerhalb* der Migrantenhaushalte genutzt werden, da die Netzwerke innerhalb der Haushalte noch nicht ausreichend ausgebaut sind. Auch in dieser Phase dominieren junge männliche Migranten.

Phase 3: »Reifephase« (Haushaltsinterne Transmigrationen)

Phase 3: Reifung des translokalen Netzwerks:
- mehr Migrantinnen
- mehr Kinder
- mehr Alte und Kranke

In der dritten Phase kommt es vermehrt zu *haushaltsinternen* Transmigrationen: Nachdem sich der erste Migrant eines translokal organisierten Haushalts an einem bestimmten Ort etabliert bzw. konsolidiert hat – also über eine relativ sichere Unterkunft und Einkommen verfügt –, kommen oft andere Haushaltsmitglieder nach, die vorhandenen Netzwerkbeziehungen nutzend.

In dieser Phase werden die Migrationsformen vielfältiger; andere Migrationsmotive kommen hinzu. Die Suche nach Arbeit bleibt zwar oft das wichtigste Migrationsmotiv, aber das Migrationsgeschehen diversifiziert sich deutlich. In dieser »Reifephase« wird die Arbeitsmigration z. T. sogar von anderen Formen der Migration in ihrer quantitativen Bedeutung abgelöst, womit sich auch die Zusammensetzung der Gruppe der Migranten wandelt:

Es migrieren vermehrt Frauen: Frauen fungieren vermutlich noch recht selten als Expandisten. Die Migration von Frauen findet eher innerhalb bereits etablierter translokaler Felder und meist innerhalb translokalisierter Haushaltstrukturen statt. Die Migrationsgründe sind in der Regel etwas vielfältiger als bei Männern. Einerseits findet weibliche Migration als Arbeitsmigration, andererseits als »Partnerschaftsmigration« statt, oder aber um sich am städtischen Haushaltsstandort um andere Haushaltsmitglieder zu kümmern. Letzteres ist vor allem dann der Fall, wenn sich Kinder am städtischen Haushaltsstandort aufhalten.

Es migrieren vermehrt Kinder: Kinder sind ebenfalls meist innerhalb etablierter translokaler Netzwerke und innerhalb der translokalen Haushalte mobil. Die Migration von Kindern in translokalen Netzwerken ist allerdings ein wenig erforschter Aspekt, obgleich deren Wanderung zahlenmäßig vermutlich einen beachtlichen, aber deutlich unterschätzten Anteil der Binnenmigrationsbewegungen in Afrika ausmacht.

Schon in den ersten Lebensjahren wachsen viele *Kleinkinder* in Abhängigkeit von der jeweiligen Situation an den verschiedenen Haushaltsstandorten (z. B. in ländlichen und städtischen Gebieten) auf – teilweise mit, teilweise ohne ihre leiblichen Eltern.

Schulkinder sind oft entlang translokaler Netzwerkstrukturen mobil. Manche Kinder und Jugendliche werden für den Schulbesuch zu Verwandten oder Haushaltsangehörigen in städtische Gebiete geschickt. Aber auch von der Stadt aufs Land findet Bildungsmigration statt. Beguy, Bocquier und Zulu (2010) weisen beispielsweise darauf hin, dass zahlreiche Slumbewohner ihre in der Stadt geborenen Kinder in ländliche Gebiete schicken, weil die Bildungsbedingungen in den Slums als zu schlecht eingeschätzt werden. Lohnert (2002) beschreibt für Südafrika, dass viele junge Paare und unverheiratete Mütter in urbane Zentren zögen, ihre Kinder jedoch in über 50% der Fälle während des Schuljahrs bei den Großeltern im ländlichen Gebiet der *Eastern Cape Province* blieben und nur in den Ferien zu ihren Eltern in die Stadt kämen.

Die Translokalität der Livelihoods eröffnet vermutlich vielen Kindern in Afrika einen Zugang zu (besserer) Schulbildung, der ihnen sonst verwehrt wäre. Das gilt insbesondere, wenn es in den Herkunftsregionen keine (weiterführende) Schule gibt. Auch der Übergang von der Primar- zur Sekundarstufe ist oft überhaupt nur durch Migration realisierbar; und diese Form der Bildungsmigration ist wiederum zumeist nur innerhalb translokaler Netzwerke möglich.

Arbeitsmigration von Kindern findet im subsaharischen Afrika ebenfalls häufig statt. Teilweise verlassen Kinder und Jugendliche schon in sehr jungem Alter ihre Herkunftsdörfer, um einen ökonomischen Beitrag zur Existenzsicherung der Haushalte zu leisten. Zu diesem Aspekt finden sich bisher vergleichsweise wenige jüngere Studien. Für Ghana liefern Kwankye et al. (2009) sowie Tamanja (2014) Hinweise auf diese Form der Kindermigration, für Burkina Faso Oltmer (2015).[25]

Es migrieren vermehrt Alte und Kranke: Migration von arbeitsunfähigen alten oder kranken Menschen findet überwiegend von der Stadt aufs Land statt. Viele ältere Migranten geben an, dass sie nach ihrem Arbeitsleben in der Stadt ihren Lebensabend in ihrer Heimat verbringen wollen (vgl. u. a. Devereux 2006, Greiner 2008). Haushaltsökonomisch betrachtet, geht es bei dieser Migrationsform häufig auch um die Minimierung der Lebenshaltungskosten, die in der Stadt in der

---

25 »Thus, as mentioned before, there often is an agreement between parents and their children on migration decisions; in several cases the parents even prompt their children to migrate and in addition, pay for their transport down south, perhaps with the hope of receiving remittances either in cash and/or in kind from their migrant children. As noted below, it was found that a significant share of the child migrants surveyed do send home either money or other goods, or both. [...] Even though there was no evidence of any informal agreement between child migrants and their parents for the former to remit to the latter, many of the child migrants indicated that they do remit to their parents in cash and/or in kind. The in-kind remittances are two-way, where child migrants receive some maize, local rice, yam, groundnut and groundnut paste from their relations, especially their parents. They in turn send back clothes, pieces of cloth, lace material, shoes and sandals and items such as cooking utensils, soap, milk, tea bags, milo, sugar and imported rice. Some of the children are able to send substantial amounts of money at a time. However, this is not done on a regular basis and it depends on the availability of a trustworthy person going home« (Kwankye et al. 2009: 28).

Regel höher sind als auf dem Land. Gesundheitsbezogene Migration findet aber auch in die andere Richtung statt: Ältere und kranke Personen gehen z. T. – wenn auch meist nur vorübergehend – in die Städte, um schulmedizinisch versorgt zu werden und die benötigten Medikamente zu bekommen (Steinbrink 2009). Auch diese Form der Migration findet vornehmlich innerhalb translokaler Haushaltsstrukturen statt.[26]

In der dritten Phase können die etablierten (haushaltsinternen oder -externen) translokalen sozialen Netzwerkstrukturen auch für Migrationen genutzt werden, die als kurzfristige Reaktion auf plötzlich auftretende Krisenereignisse am ländlichen Haushaltsstandort bzw. in der Herkunftsregion notwendig werden. Ein stabiles etabliertes translokales Netzwerk kann insofern krisenabfedernd wirken und die Resilienz der eingebundenen Akteure bzw. der Livelihood-Systeme stärken.

Zuwanderungen in städtische Gebiete, die nicht mit der Suche nach Erwerbsmöglichkeiten zusammenhängen (Bildungsmigration, Gesundheitsmigration, Migration von Kleinkindern etc.), sind vor allem Migrationen von wirtschaftlich abhängigen Personen, die auch nach ihrer Migration längerfristig auf die ökonomische Unterstützung anderer angewiesen sind. Es ist nicht somit erstaunlich, dass der weitaus größte Teil dieser Wanderungsereignisse innerhalb des engeren familiär-sozialen Zusammenhangs der translokalen Haushalte erfolgt. Trotz mangelnder Datenlage besteht die begründete Annahme, dass mittlerweile ein bedeutender Teil des afrikanischen Binnenmigrationsaufkommens auf diese Formen der Migration zurückzuführen ist.

---

26 Peil, Ekpenyong und Oyeneye (1988) berichten z. B. aus Süd-Nigeria, dass ältere Witwen häufig in Städte zögen, um sich um die Kinder ihrer Söhne zu kümmern; diese Handlung würde zum einen die Altersversorgung der Witwe sicherstellen und zum anderen schätzten gerade ältere Frauen, die Nähe zu den besseren medizinischen Einrichtungen in der Stadt.

5.3.4 Wer bleibt, wer geht, wer kommt zurück?

Wie dargestellt, kommt es im Zuge der Entstehung und Etablierung eines translokalen Livelihood-Systems in verschiedenen Phasen und aus unterschiedlichen Gründen zu Verschiebungen in der personalen Struktur der Daheimgebliebenen und der Migranten. Insofern lässt sich die Frage nach dem Typus des Migranten bzw. nach dem Typus des Daheimgebliebenen nicht pauschal, sondern letztlich nur in Verbindung mit Faktoren wie der Bestehensdauer des translokalen Netzwerks und den Migrationsmotiven beantworten.[27] Trotzdem sollen hier einige Muster skizziert werden.

5.3.4.1 Gender

Die Forschung zu Migration in Afrika fokussierte sehr lange auf Phänomene der (zirkulären) Arbeitsmigration. Andere Formen der Migration wurden lange vernachlässigt. In den Studien setzte sich deshalb die Überzeugung durch, dass Migration in Afrika vorwiegend eine »männliche Angelegenheit« sei.

Klassische Variante der männlichen Arbeitsmigration nach wie vor zahlenmäßig dominant

In der Tat scheint die klassische Variante der männlichen Arbeitsmigration nach wie vor zahlenmäßig dominant. Hierfür gibt es zahlreiche Belege.[28] Devereux (2006: 29) z. B. berichtet in einer Studie aus der Somali-Region in Äthiopien, dass die temporäre Migrati-

---

27 »[...] the important role played by migrant networks has been clearly documented in work on the environment-migration nexus, determining both who migrates (Apeldoorn, 1981; Haug, 2002), and where they go« (Morrissey 2013: 1502).

28 So beschreiben z. B. Lerise et al. (o. J.: 4), dass junge unverheiratete Männer die mobilste Gruppe in Lindi (Tansania) darstellen. Weitere Belege hierfür gibt es aus Burkina Faso (Hahn 2004: 384), Nigeria (Okali, Okpara, Olawoye 2001: 28) und Ruanda (Smit 2012: 76).

onsrate bei Männern deutlich höher sei als die von Frauen.[29] Youngstedt (2013) beschreibt in seiner Studie zu Hausa-Gemeinschaften in Niamey (Niger), dass auch hier eher die Männer fortziehen (Youngstedt 2013: 136, 148). 20% der ländlichen Haushalte in Niamey, so der Autor, würden von Frauen geführt; ihnen falle also auch die Last des Zuverdienstes zu, wenn die Rücküberweisungen ihrer Männer ausbleiben. Ein ähnliches Muster beobachten Greiner und Sakdapolrak (2012) im kenianischen Machakos. So wurden während der Dürren der 1980er Jahre etwa 60% der ländlichen Haushalte von Frauen geführt, was zu einer gleichzeitigen Erhöhung der »Feminisierung der Landwirtschaft« (vgl. Kap. 6.3.2) und der häuslichen Verantwortlichkeiten sowie einer verstärkten Abhängigkeit von Rücküberweisungen geführt habe (Greiner, Sakdapolrak 2012).

Die weitverbreitete Arbeitsmigration von Männern hat in vielen Teilen Afrikas zu einem demographischen Ungleichgewicht im zahlenmäßigen Geschlechterverhältnis in der Wohnbevölkerung geführt, und zwar sowohl in den (ländlichen) Herkunftsregionen (vgl. Abbildung 10) [30] als auch in den (städtischen) Zielregionen[31].

Demographisches Ungleichgewicht im Geschlechterverhältnis der städtischen und ländlichen Regionen durch Arbeitsmigration von Männern

---

29 »[...] differential mobility between males and females, with young to middle-aged men in particular being more likely to travel for extended periods than women.« (Devereux 2006: 29)

30 Oltmer (2015: 13) stellt für Burkina Faso dar, dass in einigen ländlichen Gebieten nur 70 Männer auf 100 Frauen kommen. Devereux (2006: 29) konstatiert in Bezug auf das quantitative Geschlechterverhältnis in der Somali-Region in Äthiopien, dass es in der Altersgruppe von 20 bis 39 einen deutlichen Frauenüberhang in der ländlichen Wohnbevölkerung gibt. Zwischen 40 und 59 Jahren gibt es dann wieder mehr Männer mit einem deutlichen Männerüberhang von 200 Männern auf 100 Frauen ab einem Alter von 60 Jahren (Devereux 2006: 29). Dies lässt Schlüsse auf eine verstärkte out-Migration von Männern zwischen 20 und 39 Jahren und eine Rückkehr ab einem Alter von 40 (um sich in der Heimat zur Ruhe zu setzen) zu.

31 »High urban sex ratios, a substantial preponderance of males, are reported from a number of African countries. The extreme examples are Zimbabwe, 1,412 males for 1,000 females in 1969, Kenya, 1,386 males for

Abbildung 10: Beispiel für das demographische Ungleichgewicht im Geschlechterverhältnis in einer ländlichen Region in Ruanda

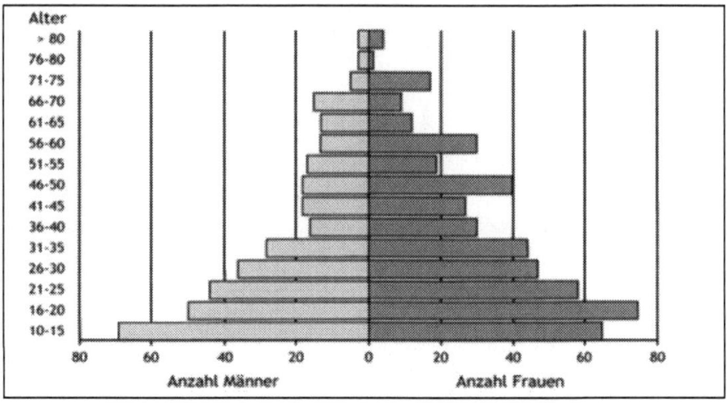

Quelle: verändert und übersetzt nach Smit (2012: 76)

»As a result of the great majority of male migrants of working age, the rural area of origin is left with a demographically unbalanced population of women, younger children and older people.« (Smit 2012: 76)[32]

»Feminisierung der Migration«

Allerdings gibt es zahlreiche Anzeichen, dass sich diese Ungleichgewichte derzeit und zukünftig abschwächen werden, weil immer mehr Frauen migrieren (werden).[33] So stellt Adepoju (2005: 2) für Westafrika dar: »*Traditional male-dominated short-to-long-distance migratory streams in West Africa are increasingly feminised*«; Youngstedt (2013: 134) bestätigt speziell für Hausa-Migrantinnen aus dem Niger: »*I recognize that Nigerien Hausa women navigate complex migratory trajectories that illustrate contemporary global trends*

1,000 females in the same year, and Namibia, 1,268 males for 1,000 females in 1960—not surprisingly in view of their history as settler colonies.« (Gugler und Ludwar-Ene 1995: 259)

32 »The sex ratio (proportion of men in comparison with the proportion of women, multiplied by 100) for the ten to fifteen age-group is 105.8, but for ages sixteen to fifty it decreases to 64.4, demonstrating a large surplus of females.« (Smit 2012: 76-77)

33 Vgl. auch Gugler und Ludwar-Ene (1995).

of the ›feminization of migration.‹« Und Cottyn et al. (2013:) für Ghana[34] und Tansania[35]:

»While traditional migration regimes in sub-Saharan Africa used to be male dominated, contemporary mobility patterns are becoming increasingly feminised, resulting in ever greater shares of women, particularly younger women, who migrate [...].« (Cottyn et al. 2013: 3)

Auch in Bezug auf das südliche Afrika spricht Crush (2005: 6, 14-15) von einer *»feminization of migration«* (vgl. Kap. 6.3.2). Mit der Verfestigung translokaler Netzwerke werden immer mehr Frauen in das Migrationsgeschehen eingebunden. Steinbrink (2009) zeigt anhand einer bilokalen Fallstudie, wie sich die Anteile männlicher und weiblicher Migranten im Zuge der Kettenmigration und der »Reifung« des translokalen Zusammenhangs zwischen einem ländlichen Untersuchungsgebiet (ehemalige Transkei, Südafrika) und einer informellen Siedlung (Kapstadt) innerhalb von 17 Jahren angeglichen haben.

Es gibt also gewissermaßen einen *time lag* zwischen männlicher und weiblicher Migration im Translokalisierungsprozess, weil Frauen deutlich seltener zu den frühen Migranten (Pioniermigranten, »Expandisten«) gehören; sie migrieren (auch als Arbeitssuchende) eher innerhalb bereits etablierter Netze. Mit der Diversifizierung der Migrationsformen (s. Kap. 5.3.3) aber werden auch weibliche Haushaltsmitglieder zunehmend mobil. Die Altersverteilung einer Gruppe von Land-Stadt-Migranten aus dem gleichen Herkunftsdorf in einer informellen Siedlung in Kapstadt (vgl. Abbildung 11) lässt sich dahingehend interpretieren.

---

34 Vgl. Addai (2011) sowie Castaldo12).

35 Cottyn et al. (2013: 29) stellen für ihre Forschungen in Tansania dar, dass mittlerweile einer von drei Haushalten ein weibliches migriertes Haushaltsmitglied habe.

Abbildung 11: Altersstruktur von Land-Stadt-Migranten (getrennt nach Geschlechtern) in einer informellen Siedlung in Kapstadt

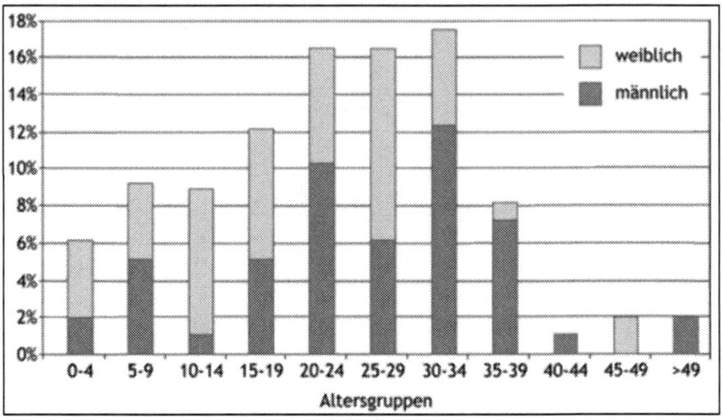

Quelle: verändert nach Steinbrink (2009: 278)

Die in Abbildung 11 dargestellte Altersstruktur ist zahlenmäßig eindeutig von den wirtschaftlich aktiven Altersstufen dominiert. Der Anteil der Männer aber liegt mit 54% nur geringfügig über dem der weiblichen Migranten. Erkennbar ist, dass der Anteil weiblicher Migranten insbesondere in den jüngeren Alterskohorten höher liegt. Mit einer gewissen zeitlichen Verzögerung ziehen also auch mehr Frauen in die Stadt.

Andere Beispiele migrierender Frauen im Kontext translokaler Haushaltsführung finden sich u. a. in Studien zu Kenia (Beguy, Bocquier, Zulu 2010), Tansania und Ghana (Castaldo, Deshingkar, McKay 2012). Für Tansania haben Tacoli und Mabala (2010: 391) beobachtet, dass über 30% der untersuchten Haushalte mindestens ein weibliches Mitglied haben, das zum Befragungszeitpunkt an einem anderen Ort lebte.

Wanderungs-wahrscheinlichkeit von Frauen sinkt mit steigender Kinderzahl. Eine Besonderheit weiblicher Migrationsmuster und -determinanten in translokalen Zusammenhängen beschreiben Beguy, Bocquier und Zulu (2010: 571, 576-577) in ihrer Studie in zwei Slums in Nairobi. Die Autoren stellen dar, dass Frauen eine höhere Mobilitätsfrequenz zwischen dem ländlichen Herkunftsort und der Stadt aufweisen als Männer.[36] Zudem arbeiten sie heraus, dass die Migrationsgründe bei den Frauen eher direkt familienbezogen sind (z. B. Heirat, Kindererziehung, Pflege etc.) (Beguy, Bocquier, Zulu 2010: 571, 576-577). Brockerhoff und Eu (1993) betonen den Einfluss von Familienereignissen (wie Heirat und Geburt von Kindern) in Subsahara-Afrika und stellen heraus, dass Frauen mit kleinen Kindern mit geringerer Wahrscheinlichkeit in städtische Gebiete ziehen. Die gleiche Beobachtung machen Reed, Andrzejewski und White (2010: 793): Verheiratete Frauen mit mehr als zwei Kindern migrieren deutlich seltener.

In Südafrika machte Steinbrink (2009) die Beobachtung, dass junge Frauen, die als Schülerinnen oder Arbeitsmigrantinnen in städtische Gebiete ziehen und schwanger werden, meist die Zeit der Schwangerschaft dort bleiben, um die bessere medizinische Versorgung in der Stadt zu nutzen. Erst nach der Niederkunft ziehen sie mit dem neugeborenen Kind an den ländlichen Haushaltsstandort zurück, um dort auf die familiäre Unterstützung der weiblichen Haushaltsmitglieder zurückgreifen zu können. Wenn die Kinder etwas älter sind, gehen die jungen Mütter häufig wieder zum Arbeiten in die Stadt zurück und lassen ihr Kind am Haushaltsstandort auf dem Land.

Auch in Ghana migrieren Frauen in erster Linie aus familiären und Heiratsgründen (zusammen 81%) und weniger aus Gründen der Erwerbstätigkeit (11%). Bildung als Motivationsgrund zur Migration ist in Ghana bei beiden Geschlechtern etwa gleich niedrig (4% bei Männern, 3% bei Frauen) (Castaldo, Deshingkar, McKay 2012: 12). Die genannten Studien bestätigen also den in Kapitel 5.3.3 dargestellten Wandel der Migrationsformen im Zuge des Translokalisierungsprozesses.

Die Migration von Frauen beschränkt sich jedoch keinesfalls auf »direkt familienbezogene« Mobilitäten oder Wanderungen als wirtschaftlich Abhängige. Vielmehr findet ein wesentlicher Anteil der weiblichen Migration tatsächlich als Arbeitswanderung statt. Ein inte-

Die Vorstellung, es seien vor allem Männer, die migrieren, entspricht keineswegs mehr uneingeschränkt der Realität.

---

36 Devereux (2006) weist für die Somali-Region in Äthiopien ebenfalls nach, dass die Tendenz zu längeren Abwesenheitszeiten bei männlichen Migranten höher ist als bei weiblichen.

ressantes Beispiel beschreibt Werthmann (2007) in ihrer Studie zur Arbeitsmigration von Frauen in die Goldminengebiete Burkina Fasos. Diese Frauen sind oft unverheiratet bzw. geschieden. Werthmann (2007: 307) berichtet von Frauen, die ihre Kinder bei den Eltern zurücklassen, um einer Erwerbstätigkeit in den Goldminengebieten nachzugehen. Hier spannt sich also das translokale Netz nicht primär zwischen Mann und Frau auf, sondern zwischen der weiblichen Arbeitsmigrantin, ihren Eltern und Kindern (Werthmann 2007: 307, 316). Zu untersuchen wäre, zu welchem Grad die insgesamt beobachtbare Feminisierung der Migration auf einen Wandel der Geschlechterrollen zurückzuführen ist (siehe dazu Kap. 6.3.2).

Insgesamt zeigt sich aber, dass die lange Zeit in Entwicklungsforschung und -planung verbreitete Vorstellung, dass es vor allem Männer sind, die migrieren, während die Frauen im Dorf zurückbleiben, im subsaharischen Kontext keineswegs mehr uneingeschränkt und für alle Regionen bestätigt werden kann.

5.3.4.2 Alter

Innerhalb translokaler Verflechtungszusammenhänge lassen sich auch bestimmte Muster hinsichtlich der räumlichen Verteilung verschiedener Altersgruppen feststellen. Diese erklären sich aus dem unterschiedlichen Migrationsverhalten – zum einen in unterschiedlichen Phasen des Lebenszyklus, zum anderen in den verschiedenen Phasen im Translokalisierungsprozess (Kap. 5.3.3).

Typisches Muster: Arbeitsmigration jüngerer Menschen im erwerbsfähigen Alter

Das wohl typischste und in der Forschung bestbelegte Muster ist, dass vor allem jüngere Menschen im erwerbsfähigen Alter (in der Regel zwischen 15 und 45 Jahren) auf der Suche nach Lohnarbeit in die Stadt migrieren. Zurück bleiben infolgedessen die ganz Jungen und die ganz Alten, wobei zurückbleibenden erwerbsfähigen Erwachsenen am ländlichen Haushaltsstandort neben der kleinbäuerlichen Landwirtschaft auch eine wichtige Rolle in der Erziehung von Kindern sowie der Pflege von Alten und Kranken zukommt[37] (Schmidt-Kallert 2009: 326-327; Greiner 2010: 142).

Dieses weitverbreitete Muster sowie das demographische Ungleichgewicht in der Altersstruktur wird in vielen Studien thematisiert; u. a. in Studien zu Südafrika (Lohnert 2002; Steinbrink 2009), Äthiopien (Devereux 2006), Burkina Faso (Cordell 1996), Niger (Youngstedt 2013, Rain 1999), Namibia (Greiner 2010), und Kenia (Beguy, Bocquier, Zulu 2010).

Abbildung 12 zeigt die durch die translokalen Wanderungsbewegungen bedingte »Anomalie« der Bevölkerungsstruktur in einem Dorf in der ehemaligen Transkei, Südafrika.

Abbildung 12: Altersstruktur der Untersuchungsgruppe (getrennt nach Aufenthaltsort)

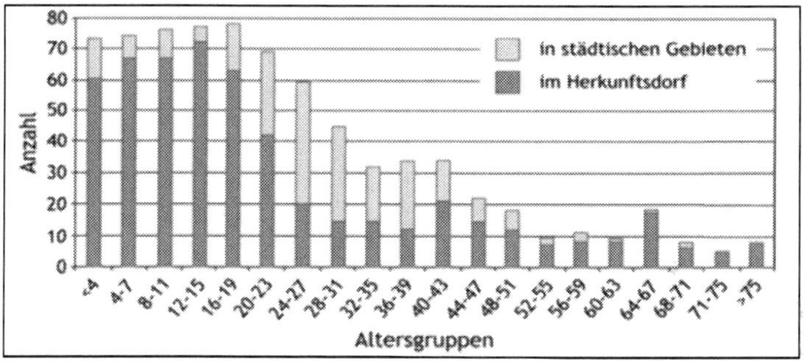

Quelle: verändert nach Steinbrink (2009: 221)

Etwa 60% der Wohnbevölkerung in dem Dorf sind im schulpflichtigen Alter oder jünger; knapp 10% sind 60 Jahre oder älter. Etwa die Hälfte der Bevölkerung im mittleren, also wirtschaftlich aktivsten Alter hat das Dorf (temporär) verlassen und lebt in Städten. Am höchsten ist dieser Anteil in der Altersgruppe zwischen 24 und 43 Jahren (73%).

In seiner Fallstudie zu Hausa-Migranten in Niamey, Niger kommt Youngstedt (2013: 137) ebenfalls zu dem Schluss, dass insbesondere

---

37 Tägliche Erziehungs- und Pflegeaufgaben werden vorwiegend von Frauen übernommen.

im Alter von 15 bis 45 Jahren die meisten Männer (und Frauen) »*on the move*« oder »*in transit*« seien. Rain (1999: 114) beschreibt für Tahoua im Niger ebenfalls, dass bis zu 80% der Männer zwischen 16 und 50 Jahren in den 1980 und 1990er Jahren als temporäre Migranten zu betrachten waren. Devereux (2006) beschreibt Ähnliches für die Somali-Region in Äthiopien: Es seien vor allem »*young to middle-aged men*«, die migrierten. Auch Beguy, Bocquier und Zulu (2010: 563) berichten in ihrer Untersuchung der Migrationsbewegungen zwischen zwei Slums in Nairobi und den ländlichen Heimatgemeinden bzw. anderen Stadtteilen von dem »klassischen« Muster: Sie zeigen einen Anstieg der Migrationsrate ab einem Alter von 14 bis zu 24 Jahren, gefolgt von einer abnehmenden Rate.[38] Cordell (1996: 293-294) bestätigt für Burkina Faso ebenfalls, dass es vor allem junge Erwachsene sind, die in Arbeitsmigration gehen und dann im mittleren Alter in die Heimat zurückkehren. Er problematisiert, die Abwanderung von jungen und kräftigen Menschen auf dem Land führe zu einer Situation, welche die zurückbleibenden sehr alten und sehr jungen Menschen vor außerordentliche Schwierigkeiten beim täglichen Überleben stelle.[39]

Ältere Menschen migrieren zum Ende ihres Erwerbslebens oft an die ländlichen Haushaltsstandorte zurück.

Das demographische Ungleichgewicht bei der Altersstruktur in ländlichen Herkunftsgebieten ist auch Folge des *Remigrationsverhaltens*: Ältere Menschen migrieren am Ende ihres Erwerbslebens oft an die ländlichen Haushaltsstandorte zurück, um dort ihren »Ruhestand« zu verbringen.

Viele Migranten geben an, dass sie ihren Lebensabend in ihrer Heimat verbringen wollen (vgl. u. a. Devereux 2006; Greiner 2008; Steinbrink 2009). Zu erwähnen ist jedoch, dass dieser in etlichen Studien und unterschiedlichen regionalen Kontexten immer wieder belegte »Rückkehrwunsch« bisweilen eher die soziale Erwartungshaltung widerspiegelt als den tatsächlichen Willen zur Rückkehr.[40] Auch

---

38 Ähnliches zeigen auch Collinson, Tollman, Kahn (2007: 4-5).

39 Siehe hierzu auch Oltmer (2015: 13-15).

40 So beschreibt auch Sward in seiner Studie zu Ghana, dass ein Rückkehrwunsch unter Migranten relativ selten ist – mit Ausnahme von älteren Migranten, die ihren Ruhestand auf dem Land verbringen wollen. Beson-

im translokalen Kontext gibt es durchaus einen »*Myth of Return*«.   »*Myth of Return*«
Steinbrink (2009) stellt dar, dass die Diskrepanz zwischen der sozialen Erwünschtheit der Rückkehr und dem tatsächlichen Wunsch zu-
rückzukehren bei weiblichen Migranten noch stärker ausgeprägt ist
als bei Männern, und begründet das mit der traditionellen Arbeitsteilung zwischen den Geschlechtern auf dem Land, die das »Landleben«
für Frauen deutlich unattraktiver macht.

Haushaltsökonomisch betrachtet geht es bei der Remigration von
Alten, Kranken und Erwerbslosen häufig auch um die Minimierung
der Lebenshaltungskosten, die in der Stadt generell höher sind als auf
dem Land (vgl. Kap. 6.3.3).

Die Rückwanderung von Alten und Kranken wird aber auch mit
der kulturellen Notwendigkeit begründet, im Herkunftsdorf – bei den
Ahnen – zu sterben bzw. bestattet zu werden (vgl. Beispiele für Ke-
nia/Nairobi: Beguy, Bocquier, Zulu. 2010: 564; für Namibia: Greiner
2010: 142; für Niger: Youngstedt 2013: 137-138; für Südafrika:
Steinbrink 2009). Beispielsweise berichten Okali, Okpara und Olawoye (2001: 24) aus der Region um die nigerianische Stadt Aba, dass
der Körper eines in der Stadt verstorbenen Migranten zur Bestattung
in das Herkunftsdorf geholt wird. Deshalb finden in ländlichen Gebieten fast an jedem Wochenende Beerdigungen statt, was wiederum
den Eindruck nährt, die Mortalitätsrate auf dem Land sei deutlich höher als in der Stadt. Wiederum haushaltsökonomisch betrachtet ist es
finanziell erheblich günstiger, noch zu Lebzeiten auf das Land zu-
rückzukehren: Der Transport eines Leichnams ist oft um ein Vielfa-
ches teurer als ein Krankentransport (vgl. Steinbrink 2009). Auch
dies erklärt höhere Mortalitätsraten in ländlichen Gebieten im Vergleich zu urbanen Zentren. Diese »Tradition der Rückkehr« mache –
so Okali et al. 2001:24 – aus dem ländlichen Herkunftsgebiet »*a
place to come and die*« (Aussage eines Interviewpartners in der Studie). Ein Beispiel, dass diese Form der Remigration an Bedeutung
verliert, findet sich u.a. bei Youngstedt (2013). Er beobachtet die

---

ders seien dies ältere Männer, die nun die Rolle des Familienvorstands
auf dem Land erfüllen und somit ihre individuellen Interessen den Ge-
meinschaftsinteresse unterordnen müssten (Sward 2016: 24).

Tendenz, dass heute immer mehr Migranten auch ihren Lebensabend in der Stadt verbringen (vgl. Youngstedt 2013: 138)

Kindermigration als selbstständige Arbeits- migration oder infolge der Arbeitsmigration ih- rer Eltern

Hinsichtlich der Altersstruktur sind auch die *Migrationen von Kindern* bedeutsam. Entsprechend dem oben entwickelten 3-Phasen-Modell (vgl. Kap. 5.3.3) kommt es ab einem gewissen Zeitpunkt im Translokalisierungsprozess zu verstärkter Kindermobilität innerhalb des translokalen Netzwerks. Diese Kindermobilität dient wie bei den Erwachsenen teilweise der Erwerbstätigkeit (vgl. z. B. Kwankye et al. 2009 und Tamanja 2014), kann jedoch auch eine Folgeerscheinung der Arbeitsmigration der Eltern sein:

»foster children«

In diesem Fall werden die Kinder oft anderen Haushaltsmitgliedern anvertraut. Untersuchungen zu *»foster children«* finden sich in zahlreichen Studien (z. B. Bledsoe et al. 1988 zu Sierra Leone; Isiugo-Abanihe 1985 zu Sierra Leone, Ghana, Liberia und Nigeria; Greiner 2010 zu Namibia; Hashim 2007 zu Ghana; Pilon 2003 zu Westafrika). So beschreibt Greiner (2008), dass 40% der Kinder in der ländlich-peripheren Fransfontein-Region Namibias *»foster children«* seien – meist Kinder im Vorschulalter, die von ihren in der Stadt lebenden Eltern zu den Großeltern aufs Land geschickt werden. Mit der Einschulung kommt es dann zu einer erneuten Migration in die Stadt – oft der Start in eine lebenslange »Migrationsbiographie«:

»A frequent change of residence [of children] is common: By the end of their school career, most children have lived in several towns or cities and with different relatives [...].« (Greiner 2010: 144)

Lohnert (2002) kommt für Südafrika zu einem ähnlichen Ergebnis: Sie beschreibt, dass 50% aller Kinder nicht am städtischen Haushaltsstandort leben. Häufig wird die Stadt als Wohnort für die Kinder erst relevant, wenn die Kinder zur Schule gehen (Lohnert 2002: 239; vgl. Kap. auch 6.3.2).

Wenngleich die Praxis des *»child fostering«* in vielen Studien untersucht wurde, findet sich kaum ein Bezug auf die Relevanz dieser Migrationsform für den Erhalt und den Ausbau des translokalen Existenzsicherungsnetzwerks. Es ist jedoch davon auszugehen, dass dieser Aspekt einen großen Einfluss hat.[41]

5.3.4.3 Bildungsstand

Es ist bereits deutlich geworden, dass Bildung bzw. Schulbesuch ein wichtiger migrationsinduzierender Faktor in translokalen Lebenszusammenhängen in Afrika ist: Menschen migrieren, um monetäres Einkommen zu erwirtschaften, das auch für den Schulbesuch von Kindern eingesetzt wird; Kinder migrieren zu Aufenthaltsorten von anderen Haushaltsmitgliedern oder weiteren Verwandten, um Zugang zu (besserer oder weiterführender) Schulbildung zu erhalten; und es migrieren Erwachsene – meist Frauen –, um am Wohnort der Schüler die Kinder zu versorgen.

Bildung bzw. Schulbesuch stellen einen wichtigen migrationsinduzierenden Faktor in translokalen Lebenszusammenhängen in Afrika dar.

Ob es indes einen Zusammenhang zwischen Bildungsgrad und Migration bzw. Translokalisierung gibt, kann auf Grundlage der vorliegenden Studien nicht eindeutig beantwortet werden. Beguy, Bocquier und Zulu (2010) zeigen jedoch an einem Beispiel aus Nairobi, dass weniger gebildete Menschen seltener in die beiden untersuchten Slums Viwandani und Korogocho migrieren als jene, die zumindest über Primarschulbildung verfügen. Andererseits beobachten sie gleichzeitig, dass die weniger gebildeten Land-Stadt-Migranten in der Folge weniger mobil sind als jene mit einem gewissen Maß an Ausbildung und dass auch ihre Verweildauer in den Slums höher ist als bei den Gebildeteren. Menschen mit (höherer) Schulbildung weisen demnach eine etwas höhere Migrationswahrscheinlichkeit und -frequenz auf; temporäre bzw. zirkuläre Migranten zeichnen sich durch geringe Aufenthaltszeiträume an den jeweiligen Orten aus (Beguy, Bocquier, Zulu 2010: 570-571).

---

41 Am *Institut für Migrationsforschung und Interkulturelle Studien* (IMIS) der Universität Osnabrück läuft derzeit das Masterarbeitsvorhaben von Hannah Niedenführ, das sich mit der Bedeutung von Kindermigration und dem System der »*Confiage*« für die Funktion translokaler Livelihoods in Burkina empirisch auseinandersetzt.

Eine ältere Studie von Gould (1989: 269-270) zu Tiriki in West-
kenia untersucht den Einfluss von (technischer) Ausbildung auf Migration. Der Autor kommt hier zu dem Schluss, Ausbildung sei eine
Art Vorbereitung auf Migration:

»The main balance of opportunity remains outside the area, and education,
whether in academic or technical schools, is felt to be a necessary part of the
preparation for migration.« (Gould 1989: 270)

Die ursprünglich im Sinne der ländlichen Entwicklung implementier-
ten Bildungsprogramme hätten nach Gould (1989) zu einer »*culture
of migration*« geführt, die wiederum ihrerseits für eine große Nach-
frage an besserer Schulbildung gesorgt habe. Auch Waddington und
Sabates-Wheeler (2003) gehen von einem positiven Zusammenhang
zwischen Migrationswahrscheinlichkeit und höherem Bildungsniveau
aus und begründen das ebenfalls mit besseren Arbeitsmarktchancen
(in der Stadt):

»Rationality implies that individuals with better education, skills and labour
market experience have a comparative advantage in job search at destination
labour markets, and therefore are more likely to migrate. Thus migration is
seen as a selective, rather than random, process, and whilst migrants ›self se-
lect‹ in this way, the same logic of rationality implies that non-migrants do
not move because their comparative advantage lies in staying (Tunali 2000).
Consequently, it can be derived that other things being equal, migrants are
more likely to be from ex ante better-off groups, who are more likely to be
better educated and skilled, and non-migrants from worse-off groups.« (Waddington und Sabates-Wheeler 2003: 5)

Ähnlich argumentieren auch Gibson und Gurmu (2012) in einer Studie aus Äthiopien.

Ob die Wahrscheinlichkeit der Remigration im Alter bei höher
gebildeten Migranten geringer ist, lässt sich auf Grundlage bisheriger
Studien nicht beantworten. Geht man jedoch davon aus, dass zwischen höherer Bildung und beruflichem Erfolg ein Zusammenhang
besteht, und geht man zudem davon aus, dass die Remigration zumindest teilweise aus haushaltsökonomischen Gründen (Minimierung

der Lebenshaltungskosten) stattfindet (Kap. 5.3.4.2), dann erscheint diese Annahme zumindest plausibel.

Da die Gründe für Translokalisierung vielfältig und nicht auf eine universelle, an Nutzen oder an Sicherheit orientierte Handlungslogik zurückzuführen sind (vgl. Kap. 4.2), sind auch die Zusammenhänge zwischen Bildung und Translokalisierung vermutlich keineswegs eindeutig. Hier besteht also deutlicher Bedarf für weitere Forschungen.

5.3.4.4 Wohlstandsniveau

Auf die generelle Frage, inwiefern das Wohlstandsniveau eines Haushalts auschlaggebend für die Translokalsierungswahrscheinlichkeit ist, gibt die Literatur keine einhelligen Antworten. Die vorliegenden Studien behandeln meist nur die Fragen nach den Unterschieden hinsichtlich der Wanderungswahrscheinlichkeiten und den Migrationsmotiven von ärmeren und wohlhabenderen Haushalten bzw. Haushaltsmitgliedern. Hier besteht weitgehend Konsens, dass sowohl arme als auch bessergestellte Haushalte in das Geschehen der Binnenmigration in Subsahara-Afrika involviert sind, jedoch jeweils aus unterschiedlichen Motiven und mit unterschiedlichem »outcome«.

Sowohl arme als auch bessergestellte Haushalte sind in Binnenmigration involviert, jedoch aus verschiedenen Motiven und mit unterschiedlichem »outcome«.

Uneinigkeit besteht indes darüber, in welcher Wohlstandsgruppe eine Migration wahrscheinlicher ist. Waddington und Sabates-Wheeler (2003: 5) vertreten beispielsweise die Ansicht, dass die Migrationswahrscheinlichkeit von Mitgliedern finanziell bessergestellter Haushalten höher sei, weil diese gemeinhin über ein höheres Bildungsniveau verfügten und somit einen besseren Zugang zum (städtischen) Arbeitsmarkt hätten. Zu dieser Einschätzung kommen auch Gibson und Gurmu (2012: 5) in einer Studie aus Äthiopien.

Die gegenteilige Ansicht wird jedoch ebenfalls von verschiedenen Autoren vertreten. So kommen u. a. Olson, Atieno und Muchugu (2004: 22) in ihrer Studie in Kenia zu dem Ergebnis, dass Mitglieder finanziell schlechtergestellter Haushalte mit größerer Wahrscheinlichkeit ihr Heimatdorf verlassen.

Smit (2012: 72) wiederum stellt in der von ihm untersuchten Region um Kigali (Ruanda) keinerlei Zusammenhang zwischen dem Wohlstandsniveau und der Migrationswahrscheinlichkeit fest und begründet das mit den sehr unterschiedlichen Migrationsmotiven verschiedener Wohlstandsgruppen: Bezugnehmend auf Schutten (2012) stellt er dar, dass 50% der Migranten im Untersuchungsgebiet aufgrund ihrer extremen Armutssituation regelrecht in die Migration gezwungen würden, wohingegen 24,6% zur Verbesserung der Lebensumstände ihrer Haushalte in die Stadt zögen und weitere 25,4% der besser gestellten Haushalte migrierten, um ihren Wohlstand weiter zu mehren.[42]

Strategie der Translokalisierung in Afrika folgt keiner universellen Handlungsrationalität.

Diese Differenzierung entspricht den in Kapitel 4.1 dargestellten kontextvariaten Handlungsorientierungen und verdeutlicht, dass die Strategie der Migration wie der Translokalisierung eben nicht der einen universellen Handlungsrationalität folgt.[43]

Auf die Notwendigkeit einer in dieser Hinsicht differenzierenden Betrachtung weist auch Greiner (2008, 2011) hin:

»Empirical evidence from Namibia suggests that both rich and poor families are involved in migration practices, albeit with different implications.« (Greiner 2011: 607)

---

42 »There was even no relationship between social-economic household status and the presence of a migrant household member. The explanation for this lies in the fact that migrants come from each social-economic household group and migrate with different reasons. According Schutten (2012) namely 50% of the migrants in the research areas are forced to migrate because of extreme poverty reasons, while 24.6% of the migrants goes to the city in order to improve the living conditions of their households and 25.4% of them (the better-off) departs to accumulate their already achieved prosperity.« (Smit 2012: 72)

43 »Rising incomes enable those who earn them to invest in livestock. Remittances provide the essential means to reduce the off-take of animals for consumption. They also reduce the need for emergency sales below market value in case of urgent need of cash, as widely practised among poorer families. As a consequence, livestock ownership by rich families has grown steadily within the last decades, notwithstanding recurrent droughts.« (Greiner 2011: 615)

In seiner Studie beschreibt er die akkumulativen Möglichkeiten der Translokalisierung wohlhabenderer Haushalte im Vergleich zur existenziellen Notwendigkeit, aus der heraus ressourcenarme Haushalte zur Migration gezwungen sind. Ökonomisch bessergestellte Familien sind für ihre alltägliche Existenzsicherung sehr viel weniger auf Rimessen angewiesen; diese finanzielle Entlastung gibt den migrierten Mitglieder beispielsweise die Möglichkeit, in die eigene Bildung zu investieren, und verbessert somit die ökonomischen Zukunftsaussichten. Werden Rücküberweisungen innerhalb ressourcenreicherer Haushalte geleistet, kann dieses zusätzliche Kapital am ländlichen Haushaltsstandort auch für Investitionszwecke (z. B. in Viehbestand) verwendet werden, so dass sich die sozioökonomischen Aufstiegschancen weiter verbessern. Somit seien laut Greiner jene Familien auf dem Land wohlhabend, die auch in der Stadt wohlhabend sind, und umgekehrt (Greiner 2011: 614-615).[44]

Wohlhabende Haushalte sind in der Stadt und auf dem Land wohlhabend, arme Haushalte sind in der Stadt und auf dem Land arm.

Die umgekehrte Beobachtung lässt sich bei den ressourcenarmen Haushalten machen: Arme Haushalte auf dem Land sind auch in der Stadt arm.

»Poor families [...] are often caught up in survivalist networks, where small incomes are immediately redistributed to satisfy the most basic needs.« (Greiner 2011: 614)

Das in der Stadt erwirtschaftete Einkommen des translokalen Haushalts wird am ländlichen Haushaltsstandort vornehmlich für konsumtive Zwecke verwendet und nur in seltenen Fällen in vermögens-

---

44 »Rising incomes enable those who earn them to invest in livestock. Remittances provide the essential means to reduce the off-take of animals for consumption. They also reduce the need for emergency sales below market value in case of urgent need of cash, as widely practised among poorer families. As a consequence, livestock ownership by rich families has grown steadily within the last decades, notwithstanding recurrent droughts.« (Greiner 2011: 615)

bildende Werte wie Bildung investiert.[45] Arme Haushalte befinden sich also – gegenläufig zu den reicheren Haushalten – auch bei Translokalisierung in einer sozioökonomischen Abwärtsspirale (Greiner 2011: 614-616):

> »For poorer families, translocality is often a sheer struggle for survival. Sustaining rural and urban family members can be burdensome, and may even be erosive.«[46]

Verstärkung sozioökonomischer Stratifikation durch Translokalität

Die von Greiner (2008, 2011) beschriebene sozioökonomische Stratifikation in den Herkunftsgebieten und die Verschärfung der wirtschaftlichen Disparitäten durch Land-Stadt-Migration und Rücküberweisungen erkennen auch Waddington und Sabates-Wheeler (2003: 9-10), Steinbrink (2009, 2010) sowie Greiner und Sakdapolrak (2012).

Mit Blick auf die geographische Ausprägung translokaler Bezüge von reichen und armen Haushalten vergleicht Bleibaum (2009, zit. nach Jónsson 2010: 11) zwei Dörfer im *Peanut-Basin* im Senegal. Er beobachtet, dass die Migrationen aus dem wohlhabenderen der beiden Dörfer über weitere Entfernungen stattfinden und durch eine durchschnittlich längere Aufenthaltsdauer charakterisiert sind. Die Wanderungen aus dem ressourcenärmeren Dorf hingegen finden meist in Form saisonaler Migration in nähergelegene Städte statt. Auch Reardon (1997) beschreibt, dass »*capital-intensive nonfarm activities tend to be dominated by richer households with greater initial assets (migration remittances, livestock holdings, land)*« (Reardon 1997: 741). Von ähnlichen Mustern zeugen Studien aus dem Senegal

---

45 Ähnlich argumentiert bereits Lipton (1980); siehe auch Waddington und Sabates-Wheeler (2003) sowie Olson, Atieno und Muchugu (2004).

46 »Translocality for these [rich] family networks provides abundant opportunities to redistribute surpluses between rural and urban areas. Indeed, observations from my multi-sited fieldwork suggest that families that are comparatively rich in urban areas are rich in the countryside too. The same can be observed for poor families, with little chance of upward mobility in either rural or urban areas« (Greiner 2011: 615).

(vgl. Fall, Diagana 1992), Nordnigeria (Matlon 1979), Burkina Faso und dem Niger (Reardon et al. 1994). Insgesamt scheint es derzeit kaum möglich zu beantworten, ob beobachtbare Stratifizierungen und sozioökonomische Ungleichheiten in ländlichen Gebieten des subsaharischen Afrikas nun Auslöser oder Ergebnis von Translokalisierungsprozessen sind. Dazu sind die Handlungssituationen, Handlungslogiken und die Migrationsmotive schlicht zu divers. Jedoch gibt es deutliche Hinweise darauf, dass vorhandene Disparitäten innerhalb ländlicher Gemeinschaften durch die translokale Livelihood-Organisation eher verschärft als abgemildert werden.

5.3.5 Translokale Kommunikationsmuster

Auch in Afrika südlich der Sahara unterliegen die Kommunikationsmuster in translokalen Zusammenhängen derzeit rapiden Wandlungsprozessen. Waren es lange Zeit vor allem (sporadische) Briefkontakte und (un-)regelmäßigen Besuche (vgl. Kap. 5.3.2 und 6.1.1.1), die als Medien des translokalen Informationsflusses fungierten, werden diese seit etwa zehn Jahren immer mehr von neuen, mobilen Technologien ergänzt bzw. abgelöst.[47] Nicht zuletzt aufgrund der schwach ausgebauten Festnetzinfrastruktur[48] hat es in Afrika einen regelrechten Boom der Mobilfunknutzung gegeben: Die Zahl der Mobiltelefonverträge stieg innerhalb von nur einer Dekade von weniger als 25 Millionen (2001) auf ca. 650 Millionen (2012) an. Diese Zahl liegt höher

---

47 In Bezug auf Hausa-Migranten im Niger schreibt Youngstedt (2013: 148): »Prior to late 1990s, Hausa separated by migration communicated with each other primarily by proxy; that is, news and cash and gifts were given to individuals traveling back and forth.«

48 »In the year 2000, there were fewer than 20 million fixed-line phones across africa, a number that had accumulated slowly over a century, and a waiting list of a further 3.5 million. With a penetration rate of just over 2 per cent, phones were to be found only in offices and the richest households. But the coming of the mobile phone has transformed communications access.« (Yonazi et al. 2012: 13)

als z. B. in den USA oder in der Europäischen Union, so dass Afrika der am schnellsten wachsende Markt für Mobiltelefonie ist. Heute haben mehr als zwei Drittel der erwachsenen Personen in Afrika Zugang zu moderner Informations- und Kommunikationstechnologie (vgl. Yonazi et al. 2012).

Die immer stärkere Vernetzung von Menschen durch Telefon und Internet hat einen immensen Einfluss auf die alltägliche Lebens- und Kommunikationspraxis sowohl der urbanen wie auch der ländlichen Bevölkerung

Die immer stärkere Vernetzung von Menschen durch Telefon und Internet hat einen immensen Einfluss auf die alltägliche Lebens- und Kommunikationspraxis sowohl der urbanen wie auch der ruralen Bevölkerung und somit auf die Beziehung zwischen ihnen. Die verbesserten Kommunikationsmöglichkeiten haben das früher oft komplizierte Kontakthalten zwischen den »Daheimgebliebenen« und den Migranten auch über große Distanzen hinweg deutlich erleichtert, die finanziellen und sozialen Netzwerke gestärkt und gleichzeitig die sozialen Dynamiken stark verändert (Ramisch 2015, Youngstedt 2013: 138, 148, Sward 2016: 25). Die rasanten Entwicklungen im Bereich der mobilen Telekommunikation und die damit verbundenen mobilen Geldtransfer-Technologie (vgl. Kap. 6.1.1.1) haben die Möglichkeiten der translokalen Livelihood-Organisation substanziell erweitert, so dass sich heute auch nicht anwesende Mitglieder translokaler Haushalte wesentlich stärker in Entscheidungsprozesse hinsichtlich Gesundheit, Bildung und Landwirtschaft etc. einbringen können (vgl. Morawczynski 2011; Murphy and Priebe 2011, Ramisch 2015).

»Mobile communication has the potential to transform the resource base of poor people, for example their access to often crucial agriculture, business, education, health and other types of information; the ability to obtain support in situations of psychological stress; the option for increased political participation; and, the benefits from the money and time saved as a result of the better coordination and organization of one's daily activities. In most cases this outweighs the sometimes substantial costs associated with mobile handsets and their usage.« (Sterly 2015: 43)

Licoppe (2004) beschreibt, dass die durch Mobilkommunikation induzierte »*connected presence*« sowohl starke Beziehungen (»*strong ties*«) zusätzlich verstärke als auch schwache Verbindungen (»*weak ties*«) schaffe und ausbaue, so dass Emergenz und Aufrechterhaltung translokaler sozialer (Sicherheits-)Netzwerke zwischen Migranten und Menschen im Herkunftsgebiet befördert würden (vgl. auch Porter 2012; Shrum et al. 2011; Ramisch 2015).[49]

Angesichts der Tatsache, dass ein extrem hoher Anteil der Ge-samtbevölkerung in Afrika südlich der Sahara in translokale Lebens-zusammenhänge eingebunden ist (vgl. Kap. 5.2), kann zweifelsfrei konstatiert werden, dass die Mobilfunktechnologie in diesem Fall ei-ne extrem angepasste Technologie ist. Auch vor der Handy-Ära war Kommunikation das *sine qua non* im translokalen Zusammenhang. Heute ist translokales Kommunizieren fast überall und jederzeit mög-lich. Und dieser Umstand hat enormen Einfluss auf unterschiedliche Bereiche der Lebensführung.

Mobilfunktechnologie als »angepasste Technolo-gie«

Schon das immense Wachstum des Mobilfunkmarktes in Afrika ist ein Zeichen dafür, als wie elementar die raum- bzw. grenzüber-greifende Kommunikation von den in translokale Strukturen einge-bundenen Akteuren eingeschätzt wird; noch augenfälliger wird das, wenn man sich vergegenwärtigt, wie viele ökonomisch sehr schwa-che Haushalte oft enorm hohe Anteile ihres verfügbaren Monatsein-kommens für die verbesserten Kommunikationsmöglichkeiten zu zahlen bereit sind: Während z. B. in Deutschland lediglich 0,6% des durchschnittlichen Monatseinkommens für den Betrieb eines Handys aufgebracht werden muss, liegt dieser Anteil in Liberia bei 40%, in Malawi bei 49%, in der Zentralafrikanischen Republik bei 51% und in der Demokratischen Republik Kongo bei 52%.[50] Im Verhältnis zu anderen Weltregionen ist der Zugang zu Mobilfunknutzung in afrika-nischen Ländern extrem teuer. Handy und Smartphone sind in Afrika jedoch keineswegs Luxusartikel, vielmehr ist die Nutzung der Mobil-

---

49 Neben der positiven Seite der verbesserten Partizipationsmöglichkeiten und Aufrechterhaltung emotionaler Bande, bedeutet die vereinfachte und oft sehr häufige translokale Kommunikation mitunter auch »sozialen Stress«: So berichtet Youngstedt (2013), dass Migranten es als schwieri-ger empfinden, in direkter Kommunikation am Telefon an sie gerichtete Bitten um Geld- oder Sachunterstützung auszuschlagen, als wenn dies – wie früher – per Brief oder E-Mail geschieht (Youngstedt 2013: 149).

50 Berechnet auf Basis des Bruttonationaleinkommens pro Kopf (Stand 2014) (STATISTA 2016).

funktechnologie eine zwar kostspielige, aber für viele Menschen existenzielle Investition in das Aufrechterhalten translokaler Netzwerke. Das erklärt auch, warum es z. B. in Burkina Faso beinah üblich ist, zwei oder drei mit verschiedenen Netzen betriebene Handys zu besitzen, um immer mit dem günstigsten Tarif telefonieren zu können und etwaige Netzstörungen und -ausfälle zu kompensieren.

Translokale Lebensführung ohne Handy ist auch in Afrika heute kaum noch vorstellbar.

Der Mobilfunk hat sich zum wichtigsten Medium innerhalb der translokalen Livelihood-Systeme entwickelt.[51] Translokale Lebensführung ohne Handy ist auch in Afrika heute kaum noch vorstellbar.

---

51 Youngstedt (2013: 149) stellt heraus, dass unter Hausa-Migranten in Niamey 85% ein Mobiltelefon besitzen, um mit Familienmitgliedern Kontakt zu halten.

6 Einfluss translokaler Livelihoods auf Aspekte des ländlichen Strukturwandels

In diesem Kapitel sollen verschiedene Dimensionen des Einflusses translokaler Livelihood-Organisation auf den ländlichen Strukturwandel erläutert werden. Das Kapitel gliedert sich grob nach den drei Dimensionen der Nachhaltigkeit: »Ökonomie« (Kap. 6.1), »Ökologie« (Kap. 6.2) und »Soziales« (Kap. 6.3).

6.1 ÖKONOMISCHE DIMENSION

Für die Beurteilung der ökonomischen Dimension der translokalen Livelihoods auf den ländlichen Strukturwandel in Afrika südlich der Sahara gilt es zunächst anzuerkennen, dass der Prozess der Translokalisierung vornehmlich wirtschaftliche Ursachen hat: Das starke Bevölkerungswachstum gepaart mit überwiegend unattraktiven Bedingungen des Marktes für landwirtschaftliche Produkte und dem gleichzeitigen Mangel an außerlandwirtschaftlichen Erwerbsmöglichkeiten im ländlichen Raum führte in großen Teilen Afrikas zu ländlichen Existenzkrisen und so zur ökonomischen Notwendigkeit der Arbeitsmigration. Aufgrund der in Kapitel 5.1 beschriebenen Bedingungen des Arbeitsmarktes in den (städtischen) Zielgebieten kam es zu einer Situation, in der ein Gutteil der Haushalte – oft aufgrund wirtschaftlicher Zwangslagen – seine Livelihoods über mehrere Standorte hinweg organisierte und – im Sinne einer Kombination landwirtschaftlicher Subsistenz- und Marktproduktion – mit Lohnarbeit ökonomisch diversifizierte.

6.1.1 Rücküberweisungen

In translokalen Livelihood-Systemen sind die monetären Rücküberweisungen der Migranten an ihre ländlichen Angehörigen zentral:

Die Hoffnung auf Rücküberweisungen stellt den wichtigsten Auslöser von Translokalisierung dar.

Die Hoffnung, die ländlichen Haushaltsmitglieder finanziell unterstützen zu können, stellt gemeinhin den wichtigsten Auslöser von Arbeitswanderung und Translokalisierung dar.[1] Zudem sind diese Transferleistungen innerhalb translokaler Haushalte wesentliches Kennzeichen translokal diversifizierter Livelihood-Systeme. Entsprechend gut untersucht ist dieser Aspekt.

Um die Bedeutung der Rücküberweisungen für die Prozesse des ländlichen Strukturwandels beurteilen zu können, soll es im Folgenden zunächst darum gehen, auf Grundlage vorliegender Fallstudien zu einer Einschätzung zu kommen, welchen quantitativen Umfang diese Rimessen haben und welchen Anteil am verfügbaren Einkommen der ländlichen Bevölkerung sie ausmachen.

Im globalen Maßstab wird seit einiger Zeit immer wieder auf die überragende Bedeutung von Rimessen für die volkswirtschaftliche Entwicklung vieler Länder des Südens hingewiesen (vgl. u. a. Ambrosius et al. 2008: 1). Es wird betont, dass die migrantischen *internationalen* Rücküberweisungen in der Summe den Wert der weltweit geleisteten Transfers im Rahmen der *Official Development Assistance* (ODA) bei Weitem übersteigen: 2010 gab die Organisation für wirtschaftliche Zusammenarbeit und Entwicklung (OECD) bekannt, dass die jährlich geleistete ODA der OECD-Mitgliedsstaaten einen historischen Hochstand erreicht habe: 129 Milliarden US-Dollar. Nach Schätzungen der Weltbank beliefen sich im gleichen Jahr die welt-

---

1 In einem Policy Brief des Migrating out of Poverty Research Programme Consortiums (2016a: 3) zu Land-Stadt-Wanderung in Ghana wird beschrieben, dass »even when the rural-urban migrant himself or herself felt migration had not been very helpful in moving him/her out of poverty, sending remittances home is still a top priority.«

weiten Rücküberweisungen von Migranten auf mehr als 440 Milliarden US-Dollar.[2] Auch für Afrika spielen die internationalen Rücküberweisungen von Migranten eine große volkswirtschaftliche Rolle, wenngleich hier starke regionale Unterschiede augenfällig sind. Tabelle 2 verdeutlicht die Größenordnung der Kapitalflüsse der internationalen Rimessen für verschiedene afrikanische Staaten in US-Dollar und als Anteil am Bruttoinlandsprodukt der jeweiligen Staaten. Die Aufstellung zeigt die enorme nationalökonomische Bedeutung der internationalen migrantischen Rücküberweisungen für einige afrikanische Ökonomien. So machten die im Jahre 2012 in den Senegal fließenden Rücküberweisungen in Höhe von 1.366,85 Mio. US$ 11,43% des BIP aus. In Mali waren es mit 444,45 Mio. US$ 5,02% des BIP, in der Côte d'Ivoire, welches eher Immigrations- als Emigrationsland ist, bei 325,09 Mio. US$ immer noch 1,63% des BIP, in Togo mit 320,71 Mio. US$ 10,61% des BIP und in Liberia mit 373,39 Mio. US$ sogar 23,41% des BIP (Watkins, Quattri 2014: 11). Auch lässt sich eine stark steigende Tendenz bei den Rücküberweisungen festmachen: Wurden in den Niger im Jahr 2000 noch 14 Mio. $ transferiert, lag diese Zahl bei über 66 Mio. US$ in 2005 und bei 78 Mio. US$ in 2007/2008 (Youngstedt 2013: 150).

---

2 Vgl. auch OECD (2010); MPI (2012); Ratha, Riedberg (2005); IOM (2010); OECD (2009).

Tabelle 2: Internationale Rimessen-Flüsse nach Afrika südlich der Sahara

Millionen US-$		Anteil am BIP in % (verfügbare Daten 2010-2012)	
Nigeria	20.568	Liberia	23,41
Senegal	1.366	Lesotho	22,64
Kenya	1.227	Gambia, The	15,37
Sudan	1.126	Senegal	11,43
Uganda	977	Togo	10,61
Lesotho	602	Cabo Verde	9,13
Ethiopia	524	Nigeria	7,86
Mali	444	Guinea-Bissau	5,49
Liberia	372	Mali	5,02
Côte d'Ivoire	325	Uganda	3,69
Togo	321	Kenya	2,98
Mauritius	247	Rwanda	2,57
Benin	179	São Tomé and Principe	2,41
Cape Verde	176	Benin	2,36
Rwanda	156	Niger	2,35
Ghana	152	Burundi	1,88
Burkina Faso	130	Côte d'Ivoire	1,63
Niger	122	Sierra Leone	1,61
Cameroon	109	Mozambique	1,55
Mozambique	99	Ethiopia	1,50
Gambia, The	89	Burkina Faso	1,31
Sierra Leone	79	Guinea	1,18
Tanzania	75	Swaziland	0,84
Guinea	75	Cameroon	0,83
Botswana	55	Sudan	0,68
Swaziland	47	Malawi	0,66
Zambia	46	Zambia	0,35
Guinea-Bissau	42	Ghana	0,34
Burundi	42	Tanzania	0,24
Seychelles	26	Botswana	0,13
Namibia	17	Namibia	0,12
Malawi	16	Seychelles	0,11
São Tomé and Principe	7	Mauritius	0,01
Angola	0,19	Angola	0,00

Quelle: Watkins, Quattri (2014: 11); auf Basis von: World Bank Migration and Remittances Data, Bilateral Remittances Matrix (2012); World Bank World Development Indicators (2014)

Diesen starken Anstieg sieht die Weltbank als ein generelles Muster für Afrika südlich der Sahara und geht davon aus, dass der Umfang der internationalen Rimessen in den nächsten Jahren insgesamt noch deutliche Steigerungsraten erfahren wird (vgl. Abbildung 13).

Abbildung 13: Tendenz steigend: aktuelle und projizierte
internationale Rimessenflüsse ins Subsahara-Afrika (in Mrd. US-$)

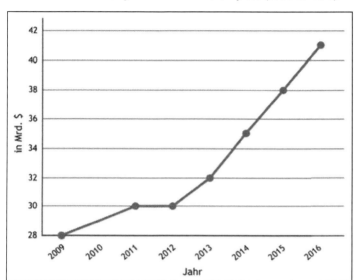

Quelle: verändert und übersetzt nach Watkins und Quattri (2014: 10), nach
World Bank Migration and Development Brief (2013)

Die hier dargestellten offiziellen Angaben zu den internationalen
Rücküberweisungen liegen vermutlich um einiges unterhalb der tatsächlichen Zahlen, da ein Großteil der Gelder über informelle Kanäle
transferiert wird. So haben z. B. Untersuchungen in Burkina Faso und
dem Senegal ergeben, dass über 60% der Empfänger-Haushalte informelle Wege für grenzübergreifende Rücküberweisungen nutzen
(vgl. Scharwatt, Williamson 2005: 6).

Noch schwieriger als die Schätzung der internationalen Rimessen
ist es, die Größenordnung der Rücküberweisungen von Binnenmigranten an ihre ländlichen Angehörigen abzuschätzen. Zum Ausmaß
dieser Rücküberweisungen fehlen für das subsaharische Afrika spezifische und aggregierte Daten (vgl. Ayana Aga, Martinez, Soledad
2014; Sander, Munzele Maimbo 2005). Diese Rimessen können
eigentlich nur in Haushalts-Surveys erhoben werden (Sander, Munzele Maimbo 2005: 6). Während internationale Rimessen also mittlerweile recht große Aufmerksamkeit bei volkswirtschaftlichen Betrach-

tungen erfahren und es Bemühungen gibt, diese Kapitalflüsse zu quantifizieren, finden die innerstaatlichen Rücküberweisungen von Land-Stadt- und Land-Land-Migranten meist deutlich weniger Beachtung:

»Estimates of the total volume of internal remittances are very rare for individual countries and nonexistent on a global level.[...] Furthermore, transfers sent by internal migrants are more often sent through informal channels, making it difficult to capture them in official estimates of remittances.« (Castaldo, Deshingkar, McKay 2012: 16)

Rücküberweisungen von Binnenmigranten erreichen wesentlich mehr arme ländliche Haushalte als internationale Rücküberweisungen

Diese schwache Datenlage steht in eklatantem Missverhältnis zu den vielfältigen Hinweisen, dass Rücküberweisungen von Binnenmigranten für wesentlich mehr ressourcenarme ländliche Haushalte von existenzieller Bedeutung für die Lebenssicherung sind als internationale Rimessen. Die einzelnen überwiesenen Geldsummen der *domestic remittances* sind im Durchschnitt zwar deutlich kleiner als internationale Rücküberweisungen, aber sie kommen regelmäßiger und sind in der Summe – so lassen verschiedene Fallstudien vermuten – umfangreicher als internationale Rimessen (Sander, Munzele Maimbo 2005).[3] Für Ghana stellen Cottyn et al. (2013: 28) bei dem Vergleich innerstaatlicher und internationaler Rimessen folgendes Muster im Hinblick auf Häufigkeit, Summe und Herkunft der Rücküberweisungen fest: Zwar übersteigt die Häufigkeit und die Menge der innerhalb Ghanas gesendeten Rücküberweisungen jene aus dem Ausland (Häufigkeit: 81,8% intern zu 18,2% international, Menge: 324 Mio. $ intern zu 283 Mio. $ international), jedoch sind die Beträge pro innerstaatlicher Überweisung wesentlich niedriger als die internationalen. Dies erklärt auch die in der Summe relativ ausgeglichene Gewichtung der Menge an Rücküberweisungen (53,3% intern, 46,7% international). Auch für Ruanda, Südafrika und Uganda konstatieren McKay

---

3   »As for domestic remittance transfers, nowhere in Africa are these captured as a separate category of domestic transactions; they can be traced only through household surveys.« (Sander, Munzele Maimbo 2005: 5)

und Deshingkar (2014), dass die *domestic remittances* die internationalen in der Summe deutlich übersteigen.

In ihrer weltweit vergleichenden Studie kommen McKay und Deshingkar (2014: 21) zu dem allgemeinen Schluss, dass es insbesondere die ressourcenschwächeren Haushalte sind, die Rücküberweisungen von Binnenmigranten erhalten und dass wohlhabendere Haushalte eher von internationalen Rimessen profitieren:

»Domestic remittances are more likely to be received by poorer households, while international remittances tend to be received by richer households. If a poor household does receive an international remittance, this can have a substantial poverty reduction impact for that household, but few poor households benefit from such remittances. Hence, the bulk of the poverty reduction impact of remittances in all the countries discussed here comes from domestic transfers.« (McKay, Deshingkar 2014: 21)

Dieses Ergebnis lässt bereits vermuten, dass insbesondere die Strategie der internationalen Migration eher von ressourcenstärkeren Haushalten verfolgt wird, da sie sich nicht in Situationen erhöhter Basisverwundbarkeit befinden und somit eher an der Handlungslogik der Nutzenmaximierung orientieren können (vgl. Kap. 4.2; Kap. 6.1.1.3).

Internationale Migration ist überwiegend eine Strategie wohlhabenderer Haushalte

Die aus verschiedenen Fallstudien ermittelte Zusammenstellung quantitativer Angaben zu Rimessen von Binnenmigranten in Tabelle 3 geben Hinweise darauf, wie viele Menschen in ländlichen Gebieten in Afrika südlich der Sahara Rücküberweisungen erhalten und vermittelt einen Eindruck von Umfang und Relevanz des translokalen Kapitalflusses.

Tabelle 3: Rimessen – Quantitative Hinweise aus Einzelstudien

	Quelle	«Quantitative Hinweise»
Afrika	de Haan (2005: 7)	Rücküberweisungen machen ca. 25% des ländlichen Einkommens aus.
Afrika südlich der Sahara	Godoy et al. (2012: 6)	32% aller Erwachsenen in elf untersuchten Ländern (ca. 80 Mio. Menschen) haben im Monat vor der Studie Rücküberweisungen von Binnenmigranten empfangen (4% der Erwachsenen in den elf Ländern [ca. 10 Mio. Menschen] haben im Monat vor der Studie internationale Rücküberweisungen erhalten). 20% aller Erwachsenen in den elf untersuchten Ländern (ca. 50 Mio. Menschen) haben interne Rücküberweisungen geschickt.
Südliches Afrika	Reardon (1997: 739)	In Gebieten nahe urbaner Zentren machen Rücküberweisungen ca. 75% des außerlandwirtschaftlichen ländlichen Einkommens aus. In Gebieten fernab urbaner Zentren machen Rücküberweisungen ca. 20% des außerlandwirtschaftlichen ländlichen Einkommens aus.
Burkina Faso	World Bank (2009: 16)	13% der untersuchten Haushalte empfangen Rücküberweisungen von Binnenmigranten.
Ghana	Castaldo, Deshingkar, McKay (2012: 39)	82% der Rücküberweisungen in Ghana in den Jahren 2005 und 2006 sind als interne Rücküberweisungen zu werten (Häufigkeit). 53% des Rücküberweisungsvolumens kommen aus internen Rücküberweisungen .
	World Bank (2009: 12)	25% der untersuchten Haushalte empfangen Rücküberweisungen von Binnenmigranten.
	Yaro, Awumbila, Teye (2015: 121)	Fast 100% der im Baugewerbe arbeitenden Migranten in Accra gaben an, dass sie Geld und Güter zu ihren Familien in die Heimat schickten.
Kenia	Godoy et al. (2012: 20)	Ca. 33% der befragten Kenianer reisen im Monat vor der Studie, um Freunden oder Familienangehörigen Geld zu bringen.
	de Haan (2000: 17)	13-22% des durchschnittlichen Einkommens von in der Stadt lebenden Kenianer wird in die Heimat geschickt.
	Ramisch (2014)	Bis zu 20% des Einkommens von Migranten in Westkenia werden als Rücküberweisungen in die Herkunftsregion geschickt

Namibia	Greiner (2008)	Fallstudie aus dem ländlichen Nordwest-Namibia: 87% der ländlichen Haushalte erhalten Rücküberweisungen von Binnenmigranten. Diese Rimessen machen durchschnittlich 33% des Einkommens der untersuchten ländlichen Haushalte aus.
Niger	Rain (1999: 155, 117)	Rimessen machen in trockenen Gebieten (Norden Nigers) 20% des ländlichen Haushaltseinkommens aus, in feuchteren Gebieten (Süden Nigers) nur 2-6%. 38,3% der Migranten in Maradi bringen beim Heimatbesuch Geld für den Haushalt mit.
Nigeria	McKay, Deshingkar (2014: 16)	36,1% der Bevölkerung empfangen Rücküberweisungen von Binnenmigranten (19,2% der Bevölkerung erhalten internationale Rücküberweisungen).
Ruanda	Smit (2012: 93)	74,4% der Migrantenhaushalte in der ländlichen Region um Kigali erhielten Rücküberweisungen aus der Stadt.
	McKay, Deshingkar (2014: 16)	21,7% der Bevölkerung empfangen Rücküberweisungen von Binnenmigranten.
Südafrika	McKay, Deshingkar (2014: 16)	6,8% der südafrikanischen Gesamtbevölkerung empfangen interne Rücküberweisungen (0,1% der Bevölkerung erhalten internationale Rücküberweisungen).
	Steinbrink (2009)	In einem Dorf in der *Eastern Cape Province* (ehem. Transkei) erhalten 60% der untersuchten Haushalte regelmäßig Geldzahlungen von Binnenmigranten. Diese Rücküberweisungen machen durchschnittlich 23% des verfügbaren monetären Einkommens der ländlichen Haushalte aus. 70 % der migrierten Haushaltsmitglieder, die über Einkommen verfügen, unterstützen ihre Angehörigen regelmäßig finanziell.
	Steinbrink (2009)	In einer informellen Siedlung in Kapstadt gaben 80% jener Migranten, die über ein regelmäßiges Einkommen verfügen, an, dass sie mehr oder weniger regelmäßig Geld in ihr Heimatdorf (in der *Eastern Cape Province*) überweisen. Im Schnitt überweisen die erwerbstätigen Land-Stadt-Migranten 20% ihres in Kapstadt erwirtschafteten Einkommens in die Herkunftsregion.
Uganda	McKay, Deshingkar (2014: 16)	26% der Bevölkerung empfangen Rimessen von Binnenmigranten (5,3% der Bevölkerung erhalten internationale Rücküberweisungen).
	McKay, Deshingkar (2014: 19)	63% der Rimessen aus urbanen Zentren Ugandas gehen an ländliche Haushalte. 58% der Rimessen aus ländlichen Gebieten Ugandas gehen an ländliche Haushalte.

Die beiden folgenden Diagramme (Abbildung 14 und 15) zeigen beispielhaft die Anteile verschiedener Einkommensarten am monetären
Gesamteinkommen der ländlichen Wohnbevölkerung in zwei Communities im südlichen Afrika (Südafrika und Namibia).

Abbildung 14: Anteile verschiedener Einkommensarten am
monetären Gesamteinkommen der Wohnbevölkerung eines Dorfes in
der Eastern Cape Province, Südafrika

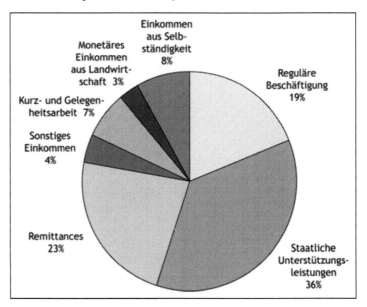

Quelle: verändert nach Steinbrink (2009: 238)

Abbildung 15: Anteile verschiedener Einkommensarten am monetären Gesamteinkommen in einer ländlichen Community in Nordwest-Namibia

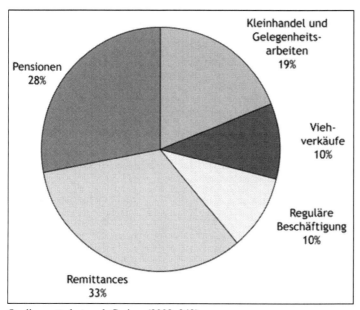

Quelle: verändert nach Greiner (2008: 242)

Die in diesem Kapitel zusammengetragenen Zahlen verweisen im Hinblick auf die Bedeutung der *domestic remittances* zwar auf die offensichtlich recht starken Unterschiede zwischen und innerhalb afrikanischer Länder, doch führen die vorliegenden Studien insgesamt vor Augen, welch großen Stellenwert diese raumübergreifenden Transferleistungen von Binnenmigranten haben. Angesichts des großen Anteils der subsaharischen Bevölkerung, der in translokale Zusammenhänge eingebunden ist (vgl. Kap. 5.2), erstaunt das Ausmaß der Rücküberweisungen jedoch nicht.

Es kann – grob geschätzt – davon ausgegangen werden, dass im Afrika südlich der Sahara durchschnittlich etwa 25% des im ländlichen Raumes verfügbaren monetären Einkommens aus Rücküberweisungen stammen und dass zwischen 20% und 40% der ländlichen Haushalte regelmäßig Geldüberweisungen erhalten.

Zwischen 20% und 40% der ländlichen Haushalte erhalten regelmäßig Rücküberweisungen.

6.1.1.1 Neue Technologien des Transfers der Rimessen (»mobile cash«)

Das enorme Wachstum im Bereich der Mobilfunktechnologie in Afrika südlich der Sahara hat sowohl direkten Einfluss auf die translokale Kommunikation als auch auf die Art und Intensität der Rücküberweisungen innerhalb translokaler Livelihood-Systeme.

Lange Zeit war das System der Rücküberweisungen in den meisten Regionen Afrikas von dem schwach ausgebauten Netz von Bankfilialen und dem schwierigen Zugang zu Bankkonten geprägt. Gerade in ländlichen Gebieten hatte kaum jemand ein Bankkonto (Watkins, Quattri 2014: 7). Diese Situation führte dazu, dass Rimessen noch heute häufig in Form von Bargeld transferiert werden. Häufig wurden (und werden) die Geldbeträge von den Migranten selbst bei den (un-)regelmäßigen Besuchen mitgebracht oder von befreundeten Migranten, die das gemeinsame Heimatdorf besuchten, mitgegeben. Zum Teil übernehmen auch Busfahrer von Überlandbussen diesen Botendienst (vgl. z. B. Steinbrink 2009).

Banken und Mobilfunkbetreiber haben den wachsenden Markt im Bereich der Rücküberweisungen erkannt und etablieren inzwischen mehr und mehr Filialen in ländlichen Gebieten oder bauen das System des »mobile cash« aus, so z. B. »Airtel Money« (s. Abbildung 16) in Burkina Faso (Bambara, Interview, R12) und »M-PESA« in Kenia (Scharwatt, Williamson 2015). Und nach und nach nutzen die Menschen in Afrika diese praktischen Möglichkeiten des »mobile money transfers« immer stärker.

Abbildung 16: Werbeplakat von Airtel Money (Burkina Faso)

Quelle: http://www.oceanogilvy.com/fr/images

In der Côte d'Ivoire (Einwohnerzahl: ca. 22 Mio.), dem für diese Form der Transfertechnologie derzeit größten Markt in Westafrika, gab es bereits 2013 etwa 6,2 Millionen registrierte »mobile Geldkonten«. Auch in Mali weist der Hauptanbieter »*Orange Money*« enorme Wachstumsraten bei den Kundenzahlen auf. Nach Scharwatt und Williamson (2015: 9) machen diese Transaktionen von »*mobile money*« heute etwa 20% des Bruttoinlandsprodukts des westafrikanischen Staates aus. Abbildung 17 zeigt den Anstieg des Anteils von Orange Money an den formalen Rimessen zwischen Côte d'Ivoire, Mali und Senegal innerhalb eines Jahres.

Abbildung 17: Anteil von Orange Money *an den formalen Rimessen zwischen Côte d'Ivoire, Mali und Senegal (2013-2014)*

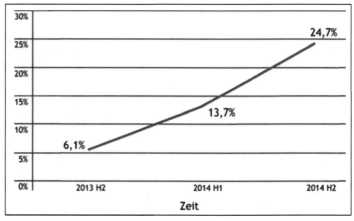

Quelle: verändert und übersetzt nach Scharwatt; Williamson (2015: 13)

Das 2007 gegründete Netzwerk von M-PESA in Kenia ist mittlerweile einer der weltweit größten Anbieter des mobilen Transaktionsservice. 17 Millionen Kenianer sind bereits bei diesem Dienstleister registriert – das entspricht etwa zwei Drittel der Erwachsenen in Kenia (Watkins, Quattri 2014: 17). Neuere Zahlen (Mims 2013) zeigen, dass in Kenia heute 31% des BIP via Mobiltelefon ausgegeben werden (vgl. Ramisch 2014: 33)

Insbesondere Bewohner ländlicher Gebiete profitieren vom »mobile cash«.

Es finden sich Hinweise, dass insbesondere der ländliche Raum in Subsahara-Afrika von der neuen Transfertechnologie profitiert. Scharwatt und Williamson (2015) bestätigen das für Burkina Faso:

»The service has had particularly strong traction in rural Burkina Faso, where 60% of recipients live. MTN and Airtel expected their service to be popular in urban areas where remittance flows are well documented, but they had not anticipated such success in rural areas, where formal money transfer channels have a limited footprint and people prefer informal options to send money. Interestingly, rural customers tend to receive money more regularly than their urban counterparts.« (Scharwatt, Williamson 2015: 20)

Einige Autoren gehen davon aus, dass sich mit der rasanten Ausbreitung der Mobilfunktechnologie in Afrika auch der tatsächliche Umfang der Rücküberweisungen innerhalb translokaler Zusammenhänge zugenommen habe. So schreibt Youngstedt (2013):

»According to World Bank (2009) data, Nigerien workers sent home remittances totaling US$14 million in 2000, US$66 million in 2005, and US$78 million in 2007 and 2008 (it might not be coincidental that these increases parallel the acceleration adoption of cell phones).« (Youngstedt 2013: 150)

Die Annahme, dass sich wegen der organisatorischen und technischen Vereinfachung im Bereich der Rücküberweisungen auch die Summe des transferierten Kapitals erhöht, ist plausibel. Gestützt wird diese Annahme durch Studien, die zeigen, dass sich für die Migranten der soziale Druck, regelmäßig zu überweisen, durch den häufigen direkten Mobiltelefonkontakt mit ihren ländlichen Angehörigen deutlich erhöht (vgl. Ramisch 2014). Insofern kann wohl tatsächlich davon ausgegangen werden, dass sich mit dem wachsenden Mobilfunkmarkt auch die Rücküberweisungsquote erhöhen wird. Insofern dürften die Bewohner ländlicher Herkunftsgebiete von dieser technischen Entwicklung profitieren.

6.1.1.2 Wer profitiert von den Rimessen?

In der Literatur gilt es als fast unumstritten, dass Rücküberweisungen durchaus positive ökonomische Effekte für die Herkunftsregionen haben können: Erstens können die Zahlungen unmittelbar zur Verbesserung des Lebensstandards der Empfänger beitragen; zweitens können dank der größeren Kaufkraft endogene Wirtschaftskreisläufe in den Herkunftsregionen verstärkt werden. Hierbei wird entweder darauf verwiesen, dass die Empfängerhaushalte in die Lage versetzt werden, zusätzliches Kapital in landwirtschaftliche oder außerlandwirtschaftliche Aktivitäten zu investieren, oder es wird der vielbeschworene »Trickle-Down-Effekt« angeführt. Demnach profitierten von dem vermehrten Konsum jener Familien, die Rücküberweisungen erhalten, auch die übrigen Familien, weil mehr Bedarf an Arbeit (Produktion und Dienstleistungen) entstünde (Ajanovic 2014: 104). Tacoli (2004: 2) beurteilt die Effekte der Rimessen für die ländliche

Rücküberweisungen können direkt und indirekt positive ökonomische Effekte für die Herkunftsregion haben.

Entwicklung und Armutsreduzierung in ländlichen Räumen daher auch ausgesprochen positiv:

»Overall, synergy between agricultural production and urban-based enterprises is often key to the development of more vibrant local economies and, on a wider level, to less unequal and more ›pro-poor‹ regional economic growth.«

Arbeitsmigration und Rücküberweisungen können die sozioökonomische Stratifizierung verstärken.

Vielfach wird allerdings darauf hingewiesen, dass Arbeitsmigration und Rücküberweisungen sowohl Disparitäten als auch sozioökonomische Stratifizierung verstärken können.

Es stellt sich also die Frage, wer in welcher Weise von Rücküberweisungen profitiert.

Zunächst einmal ist es plausibel davon auszugehen, dass die Strategie der Arbeitsmigration nicht von den verwundbarsten Gruppen angewendet wird, da die Migration für den Sendehaushalt oft zusätzliche finanzielle Aufwendungen bedeutet und somit grundsätzlich mit einem Risiko verbunden ist (vgl. Bambara, Interview, R7, R10 und Ambrosius et. al 2008: 3). Haushalte, die aufgrund ihrer Verwundbarkeitssituation und existenzieller Sicherheitserwägungen auf die Entsendung von Arbeitsmigranten verzichten müssen, werden also nicht direkt von den Rücküberweisungen profitieren.

Hinzu kommt, dass die Arbeitsmarktchancen von besser ausgebildeten Arbeitssuchenden auch im subsaharischen Afrika tendenziell größer sind. Die Wahrscheinlichkeit, dass diese Migranten in der Lage sein werden, einen Teil ihres im Zielgebiet erwirtschafteten Einkommens (bzw. größere Summen) an ihre ländlichen Angehörigen zu schicken, nimmt somit zu.[4] Da das Bildungsniveau auch in Afrika sehr stark mit dem ökonomischen Status eines Haushalts korreliert, können bestehende Wohlstandsunterschiede in den Herkunfts-

---

4   »Survey results among migrants in Windhoek and Walvis Bay clearly support this: migrants with better education have higher incomes and send more remittances.« (Greiner 2011: 615)

regionen durch die Rücküberweisungen sogar verschärft werden (vgl. Kap. 5.3.4.4).[5]

»[...] wealthier households are more likely to benefit from migration since they are more able to educate their children and to send them over longer distances in search of work, and their children are generally more willing or able to remit. Migration is a riskier strategy for poorer households who are more likely to suffer in the absence of productive household members. In consequence, the effect of rural to urban migration and urban to rural remittances is likely to increase rural inequality.« (Waddington, Sabates-Wheeler 2003: 9-10)

Verschiedene Studien gehen explizit auf die Unterschiede zwischen wohlhabenden und ärmeren ländlichen Haushalten hinsichtlich Bedeutung und Höhe von Rimessen ein. So kommt Greiner (2008) in seiner Studie zu Pastoralisten in Nordwest-Namibia zu folgendem interessanten Befund: Es lässt sich nachweisen, dass der Anteil der Rimessen am Gesamteinkommen in ressourcenärmeren Haushalten höher liegt als bei reicheren Haushalten:

»Der Anteil der Remittances am Haushaltsbudget ist also in den Haushalten mit einem unterdurchschnittlichen Einkommen signifikant höher als in Haushalten mit einem überdurchschnittlichen Einkommen.« (Greiner 2008: 241)

---

5 »[...] die Höhe der Remittances hängt jedoch stark von der beruflichen Position und dem Einkommen ab: Diejenigen, die große Beträge auf die Farm transferieren, arbeiten als Immobilienmakler, Manager, Techniker, Lehrer, Buchhalter und Krankenschwestern. Diejenigen, die weniger senden oder gar keine Unterstützungsbeziehungen auf die Farm unterhalten, haben häufig Halbtagsjobs im Einzelhandel, arbeiten als Dienstmädchen und Wachmänner. Dabei liegen die Einkommen derjenigen, die Transferleistungen auf die Farm senden, im Schnitt 25% über dem Einkommen derer, die nichts auf die Farm schicken, und die Höhe der Transferleistungen steigt deutlich mit dem monatlichen Haushaltseinkommen der Sender (Pearsons r: ,555**, N=33).« (Greiner 2008: 232-232)

Der absolute Wert der Rücküberweisungen jedoch nimmt mit steigendem Einkommen tendenziell zu:

»Je höher das Einkommen der Haushalte, desto höher fallen die Geldbeträge aus, die von Familienangehörigen aus den Städten transferiert werden.« (Greiner 2008: 242)

Rimessen machen besonders bei ärmeren Haushalten einen Großteil des Einkommens aus, verlieren aber mit steigendem Einkommen an Bedeutung.

Dieses Ergebnis deckt sich sowohl mit der Einschätzung von Evans und Pirzada (1995: 70), die beschreiben, dass Rimessen vor allem bei ärmeren Haushalten einen Großteil des Einkommens ausmachen und mit steigendem Einkommen an relativer Bedeutung einbüßen. Auch Peil und Sada (1984) haben bereits vor über dreißig Jahren dargelegt, dass die Höhe der Rücküberweisungen mit steigendem Einkommen der Sendehaushalte zunimmt und somit der Verschärfung bestehender Ungleichheiten Vorschub leiste. Andere Autoren[6], die sich diesem Thema gewidmet haben, kommen ebenfalls zu ähnlichen Ergebnissen, so dass man diese Erkenntnisse wohl als allgemeines Muster festhalten kann.[7]

De Haas (2010) ergänzt diese Sichtweise allerdings, indem er den Einfluss der Bestehensdauer von Migrationsnetzen einbezieht: Zwar kämen sogenannte Pioniermigranten bzw. Expandisten (vgl. Kap. 5.3.3) in der Regel aus eher wohlhabenderen Haushalten, so dass auch die Rückwirkungen auf die ländliche Haushaltsbasis in Form von Geldsendungen zunächst die ohnehin schon finanziell bessergestellten Haushalte erreichten. Im Zuge von Wachstum und Reifung eines translokalen Netzwerkes aber sinke die Selektivität der Migranten durch netzwerkbedingte Reduzierung der Migrationskosten und -risiken, so dass die zunächst die Disparitäten verstärkenden Effekte

---

6 Die Studie von Steinbrink 2009 (Südafrika) zeigt zwar keine signifikanten Unterschiede hinsichtlich des prozentualen Anteils der Rimessen am Gesamteinkommen unterschiedlicher ländlicher Einkommensgruppen, sie bestätigt aber, dass die absoluten Werte der Remittances bei einkommensstärkeren Haushalten deutlich höher ausfallen (Steinbrink 2009: 243).

7 Vgl. u. a Rain (1999: 180f).

von Rücküberweisungen bis zu einem gewissen Grad abgemildert
würden (de Haas 2010: 249).

Grundsätzlich lässt sich daraus schließen, dass die Arbeitsmigration mit dem Ziel der ökonomischen Diversifizierung keineswegs
vornehmlich den wohlhabenden ländlichen Haushalten dient, die
dann von den Rücküberweisungen profitieren. Es ist stattdessen eine
Strategie, die vor allem von ressourcenärmeren Haushalten angewendet wird, jedoch weniger der Maximierungslogik folgend als vielmehr der Risikominimierung (vgl. Kap. 4.2). In dieser Hinsicht muss
eindeutig unterschieden werden.

Arbeitsmigration mit dem Ziel der ökonomischen Diversifizierung ist eine Strategie, die eher von ressourcenärmeren Haushalten angewendet wird

Zur Beantwortung der Frage, inwiefern die Rücküberweisungen
nachhaltig positive Effekte für die wirtschaftliche Entwicklung der
ländlichen Herkunftsregionen haben und ob Wachstumsimpulse und
Trickle-Down-Effekte zu erwarten sind, ist es hilfreich, den Blick auf
die Verwendung des transferierten Kapitals zu lenken.

6.1.1.3 Verwendung von Rücküberweisungen

Im Hinblick auf die ökonomischen Folgewirkungen der Rimessen ist
es zunächst sinnvoll, zwischen *konsumtiven* und *investiven* Verwen-
dungszwecken zu unterscheiden: Werden die überwiesenen Gelder
unmittelbar für die Bedarfsdeckung an den ländlichen Haushaltsstandorten aufgewendet? Oder werden in der Herkunftsregion Investitionen getätigt, die der Wohlstandsmehrung der Haushalte und letztlich dem lokalen bzw. regionalen Wirtschaftswachstum dienen?

Konsumtive oder investive Zwecke der Rücküberweisungen

Die meisten der von uns gesichteten Studien kommen zu der Einschätzung, dass der überwiegende Teil der Rimessen nicht in »*productive assets*« investiert wird, sondern von den Empfängern zur direkten Sicherung oder Verbesserung des Lebensstandards verwendet
wird (vgl. z. B. für Kenia: Ekbom, Knutsson, Ovuka 2001; Olson,
Atieno, Muchugu 2004; Greiner, Sakdapolrak 2012[8]; für Namibia:

---

8 »[...] members from resource-poor households are more likely to migrate,
   but their remittances are often small and used for immediate consumption
   needs.« (Greiner Sakdapolrak 2012: o. S.)

Greiner 2008[9]; für Südafrika: Steinbrink 2009; für Niger: Rain 1999[10]; für Senegal: Mortimore, Tiffen 2004[11]). Nur zu einem geringen Teil werden sie gespart oder in unternehmerischem Sinne investiert (z. B. Ambrosius, Fritz, Stiegler 2008: 3-4).[12]

McKay und Deshingkar (2014: 20) schlüsseln die Verwendung der Rücküberweisungen für Uganda etwas genauer nach unterschiedlichen Kategorien auf (vgl. Abbildung 18).

---

9 »Cash remittances are used to cover basic needs and are consumed immediately. There is hardly ever any money left to invest in livestock or home improvement, let alone better schooling.« (Greiner 2011: 615-616)

10 »Roughly half of the migrants reported sending cash gifts back to the village, though the size of these gifts is sometimes quite small. Much of this remittance money is used to purchase food and other necessities.« Rain (1999: 152)

11 »[...] remittances mainly fund consumption needs, housing, and festivities.« (Mortimore und Tiffen 2004: 271)

12 Awumbila (2015: 137) zeigt in ihrer Arbeit zu Migration und Gender in Ghana, dass das Ausgabeverhalten von Rücküberweisungen in Abhängigkeit vom Geschlecht des Senders und Empfängers variieren kann; sie belegt das anhand zahlreicher weiterer Studien: »Furthermore studies indicate that in many societies, the gender of the person who sends and receives remittances can influence the use of that cash remitted. Remittances sent by women tend to be used for the immediate needs of households, such as food, health and education, while remittances of men are used for long-term investment in productive businesses and property (Quisumbing 2003; Pickbourne, 2011; Lopez-Ekra et al, 2011). In Ghana, Pickbourn's (2011:152) study in the Savelugu-Nanton District of Ghana, showed that households in which the main remitter or recipient of remittances were women tended to spend more on education of their children than other migrant households.«

Abbildung 18: Verwendung von Rimessen in Uganda

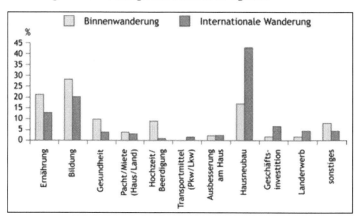

Quelle: verändert und übersetzt nach McKay, Deshingkar (2014: 20)

Die in Abbildung 18 dargestellten Ergebnisse zum Ausgabeverhalten bestätigen, dass ein Gutteil der transferierten Gelder für tägliche Bedürfnisse wie Ernährung und Wohnen, aber auch für Bildung und Gesundheit eingesetzt werden.

Es werden hier Unterschiede bei der Verwendung der internationalen und der »*domestic remittances*« deutlich, die daraus resultieren, dass internationale Migranten eher aus bessergestellten Haushalten stammen, weshalb die Überweisungen weniger zur Deckung des alltäglichen Bedarfs (z. B. an Nahrungsmitteln) aufgewendet werden (müssen) als beispielsweise für den Bau zusätzlicher oder besserer Wohngebäude. Auffallend ist aber, dass der Anteil der Mittel, die für produktive Investitionen genutzt werden, auch bei den internationalen Rücküberweisungen recht gering ausfällt.

Unterschiedliche Verwendung der Rimessen von internationalen und nationalen Migranten

Smit (2012: 100) kommt in seiner Studie zu ländlichen Migrantenhaushalten in Ruanda zu einem leicht abweichenden Ergebnis (vgl. Abbildung 19):

*Abbildung 19: Verwendung der Rimessen in ländlichen
Migrantenhaushalten in Ruanda*

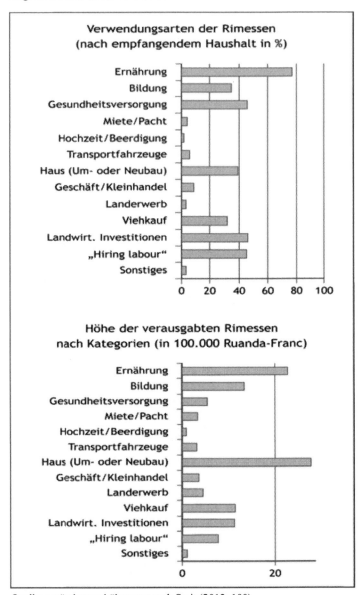

Quelle: verändert und übersetzt nach Smit (2012: 100)

Auch hier zeigt sich zwar, dass die meisten rücküberwiesenen Mittel in die Bereiche »Hausbau«, »Nahrungsmittel«, »Bildung« und »Gesundheit«[13] fließen. Gleichzeitig verweisen die Zahlen jedoch darauf, dass durchaus auch in ökonomische Aktivitäten (insbesondere im landwirtschaftlichen Bereich [*«land purchase«, »livestock purchase«, »improved farming«, »hiring labour«*]) investiert wird. Das erklärt gleichzeitig die Beobachtung von Smit (2012: 79), wonach die landwirtschaftliche Produktion bessergestellter Haushalte eher von Migration profitiert als jene von ärmeren Kleinbauern.[14]

Für Kenia zeigt die viel zitierte Forschung von Tiffen, Mortimore und Gichuki (1994), dass Rücküberweisungen von Land-Stadt-Migranten durchaus eine zentrale Rolle im Prozess der landwirtschaftlichen Intensivierung spielen können.

Für Westafrika kommt Oltmer (2015: 15) zusammenfassend zu dem Schluss, dass dort der Großteil der migrantischen Rücküberweisungen für die Ernährung und für die Gesundheitsversorgung der Familie aufgewendet wird, sowie für die Schulgebühren für Kinder und Jugendliche, die ohne diese Mittel keine Schule besuchen könnten. Auch traditionelle Feste wie Hochzeiten und Beerdigungen werden mit den andernorts erwirtschafteten Mitteln finanziert. Hinzu kommt auch in Westafrika die Verwendung für den Kauf oder Bau von Immobilien. Als Beispiel führt er eine entlegene Region östlich

---

13 »40.2% of the money-receiving households use the remittances to pay health insurance, indicating a general lack of financial resources within rural households to pay the ›mutuelle‹.« (Smit 2012: 63)

14 »[...] better-off households experience significantly more often an increase in agricultural production, as a result of migration, than poorer households. So, 70% of the poorest households indicated to have experienced a decrease (or a ›strong decrease') in agricultural production after migration, in contrast with 16.2% of households from better-off household group (Fig. 6.9). The explanation for this relationship again can be found in the fact that better-off households have higher household income and get more often money from the migrant household member, which can be used to hire labourers and to buy seeds, unnatural fertilizers or livestock to produce natural fertilizers.« (Smit 2012: 79)

des Nakambé an, deren Bebauungsstruktur bis vor einigen Jahren von traditionellen Strohhütten geprägt war und in der nun zahlreiche von Migranten errichtete bzw. finanzierte Steinhäuser stehen.[15]

Eine analytische Trennung von Konsum- und Investitionsausgaben auf der Haushaltsebene bleibt letztlich uneindeutig.

Aus der Tatsache, dass Rimessen mehrheitlich konsumtiv eingesetzt werden, wird in der Literatur bisweilen der Schluss gezogen, dass von diesen Zahlungen keine positiven Impulse für wirtschaftliche Entwicklung ausgehen. Zu bedenken ist jedoch, dass eine analytische Trennung von Konsum- und Investitionsausgaben auf der Haushaltsebene letztlich uneindeutig bleibt. So können sich Ausgaben für Bildung, bessere Ernährung und Gesundheit durchaus positiv auf die (zukünftige) Arbeitskraft und damit auf wirtschaftliche Chancen des Haushalts auswirken – auch wenn sie formal zu den konsumtiven Ausgaben zählen.[16] Außerdem erhöhen die Rücküberweisungen, selbst wenn sie vollständig für Konsumzwecke verwendet werden, die Gesamtnachfrage im Herkunftsgebiet und ziehen so im Optimalfall Investitionen im Unternehmersektor nach sich (Ambrosius, Fritz, Stiegler 2008: 3-4). Dabei ist jedoch maßgeblich, dass die konsumierten Produkte lokal oder regional hergestellt sind und die nachgefragten Dienstleistungen lokal erbracht werden; ansonsten fließt das Ka-

---

15 Diese Region, die vornehmlich von Angehörigen der Bissa-Ethnie besiedelt ist, verfügt über ein ausgeprägtes Migrationsnetzwerk nach Italien zur Tomatenernte. Zu Zeiten der jährlichen Rückkehr der Migranten im August bis Dezember fließen große Geldmengen in diese Region. Aufgrund ihres wirtschaftlichen Aufschwungs durch den Rückfluss von Geld aus den Migrationszielländern wird das Gebiet auch als »Côte d'Azur« Burkina Fasos bezeichnet. Hier sind die Lebensbedingungen im Durchschnitt deutlich besser als im Rest des Landes; jedoch ist auch die Inflation hoch, da es in der Region zwar relativ wenig Produktion, aber viel Geld gibt. Dies führt zu einer Erhöhung der Preise und somit zum Anstieg der Lebenshaltungskosten. Für dort lebende Familien, die keine Migranten in Italien oder anderswo haben, bedeutet das einen erheblichen ökonomischen Nachteil (Oltmer 2015: 14).

16 So argumentiert auch Awumbila (2015: 137): »However it can be argued that investment in food, education and health are important for alleviating poverty and thus for enhancing development.«

pital aus den Gebieten heraus, ohne endogene Wirtschaftskreisläufe zu stimulieren.

Zudem gilt es zu bedenken, dass auch Rücküberweisungen zum Gesamteinkommen von Migrantenfamilien gehören, so dass sie hinsichtlich ihrer Verwendung nicht prinzipiell von anderen Einkommensquellen unterscheiden lassen. Die überwiesenen Gelder werden vermutlich nicht grundsätzlich anders verwendet als die übrigen verfügbaren Geldmittel eines Haushalts. Vielmehr ist davon auszugehen, dass sich im Ausgabeverhalten hinsichtlich der Rimessen das übliche Ausgabeverhalten der Haushalte widerspiegelt. Dieses wiederum ist stark abhängig von der jeweiligen ökonomischen Situation:

Gerade Migrantenhaushalte mit sehr niedrigem Gesamteinkommen müssen einen großen Teil davon für die Befriedigung grundlegender Bedürfnisse ausgeben; erst wenn dieser Bedarf gedeckt ist, werden Mittel für investive Zwecke freigesetzt. Wenn also – wie oben dargestellt – die in den Zielgebieten der Migranten erwirtschafteten Mittel vornehmlich konsumtiv zur Grundbedürfnisbefriedigung der ländlichen Haushaltsmitglieder verwendet werden, ist das ein Zeichen dafür, dass ein Großteil der ländlichen Haushalte die Rimessen nutzt, um systemische »Subsistenzlücken« zu schließen oder auch den Bedarf an Geld in Notfallsituationen zu decken (Dorlöchter-Sulser 2014: 43). Deutlich weniger Haushalte nutzen demnach die Strategie der Migration und der translokalen ökonomischen Diversifizierung (vgl. Kap. 4.2) im Sinne der Nutzenmaximierung, um Kapital für zukünftige Investitionen in einkommengenerierende Aktivitäten zu akkumulieren.

> Migrantenhaushalte mit sehr niedrigem Gesamteinkommen müssen einen großen Teil davon für die Befriedigung grundlegender Bedürfnisse ausgeben; erst wenn dieser Bedarf gedeckt ist, werden Mittel für investive Zwecke freigesetzt.

Dass die Translokalisierung von Livelihood-Systemen und die Remittances nicht zwangsläufig zu einem höheren Lebensstandard führen, machen auch Ergebnisse einer Weltbank-Studie deutlich (vgl. World Bank 2009: 45). Auf Grundlage des *Ghana Living Standard Measurement Survey* (2005) aus Ghana zeigt diese Studie u. a., dass die Qualität der Wohngebäude bei Haushalten ohne Remittances im Durchschnitt besser ist als bei jenen, die Rücküberweisungen von Binnenmigranten empfangen; auch der Elektrifizierungsgrad der Häuser ist bei den nicht translokal organisierten Haushalten höher. Hinsichtlich des Bildungsniveaus zeigt diese Studie ebenfalls, dass dieses bei translokalen Haushalten mit rücküberweisenden Binnenmigranten im Durchschnitt niedriger ist als bei lokal organisierten Haushalten. Lediglich bei Haushalten, die Rücküberweisungen von internationalen Migranten empfangen, sind die Wohlstandsindikatoren positiver ausgeprägt als bei lokal organisierten Haushalten – insbesondere, wenn sich die Migranten in einem OECD-Staat aufhalten.

Eine Studie aus Äthiopien zeigt ebenfalls, dass translokal organisierte Haushalte, die Rimessen von Binnenmigranten empfangen, offensichtlich anfälliger für Ernährungskrisen sind als lokal organisierte Haushalte ohne Rimessen (46% zu 27%; vgl. Abbildung 20).[17]

Abbildung 20: Rimessen und Ernährungssicherheit

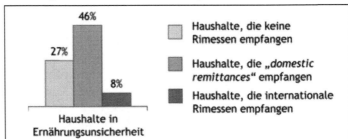

Quelle: verändert und übersetzt nach Weltbank (2009:18)

Translokalisierung ist insbesondere eine Strategie von verwundbaren Haushalten.

Aus diesen Erkenntnissen lässt sich keineswegs der Schluss ziehen, translokale ökonomische Diversifizierung führe zu einer Verringerung des Lebensstandards; vielmehr zeigen die Studien, dass Translokalisierung insbesondere von verwundbaren Haushalten als Strategie angewendet wird.[18] Gleichzeitig wird deutlich, dass diese

---

17 Auch hier zeigt sich – wie in der Studie aus Ghana –, dass Haushalte, die internationale Rücküberweisungen empfangen, deutlich weniger anfällig für Ernährungskrisen sind. Es ist jedoch davon auszugehen, dass diese Haushalte bereits vor der Migration der rücküberweisenden Haushaltsmitglieder im Durchschnitt zu den wohlhabenderen Bevölkerungsschichten gehören.

18 »There is no evidence of a rural poverty trap (Barett et al., 2001). The extreme and very poor households are instead well represented in rural-

Strategie zwar eine Anpassung der Livelihood-Systeme an den Ver-
wundbarkeitskontext darstellt, jedoch unter den gegebenen Bedingungen nicht zur Überwindung der Verwundbarkeit führt. Diese Aussage steht indes nicht im Widerspruch zu der These, Translokalität
der Livelihoods stärke die Resilienz der Haushalte, denn die Ergebnisse geben ja keinerlei Auskunft darüber, wie die Situation der
Haushalte ohne Migration und Rücküberweisungen aussähe.

Vor dem Hintergrund der Ergebnisse der vorliegenden Studien
muss die allgemeine Wirkung von Migration und Rücküberweisungen im Hinblick auf Wohlstandsentwicklung bzw. Reduzierung von
Armut in ländlichen Räumen eher als geringfügig eingeschätzt werden. Die diversifizierten translokalen Livelihood-Systeme, die auf der
Kombination von Subsistenzproduktion, Marktproduktion und Lohnarbeit basieren, orientieren sich zumeist vornehmlich am Ziel der Risikominimierung und reduzieren dadurch in der Tat die Verwundbarkeit der Haushalte. Allerdings reichen die verfügbaren Finanzmittel
für einen Großteil der translokalen Haushalte im subsaharischen Afrika nicht aus, um nachhaltig zu investieren (bzw. werden solche Investitionen als zu riskant angesehen). Insofern werden die Rücküberweisungen vor allem aufgewendet, um den Konsumbedarf der ländlichen Wohnbevölkerung zu decken, was selten über die Befriedigung
der unmittelbaren Grundbedürfnisse hinausgeht.

Das kann auch eine Antwort darauf sein, warum viele Kleinbauern bzw. -bäuerinnen, die jetzt in translokal diversifizierten
Livelihood-Zusammenhängen leben, zu schlecht aufgestellt sind,
um die vorhandenen landwirtschaftlichen Intensivierungspotenziale
schnell und effektiv zu mobilisieren.

urban migration flows because they feel forced to seek opportunities
elsewhere driven by the structural constraints in their livelihoods. The
proposed entry barrier is resolved with loans or selling of assets, consequently these migrants are ill-prepared for high living costs in urban areas.« (Schutten 2012: 116)

Keine »Wirtschaftswun-der« zu erwarten: Ri-messen stimulieren kei-ne starken endogenen Wachstumsdynamiken in den ländlichen Loka-lökonomien.

Derzeit kann nicht davon ausgegangen werden, dass dieser Kapitalfluss der Rimessen starke endogene Wachstumsdynamiken in den ländlichen Lokalökonomien stimuliert. Produktive Investitionen in den landwirtschaftlichen oder außerlandwirtschaftlichen Sektor werden lediglich von einer zahlenmäßig deutlich kleineren Gruppe von Haushalten getätigt, die meistens auch ohne Rimessen zu den ökonomisch Bessergestellten gehören.[19] Lediglich von deren Investitionen könnten Wachstumsimpulse erwartet werden – egal ob mit oder ohne Rimessen[20] (vgl. u. a. Olson, Atieno, Muchugu 2004). Solange also ein Großteil der ländlichen Haushalte im Kontext erhöhter Verwundbarkeit am Existenzminimum wirtschaftet, sind auch von Rücküberweisungen keine »Wirtschaftswunder« im ländlichen Raum Subsahara-Afrikas zu erwarten.

6.1.2 Arbeitskraft und Arbeitslast

Ein Effekt der Translokalisierung der Livelihoods ist die bereits in Kapitel 5.3.4 dargestellte Veränderung in der demographischen Struktur der Wohnbevölkerung im ländlichen Raum, die von überproportionalen Anteilen von Frauen, Alten und Kindern charakterisiert ist. In verschiedenen Studien wird diese Bevölkerungsstruktur als wachstumshemmende demographische Anomalie beschrieben, die eine eigenständige wirtschaftliche Entwicklung auf dem Land deutlich erschwere: Ein Großteil der arbeitsfähigen Bevölkerung verlässt die ländlichen Gebiete, und gerade junge und innovativere Menschen

---

19 Yaro, Awumbila und Teye (2015: 121) beschreiben jedoch, dass »[...] migrants seem to take a keen interest in supporting the businesses of their spouses and those caring for their children. Hence remittances are used for investments that produce income to meet shortfalls in migrant remittances.«

20 »Wealthier households are also highly engaged in diversifying their income through off-farm activities – more often in situ than by migration – and invest in the farm by buying additional land, labor and other agricultural inputs.« (Greiner und Sakdapolrak 2012: o. S.)

erhoffen sich anderswo günstigere Voraussetzungen, um ihre Arbeitskraft einzusetzen.

Angesichts der unverändert arbeitsintensiven Bewirtschaftungsmethoden in den meisten ländlichen Regionen Afrikas mündet die Migration in einen Mangel an familiären Arbeitskräften, was u. U. eine Verminderung der Bewirtschaftungskapazitäten nach sich zieht.

»The vast majority of all migrant households experienced increased workload as a result of the migration of household member(s). This is surprising because in areas with high population density like rural Rwanda, the outmigration of people is expected to result in relief in terms of less underemployment. However, more than 50% of all respondents from migrant households indicated to have ›higher workload‹ after migration and 6.2% even said to experience ›much more workload‹ [...]« (Smit 2012: 77)

Oft übernehmen Frauen die Landbewirtschaftung – ein Prozess, der als »Feminisierung der Landwirtschaft« (»*feminization of agriculture*«)[21] beschrieben wird. Die Frauen erfüllen somit häufig doppelte Produktions- und Reproduktionsaufgaben: Sie betreuen Kinder, Kranke und Alte, bewirtschaften zudem die Felder und kümmern sich um den Viehbestand (vgl. u. a. de Haas, van Rooij, 2010; Smit 2012).[22] Aber auch die Arbeit von Alten und Kindern wird zur Kom-

»The rural-urban labour division mostly results in increasing agricultural tasks for women besides their usual household tasks.« (Smit 2012: 79)

---

21 Siehe hierzu u. a. Lastarria-Cornhiel (2008), Ajani und Igbokwe (2011) sowie in deutscher Sprache: Blasche und Inhetveen (1983).

22 In einer Studie zum Niger (Niamey) schreibt Youngstedt (2013: 136) über die Aufgaben der Frauen von männlichen Migranten: »Effectively serving as household heads to ensure social reproduction, many take on difficult burdens of extra work when their husbands fail to send remittances, while others assume responsibility for investing remittances.« Für Ruanda beschreibt Smit (2012: 26) die Situation folgendermaßen: »The departure of especially young and physically powerful man, often results in an increasing workload for staying women in the household. Besides the household duties and the care for the children, they namely have to work in agriculture and to solve all arising household problems.«

pensation der abgewanderten landwirtschaftlichen Arbeitskraft eingesetzt.

Oltmer (2015) beschreibt den Effekt des Fortzugs arbeitsfähiger
Bevölkerungsteile für die Arbeitslastverteilung auf dem Land am
Beispiel Burkina Faso: Durch die Abwanderung ist in manchen Regionen Burkina Fasos der Männeranteil in der Bevölkerung extrem
niedrig[23]; auch der Anteil der Alten und Kinder ist dort unverhältnis-
mäßig hoch. Die Abwanderung bedeutet eine erhebliche Dezimierung
der arbeitsfähigen Familienmitglieder, der »bras valides«, also der
starken Arbeitskräfte für die Feldarbeit. Als Reaktion darauf verlassen Kinder häufig (phasenweise oder dauerhaft) die Schule, um ihre
Arbeitskraft in der Landwirtschaft einzusetzen und die oft prekäre
Lage der Ernährungsunsicherheit der Familie abzufangen (Oltmer
2015: 13-14).

»Die wirtschaftliche Rollenverteilung kehrt sich um: Es sind nun die Kinder,
die eigentlich nicht arbeiten sollten, die nun arbeiten müssen.« (Bambara, Interview 2015, R7 [Anm.: eigene Übersetzung des Verfassers])[24]

Landwirtschaftliche Produktivität kann durch Translokalisierung geschwächt werden.

Neben den bildungsbezogenen negativen Folgewirkungen einer solchen Praxis wird auch eine Intensivierung kleinbäuerlicher Landwirtschaft unter diesen Bedingungen teilweise deutlich erschwert. Und in
der Regel mangelt es den Migrantenhaushalten auch an ökonomischen Möglichkeiten, das Arbeitskraftdefizit durch den Einsatz verbesserter Inputs oder Anbaumethoden auszugleichen.[25]

Hinzu kommt, dass aufgrund der Selektion der Zurückgebliebe-
nen landwirtschaftliches Wissen teilweise verloren geht und auch der
Einzug neuen agrarwirtschaftlichen Wissens verlangsamt wird (vgl.
Kap. 6.1.3).

---

23 Zum Teil beträgt das zahlenmäßige Geschlechterverhältnis dort 7:10.

24 Das Interview führte die Autorin H. Niedenführ in Burkina Faso.

25 Die viel zitierte Forschung von Tiffen, Mortimore und Gichuki (1994)
   zeigt allerdings, dass Rücküberweisungen eine wichtige Rolle im Prozess
   der landwirtschaftlichen Intensivierung in Kenia spiel(t)en.

In einigen Studien wird zudem davon berichtet, dass sich im Kontext der Translokalisierung von Livelihoods eine gewisse »landwirtschaftliche Initiativlosigkeit« der ländlichen Wohnbevölkerung entwickelt, was wiederum Produktivitätsminderung und somit eine größere ökonomische Abhängigkeit von dem nichtagrarischen, andernorts erwirtschafteten Einkommen nach sich zieht. Ein Experte für ländliche Entwicklung in Burkina Faso beschreibt das in einem Interview folgendermaßen:

»Landwirtschaftliche Initiativlosigkeit« als Folge von Translokalisierung?

»Das System der Rücküberweisungen schafft oft auch eine Asymmetrie, da das Geld einfach kommt und die Menschen nicht mehr selbst die Initiative ergreifen. Sie warten einfach nur und arbeiten nicht mehr. Sie sitzen da und warten darauf, dass das Geld kommt.« (Bambara, Interview 2015, R7 [Anm.: eigene Übersetzung des Verfassers])

Studien aus West-Kenia (Siaya) und über kapverdische Migranten in Italien beschreiben interfamiliäre Spannungen: Die Migranten seien einem immensen sozialen Druck ausgesetzt, regelmäßig Geld zu schicken, wo hingegen auf der Seite der Daheimgebliebenen verstärkte Abhängigkeiten gepaart mit geringer werdender Innovationsbereitschaft und eine Vernachlässigung der landwirtschaftlichen Produktion entstünde, wodurch es zu Nahrungsengpässen kommen kann, was wiederum den Druck auf die Migranten erhöht (ACP 2012: 11; Greiner, Sakdapolrak 2012).

Andere Studien liefern jedoch auch Hinweise, dass der Ausfall der »starken Arbeitskräfte« bisweilen mithilfe von Mitteln aus Rücküberweisungen kompensiert wird, indem externe Arbeitskräfte für die Bewirtschaftung des Landes eingestellt werden (vgl. z. B. Cotula, Toulmin 2004; Lucas 2006; Greiner 2008; Smit 2012).[26] Greiner und Sakdapolrak (2012) stellen in Bezug auf Embu (Kenia) dar, dass mehr als die Hälfte der translokalen Haushalte außerfamiliäre land-

---

26 Eine Studie von Cotula und Toulmin (2004) zeigt z. B., dass viele ländliche Haushalte im Senegal billige Arbeitskräfte aus Zentral-Mali anwerben, um das Arbeitskräftedefizit, das durch die Arbeitsmigration junger Männer in Nachbarstaaten und nach Frankreich entsteht, auszugleichen.

wirtschaftliche Arbeitskräfte beschäftigen, und schließen daraus: »*Remittances enable households to compensate loss of labor.*« (Greiner, Sakdapolrak 2012: o. S.)

Smit (2012) weist jedoch darauf hin, dass die Rimessen in vielen Fällen schlichtweg nicht ausreichen, um die fehlende Arbeitskraft zu ersetzen.[27] Diese Strategie gehe somit nur für die wirtschaftlich bessergestellten Haushalte mit erfolgreichen Migranten auf – nütze also nur jenen Familien, die ohnehin die Diversifizierung (sei es lokal oder translokal) eher vor dem Hintergrund der Maximierungslogik anwenden können, weil sie die ökonomischen Spielräume haben.

Translokale Livelihoods – so lässt sich resümieren – führen in Afrika südlich der Sahara häufig zu einem Defizit an Familien-Arbeitskraft in der Landwirtschaft, das häufig nicht mit Hilfe der Rücküberweisungen kompensiert wird. Dieser Umstand führt u. U. zu einer Beeinträchtigung jener Arbeits- und Innovationskapazitäten, die für viele kleinbäuerliche Produzenten notwendig wären, um auf die Nachfrageanreize des (globalen) Markts flexibel und angemessen zu reagieren. So betrachtet erschwert die translokale Livelihood-Organisation die effektive Nutzung der wichtigsten Ressource auf dem Land – des Bodens. Nicht nur bleiben Marktpotenziale ungenutzt, auch Nahrungskrisen und die Degradation von Böden werden wahrscheinlicher. Da ressourcenstärkere Haushalte das Arbeitskraftdefizit (z. B. mithilfe remissenfinanzierter Investitionen in Technik, externer Arbeitskraft oder verbesserten Inputs) leichter kompensieren und so Marktvorteile nutzen können, trägt der verbreitete Mangel an landwirtschaftlicher Arbeitskraft vermutlich auch zu einer Verstärkung sozioökonomischer Disparitäten in den ländlichen Gebieten bei.

6.1.3 Innovation/Wissen

Translokalität bedeutet Vernetzung und Mobilität zwischen Orten, wobei hier nicht ausschließlich die räumliche Bewegung von Personen, Gütern und Kapital gemeint ist, sondern auch insbesondere die Mobilität von Wissen (vgl. Kap. 2.3). Entlang der raumübergreifen-

---

27 Vgl. u. a. auch IFAD, 2008.

den Netzwerklinien verläuft die translokale Kommunikation und damit auch der Fluss von Wissen, und entlang der Netzwerkkorridore wandern die Wissensträger und bringen ihr Wissen von einem lokalen Kontext in den anderen.

Die Mobilität von Ideen, Werten und Wissen innerhalb translokaler Zusammenhänge beeinflusst so unterschiedliche Bereiche wie Bildung und Gesundheit, landwirtschaftliche Produktion, politische Teilhabe und Geschlechterverhältnisse[28] – und hat daher unmittelbare Effekte auf die Lebensbedingungen der Haushalte. Die ökonomischen Auswirkungen translokalen Wissenstransfers spielen sich sowohl auf der Haushaltebene als auch ggf. auf der gesamtwirtschaftlichen Ebene ab. Sie haben also das Potenzial, zu umfassenden Veränderungen und Entwicklungen zu führen (vgl. Connell 2003; Calì et al. 2010). Im Bereich von Innovationen und Wissenstransfer spiegelt sich die wechselseitige Beeinflussung dieser »social remittances« (Levitt 1998; Levitt, Lamba-Nieves, 2011) und translokaler Livelihoods wider:

Die Mobilität von Ideen, Werten und Wissen in translokalen Netzwerken hat weitreichende Auswirkungen auf viele Bereiche.

Translokalität kann die Akquirierung und Verbreitung neuen Wissens im ländlichen Herkunftsraum der Transmigranten (z. B. Wissen über [landwirtschaftliche] Technologien und Methoden) beschleunigen (a), gleichzeitig jedoch die vorhandene Wissensbasis (z. B. Wissen über Landwirtschaft) stören oder sogar zerstören (b).

Zu a) Transmigranten erwerben am Zielort ihrer Wanderung oft wertvolle Kenntnisse, lernen neue Handlungsweisen kennen und eignen sich u. U. Wissen über neue Technologien an. Sie transferieren dieses Wissen in die Herkunftsdörfer, deren Lokalökonomien davon profitieren können. Verschiedene Studien verdeutlichen, dass durch diesen translokalen Wissenstransfer u. a. die landwirtschaftliche Produktivität gesteigert werden kann. So beschreibt Oltmer (2015: 14) beispielhaft einen Fall aus Burkina Faso: Aus der Region östlich des Nakambé gibt es seit langem starke Migrationsbewegungen zur Tomatenernte nach Italien. Die Erntehelfer aus der Region nutzten bereits früh ihr dort erworbenes Know-how, um die »italienischen«

Möglichkeit zur Steigerung der landwirtschaftlichen Produktivität durch Wissenstransfer

---

28 Siehe dazu Kap. 6.3.

Technologien auch in ihrer Heimatregion zu implementieren und so den dortigen Tomatenanbau zu optimieren. Von der Produktivitätssteigerung in diesem Segment kann die ländliche Regionalwirtschaft heute stark profitieren. Beispiele wie dieses zeigen, dass der Wissenstransfer in translokalen Netzwerken zu Produktivitäts- und Ertragssteigerungen im landwirtschaftlichen Sektor beitragen kann.

Andere Studien geben Hinweise darauf, dass nicht nur der Agrarbereich von den Erfahrungen der Migranten profitiert. Im Zuge von Migration akquiriertes Wissen kann z. B. – so stellt Hahn (2004) in seiner Studie in Burkina Faso dar – z. B. schlicht Kenntnisse über den Umgang mit Geld sein, was für ländliche Haushalte eine unverzichtbare Basis für unterschiedliche ökonomische Aktivitäten darstellt:

»Wichtiger aus der Sicht der Zurückgebliebenen ist die Option, ihre Angehörigen mit diesen Erfahrungen wieder in die lokale Gesellschaft zu integrieren. Für die Menschen in der dörflichen Gemeinschaft ist es ein grundlegender Vorteil, wenn ihre Söhne oder Brüder andere Lebensweisen kennen. Zu dieser anderen Lebensweise gehört zum Beispiel der Umgang mit Geld, für den man in der Arbeitsmigration tatsächlich geschult wird.« (Hahn 2004: 395-396)

Deshingkar (2004) betont, dass das in Migration angeeignete Wissen insbesondere auch für die Errichtung außerlandwirtschaftlicher Unternehmen nützlich sein kann.[29]

»[...] migrants may bring back new skills and ambitions that can help them to set up new non-farm enterprises.« (Deshingkar 2004: 13)

Migration kann zu einem »Abfluss« von Wissen führen.

Zu b) Translokalität bedeutet aber nicht nur den Zufluss von neuem, u. U. ökonomisch nutzbarem Wissen in den ländlichen Raum; die Migration in den translokalen Zusammenhängen kann auch zu einem »Abfluss« von Wissen führen. Das betrifft vor allem den landwirtschaftlichen Bereich: Translokale Haushaltsführung kann dazu beitragen, dass über Generationen übermitteltes landwirtschaftliches

---

29 »80% of all new business ventures in Somalia are funded by remittances (PR Newswire, 2013).« (Watkins und Quattri 2014: 15)

Wissen nicht mehr weitergegeben wird und somit verloren geht. Häufig entwickelt sich in translokalen Zusammenhängen eine Art »Kultur der Migration«, in der die Arbeitssuche in der Stadt fester Bestandteil des Rollenverständnisses junger Männer (und zunehmend auch Frauen) ist. In solchen Kontexten besteht die Gefahr, dass bewährtes agrarökologisches Wissen nicht mehr von den Alten an die Jugend weitergegeben wird, weil letztere dieses Wissen zunächst als nicht relevant erachten.[30] Wenn sie dann aber (z. B. im Rentenalter oder in Zeiten längerer Arbeitslosigkeit in der Stadt) auf das Land zurückkehren, fehlt ihnen das nötige landwirtschaftliche Know-how und das agrarökologische Wissen über Bodenbeschaffenheit, Niederschlagsverhältnisse etc. Exemplarisch beschreibt dies Ramisch (2014) in einer Fallstudie in Kenia mit dem Titel »*We will not farm like our fathers did*«; dort zitiert er einen aufs Land zurückgekehrten Migranten:

»My father and grandfather worked this land together and could tell you anything about it. Every bird, the way the dew forms in the morning, the tunneling of worms – everything had its story. When I was little I wasn't interested to learn any of that and so I tried my luck in town. I have nothing like that to share with my sons, even if they wanted to learn from me. Now that I am retired, I try farming but I see that the rain does not fall when the old men say that it should and our soil is tired and sick. We don't know the land and we don't know the rains the way we used to.« (Ramisch 2014: 28)

Mit dem Verlust landwirtschaftlichen Wissens verringert sich die Flexibilität der ländlichen Bevölkerung, auf Chancen und/oder Bedrohungen (z. B. des Agrarmarktes) zu reagieren (vgl. Misiko 2007; Shisanya, Khayesi 2007; Doss et al. 2006):

Mit dem Verlust landwirtschaftlichen Wissens verringert sich die Flexibilität der ländlichen Bevölkerung, auf Chancen und/oder Bedrohungen (z. B. des Agrarmarktes) zu reagieren.

»[...] migrants may indeed grow less knowledgeable about the environments they have left behind (or only infrequently visit), and are similarly less aware of or able to track changes in those environments. Similarly, household mem-

---

30 »The ones who move away are not interested in learning the old ways [of adaptation or coping], neither are they contributing new ideas that might save us today.« (Zitat eines älteren Farmers; in: Ramisch 2015: o. S.)

bers only temporarily resident (or only told by phone of the most pressing news from the farm) are less likely to be able to effectively judge the emerging opportunities and constraints for farming [...] or to weigh them against other, non-agricultural livelihood pursuits [...] in a given locale.« (Ramisch 2015: o. S.)

Das Wegfallen überlieferten landwirtschaftlichen und agrarökologischen Wissens führt nicht nur dazu, dass vorhandene Potenziale zur Intensivierung oder Ausweitung der Produktion nicht effektiv genutzt werden, sondern kann zudem auf Produktivitätseinbrüche (auch unter klimatischen Normalbedingungen) hinauslaufen. Außerdem werden die Bewältigungskapazitäten (»*coping capacities*«) der Haushalte in Krisenzeiten verringert, so dass ihre Resilienz (z. B. gegenüber Ernährungskrisen) zurückgeht. Die Folgen: Die Verwundbarkeit nimmt zu, ebenso wie die Abhängigkeit von außerlandwirtschaftlichen Erwerbsmöglichkeiten (und weiterer Arbeitsmigration).

Das Verhältnis von Migration, Translokalität und Wissensfluss ist somit ambivalent. Für eine genauere Abschätzung und Abwägung der ökonomischen Vor- und Nachteile der Wissenszu- und abflüsse sind weitere komparative Forschungen in unterschiedlichen regionalen Kontexten notwendig.

6.2 ÖKOLOGISCHE DIMENSION

Die ökologische Dimension translokaler Livelihoods wurde von der Wissenschaft bislang noch zu wenig in den Blick genommen. Im Mittelpunkt steht hierbei die Frage nach dem Zusammenhang zwischen Translokalität und der Veränderung der natürlichen Umwelt. Dieser Nexus ist bislang recht einseitig, nämlich im Kontext der Diskussion um umwelt- bzw. klimabedingte Migration, behandelt worden: Wie wirken sich Umweltveränderungen auf das Migrationsgeschehen aus? In dieser Debatte kann zwischen »Alarmisten« und »Skeptikern«[31]

---

31 Einen »skeptischen« Ansatz verfolgt z. B. auch Jónsson (2010) in seiner Metaanalyse von zahlreichen Fallstudien zu Umwelt und Migration in der

unterschieden werden (vgl. Greiner, Peth, Sakdapolrak 2015: 5): Während Erstere in neo-geodeterministischer Manier versuchen, einen unmittelbaren kausalen Zusammenhang zwischen Umweltwandel und Migration herzustellen und die Wanderung im Sinne einer »Klimaflucht«[32] als unvermeidbare »*emergency response*« betrachten (siehe z. B. Bogardi, Warner 2009), sehen die Skeptiker diesen direkten Wirkungszusammenhang keineswegs und werfen den alarmistischen Argumentationen »*shaky empirical character and sloppy nature*« (Piguet 2013: 155) vor.[33]

In mehreren aktuellen Studien zur umwelt- bzw. klimabedingten Migration wird die These vertreten, dass Verwundbarkeit, Anpassungsfähigkeit und Resilienz eng verknüpft sind mit den Livelihoods,

---

Sahelzone. Er kommt zu dem Schluss, dass Umweltkatastrophen wie Dürren nicht unbedingt zu Migration führen, da insbesondere Migrationen über weite Distanzen Ressourcen erforderten, die gerade in Krisenzeiten oft nicht vorhanden seien: »From the review of case studies on environment and migration in the Sahel, it appears that environmental stressors such as drought do not necessarily lead to migration. This is usually because migration – particularly long-distance and international migration – requires resources and during drought, resources are scarce.« (Jónsson 2010: 11). Dies erkläre auch die in solchen Zeiten zu beobachtende Tendenz zu Binnenwanderung anstelle von internationaler Wanderung. Weiterhin zeigt Jónsson (2010) auf, dass die Reaktionen auf Umweltveränderungen keineswegs universell und eindeutig vorhersagbar seien: So beschreibt Findley (1994) für Mali, dass es in Dürrezeiten zu einem Anstieg der »Short-Distance«-Wanderung von Frauen und Kindern kommt, wohingegen Afifi (2009) für den Niger herausarbeitet, dass die Frauen in der Regel zurückbleiben und insbesondere Männer migrieren. Carr (2005) beschreibt für Ghana, dass vor allem jüngere Männer migrieren, während die älteren so lange wie möglich vor Ort ihrer Rolle als Haushaltsvorstand nachzukommen versuchen (Jónsson 2010: 13).

32 Zu den zweifelhaften Konzepten »Umweltmigrant« und »Klimaflüchtling« in der aktuellen Debatte siehe Aufenvenne, Felgentreff (2013).

33 Für einen Literaturüberblick siehe Morrissey (2011) und Obokata, Veronis, McLeman (2014).

der Risikoexposition und den Anpassungsmöglichkeiten von Einzelpersonen, Haushalten oder Gruppen (Adger 2006; Folke 2006; Gallopín 2006; Sward 2016). Migration wird dabei entweder als gescheiterte Anpassung an Umweltwandel, als ein Versuch von Einzelpersonen und/oder Haushalten, ihre Verwundbarkeit gegenüber Umweltstress zu mindern, oder als wichtiger Bestandteil der Existenzsicherung angesehen (McLeman, Smith 2006; Tacoli 2011; Scheffran, Marmer, Sow 2011; Warner, Afifi 2014).[34]

Umweltveränderungen wirken nicht determinierend auf Wanderungsbewegungen, sondern unterschiedliche, komplexe und miteinander verknüpfte Formen sozialer Ungleichheit tragen zur Verwundbarkeit gegenüber Umweltveränderungen – und somit auch zur Migration – bei.

Inzwischen setzt sich zunehmend die Überzeugung durch, dass Umweltveränderungen eben nicht determinierend auf das Wanderungsgeschehen wirken, sondern dass unterschiedliche, komplexe und miteinander verknüpfte Formen sozialer Ungleichheit zur Verwundbarkeit gegenüber Umweltveränderungen – und somit auch zur Migration – beitragen. Hierzu zählen zum Beispiel Alter, ethnische Zugehörigkeit, Bildung, Beruf und Geschlecht (vgl. Hummel 2015). Hinsichtlich der Wechselwirkungen von Klimawandel, Landdegradation und Migration in ausgewählten Regionen in Mali und dem Senegal zeigte das *micle*-Projekt u. a., dass z. B. schulische Bildung einer von verschiedenen wichtigen Faktoren ist, der die Migrationsentscheidungen unter instabilen sozial-ökologischen Bedingungen beeinflusst.[35] Die Projektstudien belegen insgesamt, dass die Verwundbarkeit gegenüber Umweltveränderungen (z. B. steigende Variabilität von Niederschlägen) zunimmt, je weniger die Menschen über finanzielle Mittel und soziales Kapital verfügen, um Einkommensverluste infolge von klimabedingten Ernteeinbußen oder -ausfällen abzufedern. Für einige verwundbare Gruppen kann Migration in der Tat die

---

34 Siehe z. B. die Forschungsprojekte »TransRe – Building resilience through translocality. Climate change, migration and social resilience of rural communities in Thailand«, »Where the rain falls«, und »micle – Migration, climate change and environment. Social-ecological conditions of population movements in Mali and Senegal«).

35 »Je niedriger das formale Bildungsniveau ist, desto höher ist die Wahrscheinlichkeit für eine ökonomische Aktivität in der kleinbäuerlichen Landwirtschaft.« (Hummel 2015: o. S.)

einzige Möglichkeit sein, das Überleben zu gewährleisten (vgl. van der Land, Hummel 2013).

Insgesamt zeigen die Studien, dass »klimabedingte Migration« eben nicht primär klimabedingt ist, sondern dass sie maßgeblich abhängig ist von den jeweils spezifischen Befähigungen (»capabilities«) und Anpassungsmöglichkeiten der einzelnen Personen, Haushalte und Gruppen (vgl. z. B. Schade 2013) – und diese sind eben deutlich weniger klimatisch als strukturell bedingt.

»Klimabedingte Migration« ist nicht primär klimatisch, sondern strukturell bedingt!

Wenn man Migration als Prozess und nicht als Zustand betrachtet, wird deutlich, dass die ökologischen Bedingungen sich nicht nur auf Migrationsbewegungen auswirken, sondern dass Migration umgekehrt auch die Umweltbedingungen prägt. Bisher jedoch wurden die *Wirkungen* der Migration bzw. der Translokalität von Livelihoods auf die natürlichen Bedingungen in den ländlichen Räumen Afrikas südlich der Sahara zu wenig untersucht. Welche Rückkopplungseffekte haben Aspekte des Translokalen wie z.B. Rücküberweisungen etwa auf Bodenqualität und andere ökologische Parameter?

Eine ganzheitliche Betrachtung des wechselseitigen Verhältnisses von Umweltveränderungen, landwirtschaftlicher Nutzung des Bodens und Translokalität wäre notwendig. Einen in diesem Sinne geeigneten Ansatz könnte die von Greiner, Peth und Sakdapolrak (2015) geforderte Synthese aus dem Konzept der *sozioökologischen Systeme* (»*socio-ecological systems*«) und einer translokalen Perspektive darstellen. Zur Begründung ihrer Idee weisen die Autoren darauf hin, dass die Rolle von Migration für ein nachhaltiges Ressourcenmanagement in der Wissenschaft lange Zeit vernachlässigt wurde. Das Ressourcenmanagement in den Herkunftsgebieten von Migration sei zu lange als Teil eines Teufelskreises der Armut, resultierend aus fehlgeschlagener Anpassung vor Ort (»*in situ adaptation*«) mit negativen Auswirkungen auf die Ressourcenbasis (z. B. O'Keefe 1983) betrachtet und die Migration somit als Bedrohung der Umweltsicherheit (z. B. Warner et al. 2010, Myers 2002) interpretiert worden.[36] Ein Umdenken fand laut Greiner, Peth und Sakdapolrak (2015: 5-6) erst

---

36 Vgl. Greiner, Peth und Sakdapolrak (2015: 5-6).

mit dem Aufkommen der Ansätze zur (sozialen) *Resilienz* statt[37]: Diese Studien strebten an, der Komplexität des Zusammenspiels in Mensch-Umwelt-Interaktionen stärker Rechnung zu tragen; ein Schwerpunkt bildete z. B. die Untersuchung des Einflusses von sozialen Netzwerken auf Anpassungsprozesse im Management von Naturressourcen (siehe hierzu Bodin et al. 2005; Pelling und High 2005; Rodima-Taylor et al. 2012 und Tompkins, Adger 2004).

Mit der Idee von der Kombination des Ansatzes der sozialökologischen Systeme mit dem Konzept der Translokalität zielen die Autoren darauf ab, nicht nur die Betrachtung der Effekte von Umweltwandel auf Migration (und Translokalisierung) zu ermöglichen, sondern auch die Analyse der Rückkopplungsprozesse von Migration auf die Umwelt. Darüber hinaus öffnet diese Perspektive explizit den Blick auf die Handlungsweisen von Akteuren im Umgang mit »Umweltstress« über räumliche Distanzen hinweg (Greiner, Peth, Sakdapolrak 2015: 9-10).

Hinsichtlich der Frage, ob sich Migration und Translokalität nun positiv oder negativ auf die natürliche Ressourcenbasis in den Herkunftsgebieten auswirken, gibt es in den vorliegenden empirischen Studien sehr unterschiedliche Antworten. Diese Varianz wird z. B. deutlich, wenn man sich Studien zu Kenia anschaut (vgl. hierzu Greiner, Sakdapolrak 2012):

Eine Studie, die einen positiven Einfluss von translokaler Lebensführung (bzw. Migration) auf die Umwelt (Bodenqualität etc.) feststellt, legen z. B. Evans und Ngau (1991) vor. Sie beschreiben für den Kiriyanga District, dass ländliche Haushalte, die ein diversifiziertes

---

37 »During recent decades, resilience and related concepts, such as adaptive cycles, multistable states, panarchy, nested scales, and response diversity, have become popular to describe complex SES [Socio-Ecological Systems]. These concepts urge us to understand the complexity and the dynamics of human-environment interactions in a more comprehensive way, and address linkages across scales explicitly as important elements for the functioning of SES. As such they generally also place more emphasis to the influence of social networks on the adaptive management of natural resources.« (Greiner, Peth und Sakdapolrak 2015: 6)

Einkommen haben, auch produktivere Landwirtschaft betreiben, da sie wegen der Rimessen leichter finanzielle Risiken, z. B. für Investitionen in intensiveren oder diversifizierteren Anbau, eingehen können. Olson, Atieno und Muchugu (2004) kommen ebenfalls zu einer positiven Einschätzung. Sie stellen dar, dass die durch Rimessen begründete erfolgreiche kommerzielle Landwirtschaft letztlich auch auf die größere Bereitschaft zur Investition in Boden- und Wasserschutzmaßnahmen zurückzuführen ist.

Auch Tiffen, Mortimore und Gichuki (1994) sowie Mortimore und Tiffen (2004) beschreiben, dass das zusätzliche Einkommen (z. B. aus Rücküberweisungen) den Bauern in Machakos die Möglichkeit eröffne, vermehrt in Landwirtschaft zu investieren, so dass u. a. der Terrassenfeldbau ausgebaut werde. Dies habe nach Ansicht der Autoren zu einer Erholung der Umwelt in diesem vorher stark degradierten Gebiet geführt.[38] Ähnliches zeigte bereits Lewis (1985) für die Central Highlands Region; er verwies darauf, dass die geringsten Erosionsschäden um jene Höfe zu finden seien, die in die Produktion von *cash crops* (z. B. Kaffee) mit höheren Investitionen in den Bereichen Boden- und Wasserschutz involviert sind.

Konträr zu diesen positiven Einschätzungen gibt es auch zahlreiche Studien, die negative Auswirkungen translokaler Haushaltsführung auf landwirtschaftliche Aktivitäten und die natürlichen Ressourcen betonen. So beschreiben Ekbom, Knutsson und Ovuka (2001) für den Murang'a District, die hohe Abwanderungsrate bei Männern führe dazu, dass immer mehr landwirtschaftliche Aufgaben von den Zurückbleibenden übernommen werden müssten.[39] Deren höhere Ar-

---

38 Greiner, Sakdapolrak (2014: 12-13, nach Tiffen, Mortimore, Gichuki 1994).

39 Lohnert (2002) sowie Steinbrink (2009) beschreiben in ihren Studien zu multi- bzw. translokalen Haushaltsbeziehungen zwischen der Eastern Cape Province und ehemaligen Townships in Kapstadt eben dieses Phänomen auch für den südafrikanischen Kontext. Sie stellen dar, dass die ländliche Wohnbevölkerung auch aufgrund des Arbeitskräftemangels das ihnen zur Verfügung stehende Land kaum bewirtschaftet. Oft wird das ungenutzte Land aber nicht etwa zur Nutzung freigegeben, sondern ledig-

beitsbelastung münde in eine Vernachlässigung der arbeitsintensiven Wasser- und Bodenerhaltungsmaßnahmen. Zu einem ähnlichen Ergebnis kommt Conelly (1994) auf Rusinga Island; trotz steigender Bevölkerungszahl habe auch dort die Abwanderung junger männlicher Arbeitskräfte zu einer Deintensivierung der Landwirtschaft geführt, in deren Folge terrassierte Anbauflächen aufgegeben und auch andere Maßnahmen der Erosionsbekämpfung eingestellt wurden, so dass es z. T. zu kompletten Ernteausfällen gekommen sei. Hinsichtlich der Auswirkungen von Rücküberweisungen auf bodenerhaltende Maßnahmen stellt Nyangena (2008) in einer komparativen Studie zu Embu, Meru und Machakos fest, dass die Wahrscheinlichkeit der Investition in Erosionsschutz und bodenerhaltende Maßnahmen sinke, wenn Haushalte Rücküberweisungen bekämen. Als zentralen Grund führt er an, dass sich im Zuge der Translokalisierung auch die ländlichen Haushaltsmitglieder umorientieren: Landwirtschaftlichen Aktivitäten werde innerhalb des diversifizierten ökonomischen Haushaltsportfolios geringere Bedeutung beigemessen, und damit verlören auch Fragen der Bodenqualität und des Ressourcenschutzes für die ländliche Wohnbevölkerung an Relevanz (vgl. Nyangena 2008: 761).[40]

Angesichts der sehr unterschiedlichen empirischen Forschungsergebnisse hinsichtlich der ökologischen Auswirkungen von Migration auf die Umweltbedingungen in ländlichen Herkunftsgebieten wird er-

---

lich von eigens hierfür angestellten Wächtern bewacht, so dass es eine ungenutzte Ressource darstellt (vgl. Schmidt-Kallert und Kreibich, o. J.) Die Felder liegen brach, und aufgrund des unzureichenden Weidemanagements sowie der Praxis des (zu häufigen) Abbrennens von Grasflächen kommt es zu schweren Erosionsschäden, einer Verringerung der Biodiversität und zur Bodendegradation.

40 »Households with Remittances are less likely to adopt soil conservation measures as indicated by the negative and significant coefficient. A possible explanation is that the extra earning opportunities reduce the time for farm work or relax liquidity constraints [...]. Additionally, they may have little concern about land quality due to their orientation towards off-farm activities.« (Nyangena 2008: 761)

sichtlich, dass in diesem Bereich noch dezidierter Forschungsbedarf besteht. Gleichzeitig wird deutlich, dass die translokale Livelihood-Perspektive (vgl. Kap. 3) dabei einen angemessenen Forschungsrahmen bilden kann, da diese Perspektive es ermöglicht, die Migration als integralen Bestandteil der Existenzsicherung und als Strategie der Anpassung zu betrachten. Sakdapolrak et al. (2016) weisen darüber hinaus darauf hin, dass das zudem die Möglichkeit eröffnet, die livelihoodbezogene Migrationsforschung näher an die Forschung zur *sozial-ökologischen Resilienz*[41] heranzuführen:

»[...] the link between social and ecological spheres remains poorly addressed. While in most conceptualizations environment is considered as a threat, a comprehensive understanding needs to address both sides – environment as a threat as well as a source of benefits for society. Despite referring to the concept of resilience, literature on migration as adaptation has developed in remarkable isolation to current research on socio-ecological resilience [...]. This is a missed opportunity [...] since these concepts would provide a fruitful basis for operationalizing complex social and ecological interactions beyond one-sided notions of ecosystems as either »threat« or »resource,« while at the same time shedding light on linkages across scales and societal processes of adaptation and transformation« (Sakdapolrak et al. 2016: 86).

Um der Forderung von Black et al. (2011: 449) nach einem umfänglicheren Verständnis der Bedeutung von Migration für Verwundbarkeit und Resilienz im Kontext von Umweltveränderungen nachzukommen, schlagen Sakdapolrak et al. (2016) das Konzept der *translocal social resilience* als Analyserahmen vor; ein solches Konzept ist ohne die Idee der translokalen Livelihoods kaum denkbar. Die Vorteile des Konzepts der *translokalen sozialen Resilienz* umreißen die Autoren aus dem *TransRe*-Projekt folgendermaßen:

»Translocal social resilience«: Migration, Verwundbarkeit und Resilienz im Kontext von Umweltveränderungen

»Conceptualizing translocal social resilience in this way emphasizes i) the everyday practices of social actors who are embedded in social fields, which are structured by the endowment of social actors with different forms of une-

---

41 Vgl. dazu Folke et al. (2010) sowie Oliver-Smith (2012).

qually distributed capital and at the same time are ii) embedded in translocal social networks that facilitate the flow of resources, practiced and ideas between places. An approach to translocal social resilience as constituted by practices in translocal social fields therefore places emphasis on the circumstances under which connectedness emerges, is maintained or non-existent. Furthermore a translocal social resilience approach to the environment-migration nexus stresses iii) agency of mobile and immobile actors with regard to the articulation, regulation and distribution of ecosystem services and hence unravels the constructed and politicized nature of human-environment relations.« (Sakdapolrak et al. 2016: 89).

Widersprüchliche Diagnose: Einige Studien weisen der Migration zerstörerische Effekte auf die Ressourcenbasis und die sozioökologischen Systeme nach, andere gelangen zu genau der gegenteiligen Auffassung.

Zusammenfassend lässt sich konstatieren, dass es derzeit keinen generellen Konsens in der Wissenschaft gibt, wie sich Migration (und Rimessen) auf die Landnutzung und somit auf die natürlichen Ressourcen im ländlichen Raum des subsaharischen Afrika auswirkt. Einige Studien weisen der Migration zerstörerische Effekte auf die Ressourcenbasis und die sozioökologischen Systeme nach, andere gelangen zu der gegenteiligen Auffassung. Trotz oder wegen dieser widersprüchlichen empirischen Ergebnisse aus Einzelstudien setzt sich jedoch offenbar die Einschätzung durch, dass die Wirkungen nicht nur sehr komplex, sondern vor allem kontextabhängig sind. Das meint zweierlei: Zum einen wird zunehmend anerkannt, dass Menschen in Abhängigkeit vom Handlungskontext und ihrer jeweiligen Verwundbarkeitssituation unterschiedlich handeln und insofern auch der *outcome* ihrer Strategien (inkl. ihrer migratorischen Handlungen) sich unterscheiden wird.[42] Zum anderen setzt sich allmählich die Einsicht durch, dass sich die Handlungskontexte immer mehr innerhalb raumübergreifender sozialer Felder translokal formieren. Während es in der Forschung zwar nach wie vor die Tendenz gibt, Umweltmigration

---

42 Migrationshandlungen, die aufgrund von Alternativlosigkeit stattfinden, zeitigen mit einer sehr großen Wahrscheinlichkeit andere Folgen als Wanderungen, die dezidiert mit dem Ziel der Nutzenmaximierung durchgeführt werden. Auch wenn bei Letzterer die Zielerreichung keineswegs garantiert ist, ist ein Scheitern im ersten Fall vermutlich deutlich folgenschwerer.

als einmalige und unidirektionale »*emergency response*« zu deuten, gibt es mittlerweile immer mehr Studien, die ausdrücklich anerkennen, dass Migranten und Nicht-Migranten eingebettet sind in multi- bzw. translokale soziale und sozial-ökologische Netze (Greiner und Sakdapolrak 2014: 7-8).[43]

Es zeigt sich also, dass eine die kontextvariate Handlungsorientierung einbeziehende translokale Livelihood-Perspektive (vgl. Kap. 4.2) auch geeignet ist, die Resilienzforschung aus ihrer container-räumlichen Befangenheit zu befreien und der Kontextabhängigkeit der sozioökologisch relevanten Handlungsfolgen analytisch gerecht zu werden. Für künftige Forschungen zum Zusammenhang von Migration und Umweltveränderungen bietet es sich also an, Resilienz gegen Umweltstress vor dem Hintergrund translokaler Realitäten zu analysieren.

6.3 SOZIALE DIMENSION

In zahlreichen Studien zu Migration in Afrika klingen verschiedene Aspekte der Wirkungen translokaler Livelihoods auf soziale Praktiken und Prozesse an. Dabei geht es um die (Neu-)Verhandlung von Geschlechterrollen, den Wandel sozialer Normen, Werte und Einstellungen ebenso wie um den Umgang mit Fragen der Bildung und Gesundheit. So zeigen Helgesson Sekei et al. (2014) in einer Studie zu »*social remittances*« in Tansania auf, dass

Translokalität und Wertewandel hinsichtlich Bildung, Gesundheit, Gender etc.

»[...] among emigrants, return migrants and the friends and relatives they left behind, attitudes and practices related to education, health, employment and business, gender, the environment, politics, human rights and the distribution of wealth can positively change, thanks to the social remittances transferred in the framework of a migration experience in the South« (IOM 2013: 49-50).

---

43 »[...] migrant social networks can help to build social capital to increase the social resilience in the communities of origin and trigger innovations across regions by the transfer of knowledge, technology, remittances and other resources.« (Scheffran, Marmer und Sow 2011: 1)

Im Folgenden sollen einige der genannten Bereiche in Hinblick auf ihre Beeinflussung durch translokale Livelihoods betrachtet werden. Im Mittelpunkt stehen die Aspekte Bildung (Kap. 6.3.1) und Gender (Kap. 6.3.2) sowie der Bereich der Gesundheit (Kap. 6.3.3).

6.3.1 Bildung

Bildung gilt gemeinhin als Schlüssel für gesellschaftliche Entwicklung. Deshalb wurde auch das Millenniumsziel 2 *»Grundschulbildung für alle Kinder«* formuliert, wonach bis 2015 allen Kindern ein Grundschulbesuch ermöglicht werden sollte. Es wird geschätzt, dass weltweit etwa die Hälfte aller Kinder, die keinen Zugang zu Bildung haben, in Afrika lebt. 29 Länder weltweit zeigen eine Nettoeinschulungsquote von unter 85% auf – 16 von ihnen liegen in Afrika südlich der Sahara. In Ländern wie Burkina Faso, der Elfenbeinküste und Mali liegt dieser Prozentsatz sogar unter 70. Mit einer Nettoeinschulungsquote von durchschnittlich 77% weisen die afrikanischen Länder südlich der Sahara den weltweit niedrigsten Wert auf, obwohl deutliche Fortschritte erzielt werden konnten (zum Vergleich: 1999 lag die Nettoeinschulungsquote bei 59%). Formell hat sich in Afrika die Bildungssituation verbessert; die Vereinten Nationen sprechen gar von »spektakulären Erfolgen« im afrikanischen Schulsektor: Bis 2011 hatten 25 der 53 afrikanischen Staaten Einschulungsraten von mindestens 80% und 11 Länder Werte von mindestens 75% erreicht.[44] Von 1999 bis 2011 hat sich die Gesamtzahl der Kinder in Afrika, die gar keine Schule besuchen, von 40 auf 22 Millionen verringert und damit fast halbiert. Generell ist die Zahl der kontinuierlich, wenn auch in den letzten Jahren weniger stark steigenden Einschulungsquote als Erfolg zu werten, jedoch beenden durchschnittlich nur 62% der Schüler die Grundschule – im Tschad gerade einmal 28% und in Angola nur 32% (vgl. UNESCO 2012: 58f.).

---

44 11 Länder (darunter z. B. Burkina Faso, Liberia, Eritrea und Niger sowie das einwohnerstärkste Land Nigeria) wiesen Einschulungsquoten unterhalb von 75% auf.

Trotz der Fortschritte der letzten Jahre ist die Bildungssituation in Afrika nach wie vor extrem ungenügend. Nicht nur die geringen Einschulungsquoten, sondern auch die hohe Anzahl der Schulabbrüche und der häufig fehlende Lernerfolg sind Indikatoren für die Bildungsmisere in weiten Teilen Afrikas (vgl. Langthaler 2005a: 9). Die Problemquellen sind vielfältig: Geringe Verfügbarkeit und Qualität der Lehrmittel und Schulbücher; z. T. hohe Schulgebühren, geringe Qualität der schulischen Infrastruktur; z. T. große Distanzen der Schulwege; Mängel bei Ausbildung, Bezahlung und Motivation der Lehrer/innen und Fehlzeiten des Lehrpersonals spielen eine ebenso wichtige Rolle wie die jeweilige Gesundheit der Kinder, der familiäre Hintergrund, die Ernährungssituation und soziale bzw. geschlechterspezifische Disparitäten.

Insbesondere in den ländlichen Räumen Afrikas kulminieren die Bildungsprobleme: Die Einschulungsraten dort sind nicht zuletzt aufgrund der großen Distanzen zwischen den Schulen sehr gering, die Schulabbruchquoten besonders hoch und die Chancenungleichheiten zwischen den Geschlechtern am stärksten ausgeprägt (vgl. Langthaler 2005b: 15; Verspoor 2008: 16).

Besonders in den ländlichen Regionen Afrikas gibt es immense Defizite im Bildungssektor.

Welchen Einfluss hat nun die translokale Organisation der Livelihoods auf die Bildungssituation im ländlichen Raum in Afrika südlich der Sahara?

In den vorliegenden empirischen Fallstudien wird dieser Aspekt selten in den Mittelpunkt gestellt; zudem lässt sich in diesem Feld ein klares Forschungsdesiderat identifizieren.

In verschiedenen Kapiteln dieses Berichts wurde bereits der Zusammenhang von Bildung und Translokalität thematisiert. Es wurde zunächst konstatiert, dass Bildung bzw. der Schulbesuch einen wichtigen migrationsinduzierenden Faktor darstellt, zum einen weil Erwachsene migrieren, um mit ihren Rücküberweisungen anderen Familienmitgliedern (i.d.R. den eigenen Kindern oder jüngeren Geschwistern) den Schulbesuch zu ermöglichen, zum anderen weil Kinder zu entfernt lebenden Haushaltsmitgliedern (oder sonstigen Verwandten) ziehen, um dort von besser ausgebauter schulischer Infrastruktur zu profitieren. Das heißt, entweder migrieren die Schüler selbst, um (bessere) Schulbildung zu erhalten, oder die Schulbildung wird durch in Migration erwirtschaftete Mittel ermöglicht bzw. verbessert.

Studien, die sich mit der Verwendung migrantischer Rimessen auseinandersetzen, zeigen, dass der Finanzierung von Bildung beim Ausgabeverhalten ein großer Stellenwert zukommt. So berichten u. a. Aklilu und Catley (2010) davon, dass in den Regionen Borana und Somali in Äthiopien ein wesentlicher Verwendungszweck von Rücküberweisungen die Zahlung von Schulgebühren für jüngere Geschwister sei.[45] Ziel sei es, den Kindern bessere Chancen auf dem Arbeitsmarkt zu eröffnen, damit diese ihrerseits wieder Geld senden können, um auch nachfolgenden Generationen Bildungschancen zu eröffnen:

»In both Borana and Somali areas, education was regarded as the best means of pursuing an alternative livelihood. By education, informants meant access to paid employment. It was explained how employed family members could help by sending remittances home, and in helping younger siblings to attend school and become employed. A Sheikh in Shinile commented that a single employed family member is ›… worth 30 head of camels that do not perish away in a drought.‹« (Aklilu, Catley 2010:32)

Bildungsstrategien als sicherheitsrationales Handeln

In dem Zitat kommt eindeutig eine an Risikominimierung orientierte Handlungslogik der untersuchten translokalen Haushalte zum Ausdruck: Bildungsstrategien als sicherheitsrationales Handeln. Im Optimalfall – so die Autoren – könne diese Strategie eine Positivspirale aus Schulbesuch, Bildungserfolg, Arbeitsmarktchancen, Einkommensgenerierung und Investition in Gang setzen (vgl. Aklilu und Catley 2010: 32).

Dilger (2013) stellt für translokale Haushalte in Tansania dar, dass es bei den auf dem Land lebenden Haushaltsmitgliedern eine deutliche Erwartungshaltung gegenüber den in der Stadt arbeitenden

---

45 Zu einem ähnlichen Ergebnis kommt das *Migrating out of Poverty Research Programme Consortium* (2016b: 3) in einer Studie aus Ghana: 62% der befragten Migranten in Accra geben an, dass die Migration das Bildungsniveau ihrer Kinder und Familienmitglieder verbessert hat.

Mitgliedern gibt, einen Teil ihres erwirtschafteten Einkommens in die Schulbildung ihrer jüngeren Verwandten zu investieren. Dies kann zum einen geschehen, indem mit Rücküberweisungen der Schulbesuch in den ländlichen Herkunftsgebieten finanziert wird oder indem die Kinder und Jugendlichen am städtischen Haushaltsstandort aufgenommen werden, um ihnen dort den Zugang zu Bildung zu ermöglichen (Dilger 2013: 117).[46] Letzteres treffe insbesondere dann zu, wenn ein Schulbesuch in den ländlichen Gebieten gar nicht möglich ist oder als minderwertiger eingeschätzt wird. In zahlreichen Studien finden sich Hinweise darauf, dass viele Kinder und Jugendliche im subsaharischen Afrika innerhalb translokaler Zusammenhängen mobil sind, um am Zielort eine Schule zu besuchen (vgl. u. a. Beguy, Bocquier, Zulu [2010] für Kenia; Greiner [2008] für Namibia; Lohnert [2002] sowie Steinbrink [2009] für Südafrika; Dilger [2013] für Tansania). Meist werden sie aus den Herkunftsdörfern zu Verwandten oder Haushaltsangehörigen in städtische Gebiete geschickt, aber auch von der Stadt aufs Land findet Bildungsmigration statt.[47] Für die bildungsbezogene Transmigration sind unterschiedliche Gründe zu nennen:

Viele Kinder und Jugendliche sind innerhalb translokaler Netzwerke mobil, um Zugang zu Bildung zu erhalten.

a) Die Möglichkeit oder Hoffnung, dass die Angehörigen am jeweils anderen Ort in der Lage und bereit sind, die Kosten für den Schulbesuch oder den Unterhalt der Schulkinder zu übernehmen,

---

46 »In particular, rural and urban families expect family members who work or trade in the city to support their parents, uncles, and siblings in times of need and crisis and to reinvest some of their acquired wealth in the education and economic advancement of their younger relatives […]. This may involve rural families sending their children to their more wealthy relatives in urban areas who take care of their children for an extended period of time and provide for their schooling.« (Dilger 2013: 117)

47 Beguy, Bocquier und Zulu (2010) zeigen in einer Studie in zwei Slums in Nairobi, dass zahlreiche dort geborene Kinder in ländliche Gebiete geschickt werden, weil die schulischen Bedingungen und Chancen auf den Dörfern als günstiger beurteilt werden. Ähnliches beschreibt Lohnert (2002) für Südafrika.

da diese Ausgaben die finanziellen Möglichkeiten am ländlichen Haushaltsstandort übersteigen.

b) Am ländlichen Haushaltsstandort leben keine Personen, die sich adäquat um die Schulkinder, ihre Ausbildung und ihre Erziehung kümmern können.

c) Bildungschancen und die Qualität der Schulbildung werden in der Stadt als besser eingeschätzt. Das gilt vor allem, wenn es in den Herkunftsregionen keine (weiterführende) Schule gibt. So ist der Übergang von der Primar- zur Sekundarstufe oft überhaupt nur durch Migration realisierbar.

d) Kinder werden für ihre Schulausbildung in Städte geschickt, weil die dortigen Schulen oft ein höheres Prestige haben als jene auf dem Land und hinsichtlich des Bildungserfolgs (und somit auch des Erfolgs im späteren Leben) ein höheres Ansehen genießen.

Auswirkungen von »Social Remittances« auf Bildungsverhalten

Dass sich Migration(serfahrung) auf das Bildungsverhalten auswirkt, unterstreicht auch eine groß angelegte Studie der *International Organization for Migration* (IOM). Sie zeigt z. B. für Kamerun, dass die Ausgaben für Bildung in Familien von zurückgekehrten Migranten höher ausfallen als in Familien ohne Migranten, wobei die Ausgaben für Bildungszwecke dann am höchsten sind, wenn aktuell ein Mitglied in Migration ist (IOM 2013: 27, 30, vgl. auch Zourkaleini et al. 2013).[48] Dieses Ergebnis lässt sich auf zweierlei Weise interpretieren: Entweder erwirtschaften die Migranten ausreichend Einkommen, um mit ihren Rimessen die Bildungsausgaben (Schulgebühren, Schuluniform, Lernmittel und Unterhalt) zu finanzieren, oder es kommt in den Migrantenfamilien zu einem Wertewandel, der zu einer größeren Wertschätzung des Nutzens formaler Schulbildung führt (*»social remittances«*). Hierbei ist jedoch zu berücksichtigen, dass sich das Ergebnis der IOM-Studie auf internationale Migration bezieht.[49] Wie in

---

48 »Expenditure on [...] education is also higher among households with return migrants than among non-migrant households. It is highest in households with members who are currently abroad.« (IOM 2013:.30)

49 »Households with a member living abroad spend more on education.« (IOM 2013: 27)

Kapitel 6.1.1.3 dargestellt, unterscheidet sich das Ausgabeverhalten zwischen Haushalten mit internationalen Migranten deutlich von jenen mit Binnenmigranten. Letztere sind im Durchschnitt ökonomisch schwächer, und auch ihre ländlichen Haushaltsmitglieder benötigen einen Großteil der Rimessen oft für die Deckung des Existenzbedarfs. Trotzdem – so zeigen die in Kapitel 6.1.1.3 aufgeführten Studien – geben auch sie erhebliche Anteile der Rimessen für Bildung aus. Das kann durchaus als Zeichen der Wertschätzung von formaler Schulbildung betrachtet werden.

Es ist davon auszugehen, dass die Translokalität und die innerhalb der ländlichen Bevölkerung teilweise mit Arbeitsmigration assoziierten Aufstiegschancen (an anderem Ort) einen konkreten Anreiz für Bildung bieten. Die Inhalte und der Nutzen der formellen Schulbildung beziehen sich oft vornehmlich auf urbane Lebens- und Arbeitswelten und weniger auf ländliche bzw. landwirtschaftliche Kontexte. Wenn die Migration in eine Stadt oder ins Ausland nun als eine Chance gesehen wird, die eigenen Lebensbedingungen bzw. die der Familie zu verbessern, dann stellt das eine zusätzliche Motivation dar, in Bildung zu investieren. In diesem Zusammenhang kommen Batista et al. (2010) auf den Kapverdischen Inseln zu einem interessanten Befund. Sie fanden heraus, dass die Möglichkeit zur Migration höher qualifizierter Arbeitskräfte zu einer Akkumulation von Humankapital führt: 40% der befragten Universitätsabsolventen gaben an, dass sie sich nicht an der Universität eingeschrieben hätten, wenn sie nicht die Möglichkeit zur internationalen Migration hätten (vgl. Calì, Cantore 2010).[50] Dieser Gedanke ist auch auf den innerstaatlichen Kontext übertragbar. Vermutlich steigt im ländlichen Raum die Bereitschaft der Haushalte, in (sekundäre) Schulbildung zu investieren, wenn die Migration Möglichkeiten eröffnet, das Wissen (bzw.

Die mit Arbeitsmigration assoziierten Aufstiegschancen (an anderem Ort) bilden einen Anreiz für Bildung.

---

50 »Evidence on skilled migration from Cape Verde suggests that migration has encouraged the accumulation of human capital. Almost 40% of Cape Verdean university graduates would not have enrolled in university had they not had the opportunity to migrate [...]. Importantly the authors find that a shock decreasing migration by 9 per cent reduces the educational attainment of non-migrants by 7 per cent.« (Calì, Cantore 2010: 9)

den erworbenen Abschluss) an anderem Ort in Wert zu setzen. Studien liegen hierzu jedoch (noch) nicht vor.

Wie in Kapitel 6.3.1 dargestellt, kann Migration und translokale Haushaltsführung aber auch zu einer Verschlechterung der Bildungssituation führen, wenn junge Erwachsene oder auch Kinder vom Schulbesuch ferngehalten werden, um den migrationsinduzierten Arbeitskräftemangel in der Landwirtschaft auszugleichen oder wenn sie ihrerseits durch Arbeitsmigration zur Existenzsicherung der translokalen Haushalte beitragen müssen.[51]

Obwohl sich die Translokalität der Livelihoods eher positiv auf die Bildungssituation auswirkt, weil sie für viele Kinder in Afrika einen Zugang zu (besserer) Schulbildung eröffnet, der ihnen sonst verwehrt wäre, lässt sich diese Aussage keineswegs dahingehend erweitern, dass translokale Haushalte ein durchschnittlich höheres Bildungsniveau aufweisen als lokal organisierte. Für Ghana zeigt z. B. eine Weltbank-Studie (World Bank 2009) auf Grundlage des *Ghana Living Standard Measurement Survey* (2005), dass das durchschnittliche Bildungsniveau translokaler Haushalten mit rücküberweisenden Binnenmigranten im Durchschnitt sogar niedriger ausfällt als bei lokal organisierten Haushalten und dass nur bei Haushalten, die Rücküberweisungen von internationalen Migranten empfangen, ein positiver Zusammenhang zu Bildungsindikatoren feststellbar ist.

Translokalisierung kann zur Bildungsungleichheit beitragen.

In dieser Diskrepanz manifestiert sich der deutliche und sich selbst verstärkende Zusammenhang zwischen der ökonomischen Situation und dem Bildungsniveau von Haushalten einerseits und die Kontextabhängigkeit der Translokalisierungsmotive andererseits: Verwundbarere bzw. ärmere Haushalte (mit durchschnittlich niedrigerem Bildungsniveau) translokalisieren sich, weil ihnen z. T. keine lokalen Opportunitäten zur Verfügung stehen; die Option der interna-

---

51 Dies unterstreichen auch empirische Untersuchungen aus Ghana: 19% der Männer und 7% der Frauen in Accra angaben, dass ihr Bildungsniveau ohne eine Migration in die Stadt höher gewesen wäre. Sie gaben an, dass sie die Schule abgebrochen hätten, um zur Arbeitsuche und zur Unterstützung ihrer Familien nach Accra zu ziehen (Migrating out of Poverty Research Programme Consortium 2016b: 2).

tionalen Migration (insbesondere in OECD-Staaten) ist ihnen aufgrund von Ressourcenmangel verwehrt. Ökonomisch bessergestellte Haushalte (mit durchschnittlich höherem Bildungsniveau) hingegen haben eher die Wahl, sich nicht zu translokalisieren oder aber die sich an anderen Orten – u. U. auch im Ausland – ergebenden Chancen gezielt im Sinne einer Maximierungslogik zu nutzen.

Dank der Rimessen von ökonomisch erfolgreichen Migranten können wohlhabendere Haushalte mehr Geld für Bildung ausgeben und damit wiederum ihre Arbeitsmarktchancen verbessern. Insofern stellt Migration zwar eine Strategie der Anpassung an die in weiten Teilen Afrikas äußerst schwierige Schulsituation dar, und oft werden die translokalen Strukturen genutzt, um mit den Hindernissen auf dem Weg zu formeller Schulbildung umzugehen, bestehende Ungleichheiten aber werden dadurch vermutlich nicht überwunden, sondern eher verstärkt.

6.3.2 Gender

In der Literatur besteht Einigkeit, *dass* Migration und Translokalität von Livelihoods Effekte auf die bestehenden Geschlechterverhältnisse in Afrika südlich der Sahara haben. Aber in Hinblick auf die Fragestellung, *wie* sich Migration und Translokalität auf Genderbezüge und die Entwicklung der Geschlechterrollen auswirken, finden sich in den vorliegenden Studien z. T. deutlich divergierende Sichtweisen. Manche Autoren argumentieren, dass die Rolle der Frau durch translokale Lebensführung gestärkt würde (z. B. Rocheleau, Steinberg 1995 und Rocheleau 2001, Awumbila 2015); andere sehen die Konsequenzen für Frauen deutlich kritischer (z. B. Ramisch 2015, Youngstedt 2013, Francis 2002).[52]

In der Diskussion um Translokalität/Migration und Gender in Subsahara-Afrika lassen sich zwei Hauptlinien ausmachen: Zum einen wird die Migration von Frauen thematisiert (oft unter dem Schlagwort *»feminization of migration«*), zum anderen stehen die veränderten Rollen und Aufgaben der Frauen im Fokus, wenn diese

*»feminization of migration«,
»feminiziation of agriculture«*

---

52 Vgl. auch Greiner und Sakdapolrak (2012).

aufgrund der Arbeitsmigration männlicher Haushaltsmitglieder im ländlichen Raum zurückbleiben (*»feminization of agriculture«*) (vgl. Kap. 6.1.2). Die zentralen Fragen in diesem Diskurs sind also: 1. Inwiefern stärkt/schwächt die Migration der Männer die Stellung der zurückbleibenden Frauen vor Ort? 2. Inwiefern stärkt/schwächt die Migration der Frauen ihre familiäre bzw. gesellschaftliche Position?

6.3.2.1 Weibliche Migration in translokalen Zusammenhängen und ihr Einfluss auf die Geschlechterverhältnisse

»feminization of migration«

In Kapitel 5.3.4.1 wurde bereits angesprochen, dass die lange von männlicher Arbeitswanderung dominierten Migrationssysteme in Afrika sich in jüngerer Zeit deutlich verändern und im Kontext der Translokalisierung diversifizieren (vgl. hierzu auch Kap. 5.3.3). Zu den augenfälligsten Veränderungen gehört, dass mittlerweile immer mehr Frauen in das Migrationsgeschehen in Afrika involviert sind. Oft wird dieser Prozess deshalb als »Feminisierung der Migration« (*»feminization of migration«*) bezeichnet.

Hinsichtlich der Bedeutung dieses Prozesses für die gesellschaftliche Rolle der Frau stellen sich zunächst zwei grundsätzliche Fragen:

1. Evoziert die Migration von Frauen einen Wandel in den vorherrschenden Geschlechterverhältnissen in Afrika südlich der Sahara? Oder ist die vermehrte Wanderung von Frauen in Afrika südlich der Sahara bereits Ausdruck eines Wertewandels? Oder ist die Feminisierung der Migration womöglich als Manifestation eines sich gegenseitig verstärkenden und voranschreitenden Prozesses wechselseitiger Beeinflussung von Wertewandel und Migration zu verstehen?

2. Hat die Feminisierung der Migration letztlich viel weniger mit Wertewandel und Befreiung der Frauen aus dem Korsett traditioneller Rollenmuster zu tun, als Entwicklungsforscher es gerne hätten? Ist weibliche Migration somit doch vornehmlich Ausdruck von Verwundbarkeit, die nicht nur aus der gegenwärtigen sozialen Stellung der Frauen resultiert, sondern auch aus der verwundbaren Situation des jeweiligen Haushalts, dem nicht nur die weiblichen Migrantinnen angehören?

Letztlich stellt sich also die Frage, ob bestehende Geschlechterbezüge sich im Zuge der Feminisierung der Migration dahingehend ändern, dass Frauen mehr Selbstbestimmungsmöglichkeiten erlangen und verbesserte gesellschaftliche Teilhabechancen haben, oder ob die Frauen wandern und ihre Rollen und »geschlechtsspezifischen« Handlungsmuster im Gepäck mitnehmen. Wandern die Frauen, um mehr (soziale, ökonomische, kulturelle etc.) Unabhängigkeit zu erreichen, oder wandern Sie, um bestehenden Rollenerwartungen gerecht zu werden? Welche Formen von (Re-)Produktion und Transformation von Geschlechterordnungen finden durch weibliche Migration statt? Einhellige Antworten liefern die vorliegenden Fallstudien keineswegs.

Weibliche Migration und genderbezogener Wertewandel

Es gibt verschiedene Studien, die die emanzipatorische Wirkung von weiblicher Migration betonen. Dieses Argument taucht bereits in zahlreichen älteren Arbeiten auf. Pittin (1984), Gugler und Ludwar-Ene (1995) sowie Ouédraogo (1995) gehen sogar so weit, dass sie in der emanzipatorischen Flucht aus genderspezifischen sozialen Verpflichtungen und der Befreiung aus ländlichen Traditionen z. T. die Ursache für weibliche Migration sehen. Ähnlich argumentieren Cottyn et al. (2013) in Bezug auf Ghana und Tansania, indem sie Migration als Möglichkeit für Frauen darstellen, sich aus der »Zwangsjacke« traditioneller Geschlechterverhältnisse zu befreien. Die zunehmende Mobilität von Frauen in Subsahara-Afrika wird somit als Chance gedeutet, konventionelle Geschlechterrollen zu verändern und neu zu definieren:

»Conventional gender roles may gradually change as a result of the increasing autonomy of women who break out of their traditional gender straitjackets.« (Cottyn et al. 2013: 3)

Auch Werthmann (2007: 316) sieht die Wanderung als Option für Frauen, mehr Autonomie zu erlangen. Am Beispiel von jungen Müttern aus ländlichen Gebieten Burkina Fasos, die als Arbeitsmigrantinnen in die Minengebiete ziehen und ihre Kinder bei den Großeltern zurücklassen, beschreibt sie, dass die Arbeit diesen Frauen die Möglichkeit eröffne, die »*dot*« (Mitgift, Aussteuer) zu erwirtschaften, um

sich aus ungewollten Ehen »freizukaufen« bzw. dort einen wohlhabenden Mann kennenzulernen, der das für sie übernimmt.

Die Studien, die die emanzipatorischen Effekte weiblicher Migration herausstellen, beziehen sich meist auf jene Wanderungen, bei
denen Frauen allein migrieren, also nicht innerhalb bestehender
Haushaltsnetzwerke. Diese Form der weiblichen Migration in Afrika
wurde nach Ansicht Guglers und Ludwar-Enes (1995: 261) zu lange
von der Wissenschaft vernachlässigt[53]; im Migrationsprozess wurden
Frauen vornehmlich als zurückbleibende Ehefrauen zirkulärer Arbeitsmigranten in den Blick genommen oder als nachziehende Ehe-
partner. In ihrem instruktiven Literaturüberblick unterscheiden Gugler und Ludwar-Ene (1995) für den Land/Stadt-Kontext drei Typen
allein migrierender Frauen:

1) *Junge, unverheiratete Frauen mit geringer formaler Bildung.* Oft
   finden sie ihre Erstanstellung als »*domestic workers*« in der Stadt
   und leben meist bei einem Mann, mit dem sie eine Beziehung
   führen. Bei dieser Form der Migration handelt es sich häufig um
   zirkuläre Migration. Guigo und Leriollais (1992) stellen für die
   Serer Region im Senegal dar, dass unverheiratete Mädchen und
   junge Frauen bereits in den 1950er Jahren begannen, in der Trockenzeit nach Dakar zu migrieren, um dort als Hausmädchen
   Geld zu verdienen. Mit Erreichen des heiratsfähigen Alters kehr-
   ten sie jedoch gemeinhin zurück aufs Land.[54] Von ähnlichen Mustern in Mali und Nigeria berichten Hamer (1981), Grosz-Ngaté
   (1991), Anker und Hein (1986).
2) Mit der auch außerhalb der größeren Städte zunehmenden Expansion sekundärer Schulbildung kommen inzwischen vermehrt *bes-*

---

53 »The independent rural–urban migration of women has been grossly ne-
    glected in African studies to date.« (Gugler und Ludwar-Ene (1995: 261)
54 »In Senegal, for instance, young Serere and Diola women have sufficient
    autonomy to migrate seasonally to the city to work as domestics, until
    they marry, whereas Toucouleur, Peul and Soninke women have no such
    independence to leave the village (Sy, 1991).« (Brockerhoff und Eu 1993:
    561)

ser ausgebildete junge Frauen in die Städte, um dort Arbeit zu finden und ihre Bildung entsprechend inwertzusetzen (vgl. Hollos 1991, Wurster 1995). Viele von ihnen würden versuchen, den Heiratszeitpunkt hinauszuzögern oder gänzlich auf eine Ehe zu verzichten, und strebten danach, ihren individuellen Lebensstandard (auch mithilfe männlicher Lebenspartner) zu verbessern. Entsprechende Fallstudien liegen zu Accra und Lomé vor (vgl. Seibert 1995; Dinan 1983).

3) *Verwitwete, geschiedene oder getrennte Frauen* bilden die dritte Gruppe afrikanischer Frauen, die allein in städtische Gebiete ziehen. Baker (1994) stellt für Äthiopien dar, dass Frauen zwar über gleiche Landrechte verfügen, die ackerbaulichen Tätigkeiten jedoch fast ausschließlich die Domäne der Männer sei. Kulturelle, körperliche und finanzielle Hemmnisse verhindern, dass Frauen das dort praktizierte Pflügen mit Ochsen durchführen.[55] Die Scheidungsraten in Äthiopien sind hoch, und angesichts der geringen außerlandwirtschaftlichen Einkommensmöglichkeiten in ländlichen Gebieten bieten die Städte bessere – wenn nicht die einzige – Alternative zur Existenzsicherung geschiedener oder getrennter Frauen. Für Bamako/Mali wurde bereits in den 1980er Jahren festgestellt, dass 11% der weiblichen Land-Stadt-Migrantinnen geschiedene Frauen oder Witwen waren. Auch für Kampala (Uganda) konstatierte man, dass die Unzufriedenheit mit der Ehe das Hauptmigrationsmotiv von alleine migrierenden Frauen ist (andere wichtige Gründe: Scheidung und Tod des Ehemanns). Auch in Nigeria würden viele Frauen vor ungewollten Ehen in die Städte fliehen; dort arbeiteten sie als »*karuwai*« (Kurtisanen) oder selbstständige Händlerinnen. Insbesondere ältere Witwen treibe bisweilen zudem die Angst, als Hexe verdächtigt zu werden, in städtische Gebiete (vgl. Ludwar-Ene 1986).[56]

---

55 Diese Situation in Äthiopien stellt insofern eine Besonderheit dar, als in weiten Teilen Afrikas die Kultivierung mit der Hacke immer noch die dominante Produktionsweise in der kleinbäuerlichen Landwirtschaft ist und Frauen eine sehr wesentliche Rolle bei der Feldarbeit spielen.

56 Vgl. auch Offiong (1982) für Süd-Ost-Nigeria.

Es ist fraglich, ob diese drei Typen von Land-Stadt-Migrantinnen tatsächlich als »unabhängig« zu bezeichnen sind und ihre Wanderung als Ausdruck von Emanzipation zu verstehen ist. Lediglich Typ 2 (*»junge, besser ausgebildete Frauen«*) legt eine solche Interpretation nahe. Die Migration des Typs 1 (*»unverheiratete Mädchen und Frauen mit geringer formaler Bildung«*) hingegen ist vermutlich meist als translokale Existenzsicherungsstrategie von verwundbaren Haushalten zu werten. Dass sich diese Mädchen und jungen Frauen durch ihre Migration aus festen Rollengefügen lösen können und stärkere Eigenständigkeit entwickeln, erscheint daher nicht unmittelbar plausibel; schließlich bleiben sie auch in der Stadt oft in Abhängigkeitsverhältnissen gebunden und den patriarchalen Strukturen innerhalb der Haushaltsgemeinschaften verhaftet. Auch die Migrationen des Typ 3 (*»verwitwete, geschiedene und getrennte Frauen«*) lassen sich wohl kaum als Ausdruck gelebter Handlungsfreiheit interpretieren, sondern eher als eine Form der Flucht, als weitgehend alternativlose Handlung in individuellen Krisensituationen.[57] Ob das Verlassen des Herkunftsgebiets eine emanzipatorische Wirkung für diese Frauen hat, ist letztlich von der Lebenssituation der jeweiligen Frau in ihrem neuen Lebensumfeld abhängig.

Unabhängige Migration ist für Frauen ungleich schwieriger.

Dass in der Afrika-Forschung der direkte Zusammenhang zwischen *»Feminisierung der Migration«* und Wandel der Geschlechterbezüge bisweilen überbewertet wird, liegt u. E. nicht nur daran, dass der Grad der Unabhängigkeit der allein migrierenden Frauen überschätzt wird, sondern auch deren quantitativer Anteil an der gesamten weiblichen Migration. Aufgrund der weitverbreiteten Verwundbarkeit in vielen afrikanischen Lebenszusammenhängen, ist eine Migration ohnehin kaum ohne soziale Kontakte möglich. Für Frauen stellt sich eine solch »unabhängige« Migration ungleich schwieriger dar, da sie

---

57 »Die rapide zunehmende Landflucht der Frauen ist nur eingeschränkt Resultat einer Emanzipation, einer Möglichkeit, das eigene Leben selbst zu gestalten, sondern vor allem Ausdruck einer rasanten Verelendung eines Bevölkerungsteils, der wesentlich die Lasten des sozialen Wandels zu tragen hat.« (Vorlaufer 1985: 143)

wegen ihrer gesellschaftlichen Position in vielen afrikanischen Gesellschaften in besonderem Maße strukturell benachteiligt sind. Hinzu kommt, dass Frauen größere Schwierigkeiten auf dem städtischen Arbeitsmarkt haben und zudem signifikant niedrigere Löhne erhalten (vgl. Adepoju 2008 und Smit 2102). Insofern dürften soziale Kontakte und die Einbindung in soziale Netzwerke für Frauen in der Regel noch essentieller sein als für Männer. Darüber hinaus wird die »unabhängige« Land-Stadt-Migration von Frauen in ländlichen Regionen häufig argwöhnisch betrachtet, das »städtische Leben« mit Werteverfall und »unmoralischen« Verhaltensweisen assoziiert.[58] Die Migration von Frauen birgt folglich auch die Gefahr von Reputations- und Statusverlust. So beschreibt Schutten (2012)[59] für Ruanda (in der Region um Kigali), dass die Rückkehr vieler Frauen in ihr Herkunftsdorf vielfach erschwert bis unmöglich gemacht wird, da der städtische Arbeitsmarkt für schlecht ausgebildete Migrantinnen oft nur den stigmatisierten Bereich der Prostitution[60] bereithält und sie – selbst, wenn sie dieser Tätigkeit de facto gar nicht nachgehen – mit massiver Verachtung in der Heimat zu rechnen haben.

Es gibt viele Hinweise darauf, dass der seit Jahrzehnten zu beobachtende Anstieg weiblicher Wanderungen vor allem mit der steigenden Bedeutung translokaler Livelihoods und deren Veränderun-

Migrierende Frauen verlassen seltener das soziale Gefüge.

---

58 »Stiff competition and a certain amount of job discrimination in receiving countries have narrowed the range of job choices for migrants. Many find themselves in easy-entry jobs: most of the already disadvantaged women, given their lower educational background, have been driven into the ›sex trade‹.« (Anarfi 1993: 17)

59 »In-depth interviews revealed that it is much more difficult for young woman to return to the rural household because to survive hard living conditions in the city some woman sold themselves and even if this was not true out of shame for this prejudice female migrants preferred not to return to the rural area unsuccessfully.« (Schutten 2012: 113)

60 Steinbrink (2009) erwähnt zudem, dass männliche Land-Stadt-Migranten in Südafrika häufig betonen, sie bevorzugten »rural women« als Ehepartnerinnen, weil »town girls« zu unmoralischem Verhalten tendierten und die »rural traditions« nicht kennten.

gen zusammenhängt. Vermutlich findet ein Großteil der weiblichen Migration heute innerhalb translokaler sozialer Felder und zwischen verschiedenen Standorten translokaler Haushalte statt. Das heißt: Die Migration von Frauen bedeutet kein Verlassen bzw. Hintersichlassen eines sozialen Gefüges, sondern räumliche Mobilität innerhalb eines bestehenden sozialen Zusammenhangs, der sich raumübergreifend formiert. Sie wandern nicht, um ihrer Rolle im Haushalt zu entkommen, sondern um dieser im translokalen Haushalt gerecht zu werden.

Viele Frauen wandern nicht, um ihrer Rolle in den Haushalten zu entkommen, sondern um ihrer Rolle im translokalen Haushalt gerecht zu werden.

Allerdings scheint sich die Rolle der Frau in translokalen Zusammenhängen erheblich zu verändern, denn ihre Aufgabenbereiche beschränken sich keineswegs mehr auf die Versorgung von Kindern, Alten und Kranken (auf dem Land oder in der Stadt). Vielmehr ist die Frau verstärkt in die Erwerbstätigkeit eingebunden: Innerhalb der translokalen Zusammenhänge wandern heute deutlich mehr Frauen, um in städtischen Gebieten Einkommen (für ihre Familien) zu erwirtschaften:

»Women migrants are increasingly drawn to the wage labour market (both formal and informal) as a survival strategy to augment meagre family income.« (Adepoju 2005: 2)

Adepoju (2005) interpretiert diese Entwicklung weniger als Ausdruck eines vollzogenen Wertewandels als im Sinne einer Reaktion auf die sich verschärfende Armutssituation: »*[...] female migration has become a major survival strategy in response to deepening poverty* [...].« Das klassische System der Arbeitsteilung der Geschlechter sei vor allem auch dadurch im Umbruch, dass sich die städtischen Erwerbsbedingungen für Männer verschlechterten und die Frauen somit gezwungen seien, ihrerseits nach zusätzlichen Einkommensmöglichkeiten zu suchen, um für ihre Familien nun auch finanziell zu sorgen.[61]

---

61 »The gendered division of family labour has also been upset by the loss of male employment through urban job retrenchment and structural adjustment, forcing women to seek additional income-generating activities to support the family.« (Adepoju 2006: 33-34)

Ein wesentlicher Faktor, weshalb die weibliche Arbeitswanderung sich mittlerweile zu einer wichtigen Existenzsicherungsstrategie translokaler Haushalte entwickelt hat, ist auch der gestiegene Bildungsgrad bei Frauen. Erst die formelle Schulbildung eröffnet den jungen Frauen gewisse Erwerbschancen auf dem städtischen Arbeitsmarkt. Insofern gewinnt die Schulbildung der im ländlichen Raum lebenden Mädchen für die Haushalte einen höheren – auch ökonomischen – Stellenwert.

Obwohl die weibliche Arbeitsmigration in den meisten Fällen eher ökonomischen Zwängen entspringen dürfte, als direkter Ausdruck weiblicher Selbstbestimmung zu sein, ist zu vermuten, dass die veränderte Rolle von Frauen innerhalb translokal organisierter Livelihoodsysteme langfristig auch zu einem Wandel der gesellschaftlichen Positionierung der Frauen führen wird. Denn die weibliche Arbeitsmigration bedeutet – nicht zuletzt, da erwerbstätige Frauen über ein eigenes Einkommen verfügen – eindeutig einen Zugewinn an Unabhängigkeit. In Fällen, in denen sie sogar mehr verdienen als die männlichen Haushaltsmitglieder, kommt das einer substanziellen Verschiebung der Rollenverhältnisse gleich.[62] Aus Ghana, Senegal und Nigeria wird von immer mehr Fällen berichtet, in denen verheiratete Frauen in die Stadt migrieren, um monetäres Einkommen für den Haushalt zu erwirtschaften während sie ihre Kinder bei ihren

Vermehrte Unabhängigkeit der Frau durch »feminization of migration«

---

62 Siehe hierzu auch Awumbila (2015: 138): »For example they cite Abdul Korah's (2011) study among the Dagaabas in northern Ghana, which demonstrates how the sending of remittances by modern Dagaaba women is changing perceptions about traditional gender roles and power relations. Furthermore, Wong's (2006) study among Ghanaian women in Canada also shows that remittances enabled them to negotiate power relations within transnational households. However, Awumbila et al (2015b) argue that there are cases where the absence of husbands and receipt of remittances by women does not necessarily increase women's decision-making powers and may instead, produce conflicts between women and men over the management and use of remittances.«

Männern lassen.[63] Adepoju (2005) bezeichnet diese Entwicklung als
»turn-around in traditional sex roles«. Hollos (1991) weist für Nigeria darauf hin, eine solche Statusveränderung der Frau sei jedoch
nicht primär das Resultat der Migration an sich ist; denn die entscheidenden Faktoren seien Bildungsstand und Beruf (vgl. auch Trager
1995).

Mehr ökonomische Unabhängigkeit und somit größere Eigenständigkeit der Frauen hat offensichtlich recht starken Einfluss auf
deren Rückwanderungsverhalten: Bereits in den 1980er Jahren zeig-
ten Studien aus Sierra Leone, Ghana, Nigeria und dem damaligen
Zaire, dass vermehrt Land-Stadt-Migrant*innen* angaben, dauerhaft in
den jeweiligen Städten leben zu wollen (vgl. den Überblick von Peil
und Sada 1984). Auch Untersuchungen in Nigeria Anfang der 1990er
Jahre machten deutlich, dass mehr Frauen als Männer den Ruhestand
in der Stadt einer Rückkehr aufs Land vorzögen.[64] Hinsichtlich der al-
tersspezifischen Land-Stadt-Migrationsraten in städtischen Gebieten
Ghanas stellte Singelmann (1993) fest, dass bei Männern über 45 Jahren die Abwanderung aus den Städten überwiegt, während bei Frauen
der gleichen Altersstufe die Zuwanderung in die Stadt weiterhin stärker ausgeprägt sei. Entsprechend beschreibt auch Devereux (2006)
für den ländlichen Raum in der Somali Region in Äthiopien, dass das
zahlenmäßige Geschlechterungleichgewicht insbesondere in den höheren Altersstufen stark zugunsten der männlichen Bevölkerung ten-
diert, und führt das im Wesentlichen auf das unterschiedliche Rück-

---

63 »Anecdotal evidence reveals a striking increase in the numbers of women
– who traditionally remained at home – leaving their spouses behind with
the children, who, in a reversal of parental responsibilities, are looked after by their fathers or by other female members of the family. The remittances these women send home are a lifeline for family sustenance.«
(Adepoju 2008: 24)

64 Während 36% der Frauen ihr Alter lieber in der Stadt verbrächten, lag
dieser Wert bei Männern lediglich bei 20% (vgl. Gugler und Ludwar-Ene
1995: 264).

wanderungsverhalten zurück.[65] In einer Studie zum Wanderungsverhalten von Bewohnern zweier Slums in Nairobi kommen Beguy,
Bocquier und Zulu(2010) ebenfalls zu dem Ergebnis, dass deutlich
mehr ältere Männer in die Herkunftsgebiete zurückkehren als Frau-
en.[66]

Die geschlechtsbezogenen Unterschiede beim Rückwanderungsverhalten lassen darauf schließen, dass das Leben in der Stadt insbesondere für Frauen attraktiver zu sein scheint als auf dem Land.
Steinbrink (2009) weist z. B. in seiner Studie in Südafrika darauf hin,
dass viele Land-Stadt-Migrantinnen froh sind, die »typischen ländlichen Frauentätigkeiten« wie Wasser- und Feuerholzbeschaffung[67]
nicht (mehr) erledigen zu müssen.[68] Wenn man bedenkt, dass Frauen
in Afrika südlich der Sahara jährlich insgesamt 40 Milliarden Stunden damit verbringen, Wasser zu holen – dieser Wert übersteigt den
Vergleichswert der Männer etwa um das Achtfache (FAO 2003) –,
erstaunt es nicht, dass Frauen das Leben in der Stadt zu schätzen wissen.

Andererseits bedeuten die Ergebnisse jedoch nicht unbedingt,
dass Frauen sich eher aus translokalen Zusammenhängen lösen als
Männer; sie zeigen zunächst nur, dass sie ihre Aufgaben im translokalen Livelihood u. U. lieber auf der städtischen Seite übernehmen
und diese Möglichkeit aufgrund ihrer wachsenden ökonomischen
Unabhängigkeit im Zuge der zunehmenden Einbindung in den (städtischen) Arbeitsmarkt auch eher wahrnehmen können.

Das Leben in der Stadt ist vor allem für Frauen oft attraktiver.

---

65 »The most skewed sex ratios occur in the older age groups. Among people
over 60 years of age, the sex ratio peaks at 203, meaning that there are
twice as many men over 60 as women.« (Devereux 2006: 120)

66 »After age 60, males are clearly more likely to out-migrate [Anm.: aus
dem Slum heraus] than their female counterparts, reflecting gender dif-
ference in retirement age effect on migration.« (Beguy, Bocquier, Zulu
2010: 564)

67 Malawische Frauen z. B. verbringen mehr als 9 Stunden pro Woche damit, Wasser und Feuerholz für ihre Haushalte zu beschaffen (FAO 2003).

68 Insbesondere jüngere Frauen betonen zudem, dass in der Stadt »einfach
mehr los« und das Landleben langweilig sei.

Derzeit zeichnet sich nicht ab, dass die »*feminization of migration*« zu einer Auflösung translokaler Livelihoods und einer verstärkt sedentären Lebensweise führt. Zu groß ist aufgrund der Verwundbarkeitssituationen in ländlichen und städtischen Gebieten Afrikas südlich der Sahara die sozioökonomische Notwendigkeit zur Translokalität. Alternativen bieten sich vielen Haushalten derzeit nicht. Aber im Falle einer substanziellen Verbesserung der Lebens- und Arbeitsmarktsituation in städtischen Gebieten – so deuten die Ergebnisse an – wären vermutlich die Frauen eher bereit, die ländliche Haushaltsbasis aufzugeben. Gugler und Ludwar-Ene (1995: 263) bringen es auf den Punkt: »*[...] women are more urban than men.*«

»*[...] women are more urban than men.*«

6.3.2.2 Das Zurückbleiben der Frau und der Einfluss auf die Geschlechterverhältnisse

Die landwirtschaftliche Produktion und Ernährungssicherung in Afrika liegt heute überwiegend in weiblicher Hand: Über 90% der Grundnahrungsmittel und über 30% der Marktfrüchte werden mittlerweile von Frauen produziert; und in den meisten Regionen sind 50% bis 80% der landwirtschaftlichen Arbeitskräfte Frauen (Schäfer 2002: 1; FAO 2011: 5, 32). Eine wichtige Ursache für diese Entwicklung ist die Translokalität der Livelihoods.

Der Einfluss zirkulärer männlicher Arbeitsmigration auf die geschlechtsspezifische Arbeitsteilung im ländlichen Raum in Subsahara-Afrika ist vergleichsweise gut untersucht. Im Zentrum steht hierbei die Beobachtung, dass die Migration arbeitsfähiger Männer angesichts der unverändert arbeitsintensiven Bewirtschaftungsmethoden in den meisten ländlichen Regionen Afrikas an den ländlichen Haushaltstandorten zu einem Mangel an Familienarbeitskraft geführt hat. Infolgedessen müssen Frauen – um das Arbeitskraftdefizit auszugleichen – häufig Arbeiten der Landbewirtschaftung übernehmen, die nach klassischen Rollenverständnis zum männlichen Aufgabenbereich gehören. Sie tragen die Verantwortung für den gesamten Produktionsprozess. Dieses Phänomen wird häufig als »Feminisierung der Landwirtschaft« (*»feminization of agriculture«*) bezeich-net.[69]

In Bezug auf die Frage, wie sich die Reorganisation der Aufga-benverteilung auf die Geschlechterordnung auswirkt und ob dies zu einem Wertewandel und einer Stärkung der gesellschaftlichen Positi-onierung der Frau führt, lässt sich anhand der vorliegenden Studien nicht eindeutig beantworten.

Zahlreiche Arbeiten verweisen insbesondere auf die Mehrbelas-tung, die mit der Verdopplung der Produktions- und Reproduktions-aufgaben im Zuge der »Feminisierung der Landwirtschaft« einherge-hen: Frauen würden weiterhin ihren »traditionellen« häuslichen Auf-gaben (z. B. Betreuung von Kindern[70], Kranken und Alten) nach-kommen, zusätzlich die Felder bewirtschaften und sich um das Vieh kümmern (vgl. u. a. de Haas, van Rooij, 2010; Smit 2012). Schäfer (2002: 36) stellt dar, dass insbesondere Ehefrauen einkommens-schwacher Wanderarbeiter sowie Witwen und geschiedene Frauen durch die zeitliche Überschneidung vieler Arbeitsbereiche belastet sind. Ihre Schwierigkeiten beim Ressourcenzugang (Land, Investiti-onsmittel, Services) und die eingeschränkte Ressourcenkontrolle reduzierten darüber hinaus ihre Chancen, durch die Integration in die Marktproduktion wirtschaftlich autonomer zu werden.

Für Ruanda beschreibt Smit (2012: 26) die Situation folgender-maßen:

Höhere Arbeitsbelas-tung für Frauen im Zuge der »feminization of ag-riculture«

---

69 Neben der Arbeitswanderung von Männern sind auch (Bürger-)Kriege und Aids Faktoren, die zur Feminisierung der Landwirtschaft in Afrika geführt haben. Siehe hierzu u. a. Lastarria-Cornhiel (2008), Ajani und Ig-bokwe (2011) sowie in deutscher Sprache: Blasche und Inhetveen (1983).

70 Besonders in patriarchalen Gesellschaften kann die Kindererziehung durch die Abwesenheit der Väter auch dadurch erschwert werden, dass diese in den Augen der Kinder eine autoritäre Respektsposition inneha-ben, die so nicht ohne Weiteres von den Frauen übernommen werden kann: »In patriarchal societies of Ghana, for instance, the absence of a father makes it difficult to control growing child. Thus putting emotional and psychological strain on the mothers and migrant fathers.« (Migrating out of Poverty Research Programme Consortium 2016b: 2)

»The departure of especially young and physically powerful man, often results in an increasing workload for staying women in the household. Besides
the household duties and the care for the children, they namely have to work
in agriculture and to solve all arising household problems.«

Zum Teil verweisen die Studien auf die besonderen Verwundbarkei-
ten frauengeführter Haushalte im ländlichen Raum und auf deren
ökonomischen Abhängigkeiten von den Rücküberweisungen der
Männer (z. B. Francis 2002). In einer Studie zum Niger (Niamey)
schreibt Youngstedt (2013) z. B.:

»Effectively serving as household heads to ensure social reproduction, many
take on difficult burdens of extra work when their husbands fail to send remittances, while others assume responsibility for investing remittances.«
(Youngstedt 2013: 136)[71]

De facto befinden sich die zurückbleibenden Frauen von Arbeitsmigranten also in der Rolle des ländlichen Haushaltsvorstands, was mit
einer Erweiterung des Aufgabenspektrums einhergeht. Dies umfasst
eben u. a. auch landwirtschaftliche Aufgaben: Frauen müssen sich oft
in kürzester Zeit die erforderlichen Kenntnisse und Fähigkeiten in
Bereichen aneignen, die bis dato männliche Domänen waren.[72] Es
findet also eine Verschiebung der traditionellen Geschlechterrollenverteilung in der realen Alltagspraxis statt.

---

71 Youngstedt (2013: 136) arbeitet zudem heraus, dass den Frauen neben
    den zusätzlichen Arbeiten auch die zusätzliche Verpflichtung zukomme,
    sich um die Pflege der translokalen Netzwerk-Beziehungen zu kümmern,
    um den Zusammenhalt der »Hausa-Diaspora« und somit eine wesentliche
    Basis ihres Livelihood-Systems sicherzustellen.

72 Dies schließt z. B. die Anbauleistungen für zuvor »statussichernde Män-
    nerpflanzen« (Schäfer 2002: 32) wie Hirse und Jams mit ein, über die bis-
    lang ausschließlich Männer die Verfügungsgewalt hatten.

Diese Verschiebung der Aufgaben- und Arbeitsbereiche führt jedoch nicht zu einer gleichzeitigen Veränderung der Hierarchie- und Machtverhältnisse innerhalb der sozialen Organisation des Haushalts bzw. der Gemeinschaft: Zwar werden überkommene geschlechtsspezifische Kategorisierungen einzelner Arbeitsbereiche revidiert, indem nun auch Frauen in Eigenregie pflügen, säen oder ernten, jedoch finden die Frauen (und ihre Arbeitsleistung) auch mit der Übernahme »männlicher« Aufgaben keine zusätzliche gesellschaftliche Anerkennung (etwa in Form größerer Entscheidungsbefugnisse). Die Geschlechterrollen bleiben also stabil.[73]

Verschiebung der traditionellen Geschlechterrollenverteilung in der Alltagspraxis bei unveränderten Hierarchieverhältnissen

Pribilsky (2004) stellt andererseits fest, dass die Arbeitsmigration von Männern auch zu einer positiven Redefinition der Rollen in den Migrantenfamilien führen kann:

»[...] couples redefined roles and arrangements for the family life and the relationship of the partners improved due to the increased need to cooperate and coordinate despite the hardships throughout the process.« (Pribilsky, 2004, nach ACP 2012: 12)

Ein Beispiel für weibliches *Empowerment* im Zuge der »*feminization of agriculture*« sehen Greiner und Sakdapolrak (2012) in einem Fall aus Machakos (Kenia). Sie beschreiben, dass während der Dürre Anfang der 1980er Jahre eine extreme Abwanderung von Männern stattfand und in der Folge ca. 60% der Haushalte von Frauen geführt wurden. In diesem Kontext gründeten sich viele erfolgreiche Frauenselbsthilfegruppen, die mit Unterstützung staatlicher Boden- und Wasserkampagnen die Rechte der Frauen gestärkt und Qualifikationen in diesen Bereichen gefördert haben.[74]

Ramisch (2015) berichtet in einer Studie zu rural-urbaner Migration aus Westkenia jedoch, dass sich die alten Geschlechterrollen im Zuge der Ausbreitung der Mobilkommunikation heute wieder (re-) stabilisieren: Wegen der extrem hohen Frequenz des Telefonkontakts entstehe eine telekommunikative Dauerpräsenz des Mannes, so

Restabilisierung alter Geschlechterrollen im Zuge der Ausbreitung der Mobilkommunikation

---

73 Vgl. Schäfer (2002).

74 Vgl. Rocheleau (2001); Rocheleau, Steinberg (1995).

dass die gewachsene Autonomie und Verantwortlichkeit der Frauen für den ländlichen Teil des Haushalts zunehmend wieder verloren geht. In dem Bemühen des abwesenden Mannes, seiner Rolle als Haushaltsvorstand gerecht zu werden, mische dieser sich, ohne Kenntnis der Situation vor Ort, in die täglichen häuslichen und landwirtschaftlichen Entscheidungen ein. Der Mann kann so seine patriarchale Machtposition (wieder) festigen – wenngleich nicht unbedingt zum Wohle des Haushalts:

»Gender relations are also put under further stress: migrant men remain (or believe they have remained) involved in rural affairs but appear to be using cellphone technologies to reinvent their household roles, replacing previously social or labour contributions with financial ones and by asserting claims over the on-farm decision-making of rural households previously considered female-headed.« (Ramisch 2015: o. S.)

Die im Zuge der Translokalisierung der Livelihoods stattfindende »Feminisierung der Landwirtschaft« – so lässt sich zusammenfassen – hat zwar die Aufgaben- und Verantwortungsbereiche weiblicher Haushaltsmitglieder im ländlichen Raum des subsaharischen Afrikas deutlich erweitert, jedoch hat sich damit deren gesellschaftliche Position kaum verbessert. Und selbst wenn die Frauen substanziell zum Haushaltseinkommen beitragen, bleibt die Verfügungsmacht über diese Mittel meist gering (UN 2010).

Auch die Verfügungsmacht über das Land stellt sich nach wie vor als schwierig dar: Obwohl Frauen den überwiegenden Teil der Arbeitskraft stellen, besitzen sie in den meisten afrikanischen Staaten nur geringfügige Anteile der landwirtschaftlichen Betriebsflächen (FAO 2016).[75] In Subsahara-Afrika sind lediglich 15% der Acker-

---

75 Daten zu dem Landbesitz von Frauen finden sich in der *Gender and Land Rights Database* der FAO: http://www.fao.org/gender-landrights-database/data-map/statistics/en/.

landbesitzer weiblich (FAO 2011).[76] Vielfach wird afrikanischen Frauen der Zugang zu Land durch das geltende Erb- und Landnutzungsrecht erschwert.

Auch beim Zugang zu landwirtschaftlichen Beratungsservices werden Kleinbäuerinnen häufig benachteiligt. Nur 5% der Kleinbäuerinnen erhalten überhaupt landwirtschaftliche Beratung (Oxfam 2013). Probleme gibt es darüber hinaus beim Zugang zu Kleinkrediten für Investitionen (z. B. in landwirtschaftliche Technologie oder Betriebsmittel) (FAO 2011).

Die wirtschaftlichen Potenziale von Frauen in der Landwirtschaft sind also aufgrund zahlreicher rechtlicher, agrarpolitischer und soziokultureller Hindernisse beschränkt.[77] Diese Schwierigkeiten im Ressourcenzugang und die geringe Ressourcenkontrolle verringern insgesamt die Chancen der Frauen, in die Marktproduktion einzusteigen, um so wirtschaftlich autonomer zu werden und die landwirtschaftliche Produktion zu steigern.

An der generellen Benachteiligung von Frauen in der Landwirtschaft hat auch die Translokalisierung der Livelihoods bislang offenbar nicht viel geändert: In Afrika südlich der Sahara ist das Geschlecht weiterhin *die* zentrale Kategorie, die über Ressourcenzugang und -kontrolle entscheidet.

---

76 Dieser Wert verdeckt die recht große Spannweite zwischen einzelnen Ländern: So sind in Mali nur 5% der Landbesitzer weiblich, während dieser Wert in Botswana bei über 30% liegt.

77 Zu den Schwierigkeiten zählt auch die sich in der Entwicklungszusammenarbeit und -planung hartnäckig haltende Vorstellung von kleinbäuerlichen Familienbetrieben unter männlicher Leitung. Deshalb bilden Frauen nach wie vor selten die Zielgruppe entsprechender Projekte (vgl. Schäfer 2002).

6.3.3. Gesundheit

Der Zusammenhang zwischen Translokalität und Gesundheit ist vielschichtig. Er erstreckt sich über Fragen nach der Verbreitung von Krankheiten im Zuge von Migration und translokaler Lebensführung sowie über eine veränderte Einstellung zu Gesundheitsfragen bis hin zu eventueller Verbesserung der Gesundheitsversorgung durch mehr finanzielle Mittel oder den verbesserten Zugang zu Gesundheitseinrichtungen aufgrund translokaler Haushaltsführung zwischen Land und Stadt. Er umfasst zudem die physische wie psychische Gesundheit sowohl der Migranten als auch der Daheimgebliebenen sowie die Auswirkung von Translokalität auf das allgemeine Gesundheitsniveau einer Gesellschaft.

6.3.3.1 Einfluss von Migration und Translokalität auf die Verbreitung von Krankheiten am Beispiel von HIV/AIDS

Zusammenhang zwischen Migration und HIV-Ausbreitung

Die IOM geht in ihrem Bericht zu Migration und Entwicklung im globalen Süden aus dem Jahr 2013 davon aus, dass die Mobilität von Menschen die Verbreitung ansteckender Krankheiten deutlich begünstige (IOM 2013: 26). Ein sehr prominentes Beispiel hierfür ist die jüngste Ebola-Epidemie in Westafrika, die sich im Grenzgebiet zwischen Guinea, Liberia und Sierra Leone entwickelte und sich in rasantem Tempo entlang der Migrationsrouten in die Hauptstädte und lokalen urbanen Zentren ausbreitete. Weit weniger ansteckend, jedoch wesentlich weiter verbreitet als der Ebola-Virus ist der HI-Virus, was in Teilen des afrikanischen Kontinents bereits schwere soziale und ökonomische Folgen nach sich zog. Eine konkrete Einschätzung der Auswirkungen von Translokalität auf die Verbreitung von HIV und AIDS ist anhand der Literaturlage nur schwer möglich, da die Studien sich z. T. widersprechen – wenngleich die Mehrheit der Studien den Zusammenhang zwischen (zirkulärer) Migration und der Verbreitung von HIV betonen.

So beschreiben Cremin et al. (2015) für die Gaza Province in Mosambik, die starke zirkuläre Migrationsbeziehungen in die südafrikanischen Minengebiete in Gauteng aufweist, die Korrelation

zwischen Migration und der Ausbreitung von Geschlechtskrankheiten. Die Minenarbeiter kehren in der Regel im Dezember (also zu den
Weihnachts- und Jahresendfeierlichkeiten) in ihre Heimatregion zurück; in der Folge steigt dort nicht nur die Geburtenrate (im September des darauffolgenden Jahres), sondern auch die Ansteckungsrate
bei Geschlechtskrankheiten, insbesondere HIV.[78]

Ein ähnliches zeitliches Muster beschreibt Anarfi (1993) für Ghana: Einen regelmäßigen Anlass zur Rückkehr der Migranten bilden
lokale Festivitäten (Anarfi bezieht sich auf das »*Apoo*« der Bono), bei
der sonst geltende Moralvorstellungen außer Kraft gesetzt sind.[79] So
kann z. B. ein Mann seine Frau während dieser Zeit nicht der Untreue
bezichtigen, wenn sie mit einem anderen Mann schläft (Anarfi 1993:
17). Nachdem die Ansteckung der Transmigranten im Zielgebiet
durch außerehelichen Geschlechtsverkehr stattgefunden habe – so

---

78 »A seasonal pattern of births is observed in Gaza Province, a high-
fertility setting, whereby there is a considerable rise in births each September. Increased frequency of conception during December is hypothe-
sized to be related to labour migrants, including miners, returning from
South Africa over the Christmas period. In Mozambique, this seasonal
trend in institutional births is specific to the southern region where there
is a large volume of labour migration to South Africa; it is not observed
in northern provinces, where labour migration is infrequent. Given a seasonal trend of an increase in unprotected sex in December, it can be hy-
pothesized that HIV transmission would also increase during this time period.« (Cremin et al. 2015: 2)

79 »Ghanaian migrants often visit home during festive occasions such as
Christmas and local festivals, most of which are given over to revelry, in
an atmosphere of laxity and permissiveness. A good example is the Apoo
festival of a section of the Bono people: during the two weeks of the festival, there is a general licence to flout the existing law and order. It is reported, for example, that a man cannot divorce his wife on the grounds of
adultery if another man sleeps with her during the festival period. Thus
migration makes the relocation of the disease possible and the social activities facilitate its diffusion.« (Anarfi 1993: 17)

Anarfi (1993) –, führe die Promiskuität während des Festes zu einer schnelleren Verbreitung von Krankheiten im Herkunftsgebiet.

Auch Pison et al. (1993) bestätigen das in ihrer Studie zum Senegal.[80] Dort infizierten sich Männer hauptsächlich am Zielort ihrer Migration mit dem HI-Virus und steckten ihre Frauen oder Freundinnen während temporärer Aufenthalte im Herkunftsdorf an. Lurie et al. (1997) beschreiben Ähnliches für Migranten in KwaZulu Natal (Südafrika):

»Female partners of male migrants clearly recognize that their partners are anything but monogamous while away. On the contrary, female partners of migrants are so certain that their partners take additional sexual partners while away that they often laugh at the idiocy of such a question. This assumption is so central to the context of migration that it is barely discussed since it is recognized by all, females as well as males, as being a truism.« (Lurie et al. 1997: 22)

Laut Studien von Konotey-Ahulu (1989) und Mabey et al. (1988) hat Migration auch in Ghana einen direkten Einfluss auf das Sexualverhalten und auf die HIV-Übertragung. In diesen Studien wird beschrieben, dass zwei Drittel der HIV-infizierten Prostituierten in Gambia aus den benachbarten Ländern Senegal und Guinea kommen (Mabey et al. 1988: 1) und ein Großteil der HIV-Infektionen in Ghana mit grenzüberschreitender Wanderarbeit, vor allem aus der Côte d'Ivoire, zusammenhängt (Konotey-Ahulu 1989).

Abdool Karim et al. (1992) kommen in ihrer Studie zum HIV-Vorkommen im ländlichen KwaZulu Natal zu dem Schluss, dass Menschen, die vor kurzem ihren Wohnort gewechselt haben, eine dreimal höhere HIV-Infektionswahrscheinlichkeit aufweisen als »Sesshafte«. Ein ähnliches Muster erkennen Nunn et al. (1995) im Rahmen einer Forschung in Uganda, wo die HIV-Rate bei den dauer-

---

80 »HIV is mainly transmitted first to adult men through sexual contacts with infected women met during their seasonal migration and second to their wives or regular partners once they are back home.« (Pison et al. 1993: 196)

haften Bewohnern des Untersuchungsgebiets signifikant niedriger war als bei Migranten. Auch für Hlabisa, eine ländliche Gemeinde in KwaZulu Natal (Südafrika), scheint dies zu gelten: Lurie et al. (1997) stellten in einer Pilotstudie fest, dass sämtliche ermittelten HIV-Fälle entweder Remigranten oder Partner von Migranten waren. Dass nicht nur männliche, sondern auch weibliche Migranten zu der Risikogruppe gehören, zeigen Zuma et al. (2003) anhand einer Fallstudie im südafrikanischen Carltonville:

»HIV prevalence was 37.1% with higher prevalence among migrant women (46.0%) than non-migrant women (34.7%) [...]. The highest HIV prevalence (50.9%) was between ages 26 and 35 years.« (Zuma et al. 2003: 814)

Neuere Studien zu Lesotho und Swasiland bestätigen den Zusammenhang zwischen der Wanderarbeit in die südafrikanischen Minen und der HIV-Infektionsrate, wobei die Korrelation aktuell nicht mehr ganz so deutlich ist wie in den älteren Studien:

»Using Demographic and Health Surveys, the analysis shows that migrant miners aged 30–44 are 15 percentage points more likely to be HIV positive and having a migrant miner as a partner increases the probability of infection for women by 8 percentage points. The study also shows that miners are less likely to abstain and to use condoms and that female partners of miners are more likely to engage in extra-marital sex.« (Corno und de Walque 2012: 1)

Ein interessantes Ergebnis hinsichtlich der unterschiedlichen Wirkung internationaler Wanderungsbewegung auf Zielgebiete und Herkunftsgebiete liefert die Studie von Docquier, Vasilakis und Tamfutu Munsi (2011), die auf Daten (1990er Jahre) aus 44 afrikanischen Ländern basiert: Während Auswanderung die Ausbreitung von AIDS im Herkunftsland deutlich beschleunigt, ist diese Dynamik im Zielland nicht festzustellen; Immigration hat demnach keinen messbaren Einfluss auf die Infektionsrate im Zielland.[81] Diese Studie macht die

Auswanderung beschleunigt die Ausbreitung von AIDS im Herkunftsland, aber nicht im Zielland.

---

81 »Our data cover 44 sub-Saharan African countries over the nineties. Controlling for omitted variables, spatial correlation and endogeneity prob-

Wirkung von translokalen Netzwerken für die Ausbreitung der Krankheit deutlich:

»However the long-run effect of emigration accounts for more than 5 percent of HIV prevalence rates in 18 countries, and more than 20 percent in 9 countries. In particular, HIV prevalence rates in the year 2000 would have been at least 20 percent larger without decreasing emigration in countries such as Mauritius, Lesotho, Swaziland, Botswana or Namibia. On the contrary, prevalence rates would have been at least 20 percent lower without increasing emigration in countries such as Burkina Faso, Comoros, Liberia or Equatorial Guinea.« (Docquier, Vasilakis und Tamfutu Munsi 2011: 3)

Der Zusammenhang von Migration und HIV-Ansteckung hat aufgrund der inzwischen flächendeckenden Verbreitung von HIV/AIDS in Afrika an Signifikanz verloren.

Der in den späten 1980er und 1990er Jahren immer wieder postulierte Zusammenhang zwischen der Verbreitung von HIV/AIDS und Migration hat mittlerweile deutlich an Signifikanz verloren. Schon zu Beginn der 2000er stellte die IOM (2002: 2) für das südliche Afrika fest, dass dieser Zusammenhang an Relevanz verliere, weil AIDS in der Gesamtbevölkerung und flächendeckend verbreitet sei: HIV und AIDS sind in vielen Teilen Afrikas inzwischen ubiquitär. Coffee, Lurie and Garnett (2007: 344) beschreiben das für Südafrika folgendermaßen:

»Early in the South African epidemic, migration appeared to fuel HIV spread by increasing geographic connectedness between locations with substantial

lems, we estimate the effect of immigration and emigration on the dynamics of HIV prevalence rates. Our analysis reveals that emigration to high-prevalence destination countries increases infection rates at origin. On the contrary, immigration does not generate significant effects. Although other mechanisms are plausible, these results are consistent with the widespread view that migrants have unprotected relations with prostitutes who were already infected in the host country. Hence, immigration does not induce significant changes in prevalence rates at destination. However new infected migrants propagate the virus to their origin countries through circulation, visits and/or return migration.« (Docquier, Vasilakis und Tamfutu Munsi 2011: 3)

differences in prevalence rates, such as migrant work sites and their rural home areas. In the mid-1990s, migrants in South Africa and Lesotho had levels of HIV infection close to seven times that of their non-migrant peers, and many early HIV cases were linked directly to migrant workers. However, as the epidemic progressed and prevalence rose in rural areas, the distinction between areas of high and low prevalence has blurred, and rural epidemics may be self-sustaining.« (Coffee, Lurie and Garnett 2007: 344)

Vor diesem Hintergrund erstaunt auch das Ergebnis einer aktuellen Studie von Kenyon et al. (2014) nicht. Nach der Analyse von Daten aus 141 Ländern, darunter 28 subsaharische Länder, konnten sie keinen statistischen Zusammenhang mehr zwischen Migrationsintensität (Binnenwanderung und internationale Migration) und der Verbreitung von HIV feststellen: »*We were not able to assess any association between HIV prevalence and the frequency of migration.*« (Kenyon et al. 2014: 12)

So lässt sich schlussfolgern, dass die Translokalisierung der Livelihoods in den 1990er Jahren die Verbreitung des HI-Virus sehr stark begünstigte, weil viele Arbeitsmigranten sich an den Zielorten infiziert hatten und dann als Überträger des Virus fungierten, der dann auch in den ländlichen Herkunftsgebieten streute. Mittlerweile jedoch hat die (translokale) Migration keinen unmittelbaren Einfluss mehr auf die Ausbreitung der Krankheit.

Mittlerweile ist der direkte Einfluss translokaler Migration auf die weitere Ausbreitung von AIDS nicht mehr feststellbar.

6.3.3.2 Auswirkung von AIDS auf (translokale) Haushalte

Im vorangegangenen Kapitel wurde deutlich, dass sich HIV/AIDS zwar entlang der Migrationsrouten und der translokalen Netzwerklinien über Subsahara-Afrika ausgebreitet hat, dass die Krankheit heute jedoch so flächendeckend auftritt, dass man nicht mehr zweifelsfrei sagen kann, translokale Haushalte seien häufiger von AIDS betroffen als lokal organisierte Haushalte.

Trotzdem lässt sich vermuten, dass die AIDS-Pandemie extrem viele translokale Haushalte im subsaharischen Afrika vor existentielle Probleme stellt, die vor allem im ländlichen Raum wirksam werden: Die Krankheit bedeutet zum einen den Ausfall von Arbeitskraft, und

AIDS und die Destabilisierung (translokaler) Haushaltsstrukturen

im Falle erkrankter Arbeitsmigranten den Wegfall oft überlebensnotwendiger Rimessen. Zum anderen führt die Krankheit u. U. zu Prozessen der *Detranslokalisierung*, denn erkrankte Arbeitsmigranten kehren oft an den ländlichen Haushaltsstandort zurück, um dort gepflegt zu werden und letztlich zu sterben (»*Returning-Home-to-Die*«-Phänomen). Die Rückkehr der Kranken bedeutet zusätzliche soziale, ökonomische und auch emotionale[82] Belastungen und oft eine Destabilisierung des Haushalts. Clark et al. (2007: 7) beschreiben für Südafrika, welchen Einfluss die Rückkehr der erkrankten Migranten auf die ländlichen Haushalte und das dortige Gesundheitssystem hat:

»This study shows that in the context of ongoing circular labour migration in South Africa, return migration back to rural homes is associated with advancing illness and death, particularly from HIV/AIDS, which is adding an extra burden to families and health systems in rural areas. The returning home to die phenomenon is associated with loss of household income (through cessation of remittances), increased household health expenditure (for healthcare and funerals), and further loss of household (and community) income given the high opportunity cost of caring for a severely ill person. There is also the effect of additional patient and cost burdens being placed on already strained rural health systems.« (Clark et al. 2007: 7)

Die Kinder in von AIDS betroffenen Haushalten leiden in besonderem Maße, und zwar schon bevor sie zu Waisen werden: Wenn Eltern oder andere erwachsene Haushaltsmitglieder HIV-bezogene Symptome zeigen, müssen die Kinder oft neue Aufgaben übernehmen, seien es zusätzliche Aufgaben im Haushalt (Kochen, Putzen, Wassertragen und die Wäsche), Pflegetätigkeiten bei den erkrankten Personen oder bei Kleinkindern (Füttern, Waschen, Hilfe beim Toilettengang, Begleitung bei Arztbesuchen etc.), landwirtschaftliche oder außerlandwirtschaftliche Arbeit. Foster und Williamson (2000: 278) wei-

---

82 »For example, children may experience reduction in their quality of life when their mother goes to provide home care for an HIV/AIDS-affected relative or because of transfers of money to a sick relative's household.« (Foster und Williamson 2000: 278)

sen darauf hin, dass Anwesenheit und Leistung in der Schule im Falle einer AIDS-Erkrankung der Eltern deutlich sinke, weil die kindliche Arbeitskraft im Haushalt gebraucht werde und – nicht zuletzt aufgrund des Verdienstausfalls der Eltern und der hohen Medikamentenkosten – oft keine Mittel mehr für die Schulgebühren vorhanden seien.

Die Versorgung von AIDS-Waisen stellt die translokalen Haushalte ebenfalls vor immense ökonomische und sozial-psychologische Probleme[83] – mit weitreichenden Folgen für die Erziehung und Bildung der betroffenen Kinder und Jugendlichen.

»Early evidence for the impact on children's school attendance as a result of orphanhood came from Uganda; the financial strain led to households with orphans failing to raise funds to send their own children to school. Education is often disrupted when parents become sick, especially older girl children who are required to take over household and caregiving chores. In Uganda, amongst children 15-19 years whose parents had died, only 29% continued their schooling undisrupted; 25% lost school time and 45% dropped out of school; school-age children with the greatest chance of continuing their education were those who lived with a surviving parent; those fostered by grandparents had the least chance (7%).« (Foster und Williamson 2000: 281)

Auch der allgemeine Gesundheitszustand von AIDS-Waisen im ländlichen Raum ist erheblich schlechter als jener von Nicht-Waisen.[84]

---

83 »In a Ugandan study, most children felt hopeless or angry when their parents became sick and scared their parents would die. Most orphans were depressed, with lower expectations about the future: fewer orphans expected to get a job, wanted to get married or wanted children than non-orphans. Depression was more likely in 10-14 years old than 15-19 years and such children were more likely to be living with a widowed father than with a widowed mother, suggesting that the loss of a mother is more distressing than the loss of a father.« (Foster und Williamson 2000: 282)

84 »Younger orphans in rural Zambia were more likely to have frequent illnesses than non-orphans.« (Foster und Williamson 2000: 281)

Der ländliche Raum ist am stärksten von den sozialen Folgen von AIDS betroffen. Hier wird ein Großteil der Last getragen.

Hoffnung durch Erfolge der antiretrovirale HIV-Therapie (ART)

Es wird deutlich, dass die Logik translokaler Livelihoods dazu führt, dass das Leben im ländlichen Raum des afrikanischen Kontinents am stärksten von den folgenschweren Auswirkungen von AIDS betroffen ist: In den ländlichen Gemeinden wird ein Großteil der Last dieser sozialen Katastrophe getragen.

Hoffnung bieten derzeit Programme zur antiretroviralen HIV-Therapie (ART). Aktuelle Studien (z. B. aus Südafrika) belegen, dass ART-Programme dazu beitragen, sowohl die Ansteckung zu verringern als auch die Lebenserwartung von HIV-Infizierten zu erhöhen.

Bor et al. (2013) forschten in einer ländlichen Region in KwaZulu-Natal (ca. 100.000 Einwohner), in der ca. 50% aller Frauen und ca. 33% der Männer zwischen 35 und 49 Jahren mit dem AIDS-Erreger infiziert waren. Dort wurde 2004 in einem Großprogramm die Behandlung mit der antiretroviralen Kombinationstherapie ausgeweitet. Bor et al. (2013) fanden heraus, dass sich infolge des Programms die Lebenserwartung drastisch erhöht hat. Die durchschnittliche Lebenserwartung eines 15-Jährigen stieg von 2003 bis 2011 von 49,2 Jahren auf 60,5 Jahre.

Tanser et al. (2013) haben in derselben Region vergleichende Untersuchungen zum Ansteckungsrisiko durchgeführt. Demnach sinkt das Infektionsrisiko mit Ausweitung des ART-Programms signifikant:

»[...] an HIV-uninfected individual living in a community with high ART coverage (30 to 40% of all HIV-infected individuals on ART) was 38% less likely to acquire HIV than someone living in a community where ART coverage was low (<10% of all HIV-infected individuals on ART).« (Tanser et al. 2013: 1)

Mit Blick auf die Wirtschaftlichkeit der ART-Programme weisen Bor et al. (2013) darauf hin, die Kosten für eine antiretrovirale HIV-Therapie würden je Patient zwischen 500 US$ und 900 US$ liegen. Diesen Ausgaben müssten – so die Autoren – die Kosten der AIDS-Pandemie und ihrer Folgen gegenübergestellt werden. Eine Behandlung der 25 Millionen HIV-Infizierten in Subsahara-Afrika (UNAIDS

2014: 18)[85] würde jährliche Kosten von ca. 17,5 Milliarden bedeuten.
Angesichts der offenkundig enormen Wirksamkeit der ART sowie
der immensen gesellschaftlichen und volkswirtschaftlichen Folgekos-
ten, die AIDS (z. B. durch den Verlust von Arbeitskräften und die
notwendige Unterstützung von Kranken, Witwen und Waisen) verur-
sacht, erscheint diese Zahl nicht hoch. Zum Vergleich: Die Fußball-
Weltmeisterschaft 2014 in Brasilien und die Olympischen Spiele in
Rio de Janeiro 2016 kosteten zusammen deutlich mehr (PACS 2014);
und zu einer höheren Lebenserwartung von HIV-Infizierten führen
diese Megaevents wohl kaum.[86]

Da AIDS in Afrika – wie dargestellt – aufgrund der translokalen
Logik in besonderer Weise ein ländliches »Entwicklungsproblem«
darstellt, hätten großangelegte ART-Programme gleichzeitig die Wirkung »integrierter ländlicher Entwicklungsprogramme«, da sie deutlich übersektorale Effekte (neben Gesundheit z. B. auch auf Bildung
und Landwirtschaft) aufweisen.

Großangelegte ART-Programme hätten die Wirkung »integrierter ländlicher Entwicklungsprogramme«, da sie starke übersektorale Effekte hätten.

6.3.3.3 Einfluss von Translokalität auf die psychologische Gesundheit

Zu dem Aspekt der psychosozialen Folgen von Migration in Afrika
und dem Einfluss translokaler Livelihood-Organisation auf die psychische Gesundheit von Migranten und Nicht-Migranten liegen uns
keine Studien vor. Jedoch lassen sich aus generellen Erfahrungen
Schlüsse auch für den afrikanischen Kontext ableiten. Zunächst einmal bedeutet die Veränderung des räumlich-sozialen Gefüges des
Haushalts eine (temporäre) räumliche Distanz, z. B. zwischen Ehe-
frau und Ehemann und/oder den Kindern, und damit einhergehend eine geringere Kontaktintensität. Einsamkeitsgefühle bis hin zu De-

---

85 Die Dunkelziffer liegt vermutlich sehr viel höher.

86 Die deutschen Steuerzahler haben in den Jahren 2008 bis 2014 insgesamt
ca. 268 Milliarden US$ für die Bankenrettung bezahlt. Zwar hat diese
Maßnahme vermutlich die Lebenserwartung einiger Banker erhöht, aber
mit den Geldern hätte man in Afrika südlich der Sahara auch 15 Jahre
lang ein flächendeckendes ART-Programm finanzieren können.

pressionen aufgrund mangelnder emotionaler Rückkopplung können
ebenso die Folge sein wie ungesundes Kompensationsverhalten, z. B.
in Form von Drogen- oder Alkoholkonsum. Smit (2012) beschreibt
für Ruanda, dass 33,8% der untersuchten Migrantenhaushalte infolge
von Migration Gefühle von Einsamkeit oder Verlust empfinden (Smit
2012: 80). [87] Yaro, Awumbila und Keye (2015: 124) stellen in einer
Studie zu Ghana Ähnliches dar:

»Distance to destination constituted a major psychological challenge to the
families. The NR migrant families lamented the most about missing their
partners and fathers. Some even wished that the migrant abandoned the economic project and returned home to make the family complete. Marital problems emerge with the absence of these migrants, as over time both partners
are accused of being unfaithful.«

Eine langfristige Trennung von Familienmitgliedern kann negative
Einflüsse auf die psychische Verfassung haben und somit die geistige
und körperliche Gesundheit sowie die Leistungsfähigkeit langfristig
beeinträchtigen, wie eine Studie aus Ghana bestätigt (Migrating out
of Poverty Research Programme Consortium 2016b: 3).[88] Auch können aus einer dauerhaften räumlichen Trennung von Partnern eheli-
che Probleme entstehen, die ein translokales Netzwerk destabilisieren

---

87 »Many more migrant households (33.8%) experience feelings of loneli-
    ness and loss as most important negative impact of migration« (Smit
    2012: 80)
88 Insbesondere Kinder belastet die räumliche Trennung von ihren Eltern
    emotional. Auch die schulische Leistungsfähigkeit kann davon negativ
    beeinflusst werden, wie Smit (2012) für Ruanda berichtet: »Also several
    children of migrants indicated to have feelings of loneliness and sadness,
    resulting in a poor motivation to attend school. So, a 71-year old grand-
    mother in Nyagasambu told: ›My granddaughter is often crying. She
    misses her mummy and wants to see her. I often have to explain that her
    mother is in the city in order to help us to survive. Every day, I stimulate
    her to do her best in school‹.« (Smit 2012: 81)

können (Yaro, Awumbila, Teye 2015: 124).[89] Das Kontakthalten ist also auch mit Blick auf die psychische Gesundheit essentiell wichtig für die in translokale Netze eingebundenen Akteure an den verschiedenen Orten (ACP 2012: 11). Insofern kann der verbesserte Zugang zu mobiler Telekommunikation und Internet sich positiv auswirken, denn dank dieser Medien können die Mitglieder translokaler Haushalte auch über größere Distanzen hinweg zumindest ein gewisses Maß an sozialer Nähe halten und sich u. U. auch in Phasen psychologischen Stresses gegenseitig unterstützen (vgl. Sterly 2015).[90]

Die Erkenntnisse zu den psychosozialen Aspekten translokaler Livelihoods sind ausgesprochen lückenhaft; hier besteht weiterer Forschungsbedarf.

---

89 Jedoch fand das *Migrating out of Poverty Research Programme Consortium* (2016b: 2) in ihrer Studie in Ghana heraus, dass 24,1% der Männer und 15,6% der Frauen angaben, dass die Migration ihre Beziehung sogar positiv beeinflusst habe. Gründe hierfür waren die bessere Versorgungslage und geringere Frequenz von Streitigkeiten aufgrund der räumlichen Trennung. Umgekehrt gaben allerdings 27,6% der Männer und 15,6% der Frauen an, dass die Migration ihre Beziehung belaste, da sie weniger mit ihren Partnern direkt kommunizieren könnten.

90 Die Kommunikation via Telefon (oder Internet) schafft das Gefühl von Nähe, indem es den Kontakt niedrigschwellig und häufig ermöglicht. Diese Nähe ist zum Aufrechterhalten sozialer und emotionaler Bande, z. B. im Kontakt zwischen an getrennten Orten lebenden Paaren, Eltern und Kindern, Geschwistern, Freunden etc., unerlässlich. Das Gefühl der besseren Anbindung an die Heimat kann den psychischen Druck und Einsamkeitsgefühle mildern und somit zur psychischen und auch physischen Gesundheit beitragen. In Niamey (Niger) benutzen beispielsweise 85% der Hausa-Migranten Mobiltelefone, um mit ihrer Familie in Kontakt zu bleiben (Youngstedt 2013: 149).

6.3.3.4 Auswirkungen von Translokalität auf die Ausgaben für Gesundheit sowie das Gesundheitsbewusstsein

Es ist plausibel, davon auszugehen, dass die Translokalität von Livelihoods sowohl Einfluss auf das Ausgabeverhalten der Haushalte für gesundheitsbezogene Dienste und Medikamente hat als auch – aufgrund der »social remittances« der Migranten – zu veränderten Einstellungen und Handlungsweisen hinsichtlich Gesundheitsfragen führt. Ob indes höhere Gesundheitsausgaben von Haushalten Ausdruck eines Wertewandels bzw. eines größeren »Gesundheitsbewusstseins« sind oder ob sich darin lediglich ein höheres verfügbares Einkommen ausdrückt, ist unklar.

Rimessen werden am ländlichen Haushaltsstandort oft für Gesundheitsausgaben verwendet.

Rimessen von städtischen Haushaltsangehörigen werden am ländlichen Haushaltsstandort oft auch für die Finanzierung von Gesundheitsausgaben verwendet. Anhand der vorliegenden Studien ist es jedoch schwierig, den Anteil dieser Ausgaben an der Gesamtsumme der Rücküberweisungen zu quantifizieren, auch weil insbesondere zu Rimessen aus Binnenmigrationen keine verlässlichen aggregierten Daten vorliegen (vgl. Kap. 6.1.1). Die Quellenlage lässt daher Einschätzungen vor allem für die internationalen Rücküberweisungen zu:

In Bezug auf Kenia und Nigeria zeigen Watkins und Quattri (2014: 15), dass zwischen 5% (Nigeria) und 7% (Kenia) der internationalen Rücküberweisungen für die Gesundheitsversorgung ausgegeben werden (vgl. Abbildung 21).

Abbildung 21: Verwendung internationaler Rimessen in Kenia und
Nigeria (2009) (in Prozent von Gesamt)

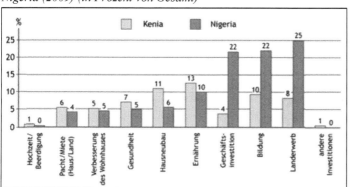

Quelle: verändert und übersetzt nach Watkins und Quattri (2014: 15); nach
Daten von Ratha et al. (2011: 20)

Obwohl diese prozentualen Werte in Relation zu anderen Ausgabe- *Internationale Transmig-*
posten wie Landkauf, Bildung und »Business« recht klein erscheinen, *ration führt zu einer*
Verbesserung der
machen sie absolut betrachtet vermutlich doch einen Unterschied. *Gesundheitsversorgung*
Denn Zourkaleini et al. (2013) stellen für Kamerun fest, dass die *bzw. -situation der*
Angehörigen im
Ausgaben für Gesundheit bei Haushalten mit internationalen Migran- *Herkunftsgebiet.*
ten (inkl. Remigranten) signifikant höher seien als bei Haushalten ohne Migranten (mit den höchsten Werten bei Haushalten, die aktuell
einen Angehörigen im Ausland haben [nach IOM 2013: 30]). Insofern ist davon auszugehen, dass internationale Migration zu einer
Verbesserung der Gesundheitsversorgung bzw. -situation der Angehörigen im Herkunftsgebiet führt.

Fraglich ist jedoch, ob sich diese Werte aus der internationalen
Migration auf den Kontext von translokaler Binnenmigration übertragen lassen. Wie bereits in Kapitel 6.1.1.3 beschrieben, weisen Haushalte mit internationalen Migranten und solchen mit Binnenmigranten
deutliche Unterschiede im Wohlstandsniveau auf, was sich auch auf
das Ausgabeverhalten (im Gesundheitssektor) auswirkt.

Smit (2012) stellt für eine ländliche Region in Ruanda in Bezug
auf interne Rimessen dar, dass über 40% der Migrantenhaushalte angaben, sie würden die Rimessen für den Bereich »Gesundheit« verwenden, lediglich der Bereich »Ernährung« wurde häufiger genannt
(vgl. Smit 2012: 100 sowie Abbildung 19 in Kap. 6.1.1.3). In absolu-

ten Zahlen jedoch ist der Betrag, der für Gesundheit ausgegeben wird, relativ gering.[91] Trotzdem gaben 43% der von Smit befragten Migrantenhaushalte um Kigali an, dass sie durch die Migration eine Verbesserung im Bereich Gesundheit erfahren haben; ein Großteil gab konkret an, dass sie durch die Rimessen in der Lage seien, sich eine Krankenversicherung zu leisten, die ihnen im Krankheitsfall die Versorgung mit notwendigen Medikamenten und medizinischen Leistungen ermöglicht (Smit 2012: 104). Hierbei ist jedoch der sozioökonomische Status des Migrantenhaushalts entscheidend:

»Better-off migrant households namely experience significantly more often a positive change in access to health care than poorer migrant households.« (Smit 2012: 105)

Aufschlussreich in diesem Zusammenhang sind die Angaben der 130 von Smit (2012) im ländlichen Raum untersuchten Migrantenhaushalte auf die Frage, in welchen Bereichen sich aufgrund von Migration die wichtigsten Veränderungen ergeben hätten. Hier fallen erhebliche Diskrepanzen zwischen verschiedenen Wohlstandsgruppen auf (vgl. Abbildung 22).

---

91 Das meiste Geld, das als Rücküberweisungen in den ländlichen Raum fließt, wird für die Verbesserung der Wohnsituation und Ernährung am ländlichen Haushaltsstandort verwendet (vgl. Smit 2012: 100 sowie Abbildung 18 und 19 in Kap. 6.1.1.3)

Abbildung 22: Wichtigste Veränderungen durch die Migration von Haushaltsmitgliedern (getrennt nach sozioökonomischen Statusgruppen; n = 130)

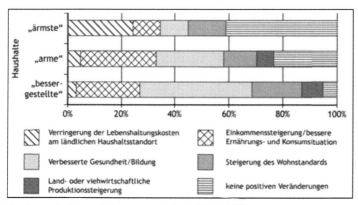

Quelle: verändert und übersetzt nach Smit (2012: 108)

Die häufigste Antwort der ärmsten Haushalte: Die Migration habe zu keinen wesentlichen Änderungen geführt. Und die Haushalte, die Verbesserungen feststellen, nennen zumeist den Aspekt, die alltäglichen Ausgaben seien gesunken. Mit wachsendem Wohlstand – so zeigen die Ergebnisse – rückt dieser Gesichtspunkt in den Hintergrund. Und am häufigsten wird von den wohlhabenderen Haushalten die Verbesserung in den Bereichen »Bildung« und »Gesundheit« genannt.

Es wird insgesamt deutlich, dass sich die sozioökonomische Stratifizierung auch im Gesundheitsbereich manifestiert – das gilt im lokalen wie im translokalen Kontext. Für einen Teil der translokalen Haushalte ergeben sich dank der Rücküberweisungen vermutlich sehr konkrete Verbesserungen im Bereich der Gesundheitsversorgung und -vorsorge (z. B. in Form einer Krankenversicherung); für viele verwundbare Haushalte indes reichen die Rimessen, so sie denn kommen, gerade für das Nötigste.

Die sozioökonomische Stratifizierung manifestiert sich auch im Gesundheitsbereich – im lokalen wie im translokalen Kontext.

Dass sich Einstellungen und Verhalten in Bezug auf Gesundheit aufgrund von Migrationserfahrungen ändern können, stellen Helgesson Sekei et al. (2014: 59) in ihrer Studie zu *social remittances* in Tansania dar. Eine etwaige Veränderung des Gesundheitsbewusstseins findet am wahrscheinlichsten bei den Migranten selbst statt;

wegen der Kontakte und der translokalen Kommunikation erreicht »neues« Wissen jedoch auch Verwandte, Freunde und Bekannte, die in den Herkunftsgebieten auf dem Land leben. Es ist davon auszugehen, dass sich der Austausch von Wissen und Erfahrungen über gesundheitsrelevante Fragen sowie gesundheitsbezogene Entscheidungsprozesse in translokal organisierten Haushalten mit der verbreiteten Nutzung von Mobiltelefonen heute anders gestaltet als vor der Mobilfunkära (Ramisch 2015: o. S.). Der Einfluss der Mobiltelefonie auf die gesundheitliche Situation translokaler Haushalte aber ist nach unserer Kenntnis bisher nicht erforscht.

Ebenfalls haben wir keine Kenntnis darüber, ob die translokalen Netze bereits für öffentliche gesundheitliche und medizinische Präventionsarbeit genutzt werden. So böte es sich z. B. an, die bestehenden komplexen und geographisch weit ausgreifenden translokalen Kanäle informeller Kommunikation gezielt im Sinne größerer »Health Awareness Campaigns« zu nutzen und zirkuläre Migranten als Multiplikatoren für gesundheitliche Aufklärungsarbeit einzusetzen.

6.3.3.5 Einfluss von Translokalität auf den Zugang zu Pflege und medizinischer Versorgung

Die translokale Organisation der Lebensführung hat nicht nur Auswirkungen auf die ökonomischen Voraussetzungen der Haushaltsmitglieder, um im Alter oder Krankheitsfall Pflege und medizinische
Versorgung zu erhalten. Auch die soziale und räumliche Struktur der
Netzwerke bildet dafür eine wichtige Bedingung.

Innerhalb etablierter translokaler Netzwerke zwischen ländlichen
und städtischen Gebieten findet eben nicht nur Arbeitsmigration statt;
denn auch alte und kranke Menschen sind entlang der Netzwerklinien
mobil.[92] Grund dafür ist, dass die translokalen Netze Orte miteinander
verbinden, die jeweils unterschiedliche soziale und infrastrukturelle
Opportunitätsstrukturen hinsichtlich der Gesundheitsversorgung aufweisen. Und im Bedarfsfall ermöglichen die translokalen Netzwerke
den Alten und Kranken die Mobilität, um die an den verschiedenen
Orten jeweils vorhandenen medizinischen Versorgungs- und/oder
Pflegemöglichkeiten zu nutzen. Die translokale Mobilität alter und
kranker Menschen zwischen Land und Stadt findet deshalb aus jeweils unterschiedlichen Gründen in beide Richtungen statt:

Translokale Netzwerke ermöglichen den Alten und Kranken die Mobilität, um die an den verschiedenen Orten jeweils vorhandenen medizinischen Versorgungs- und/oder Pflegemöglichkeiten zu nutzen.

In diesem Bericht wurde bereits mehrfach darauf verwiesen, dass
viele Migranten nach ihrem Berufsleben oder wenn sie ihre Arbeits-
fähigkeit einbüßen, von der Stadt zurück aufs Land ziehen (siehe die
»*retirement migration*« [Kap. 5.3.4.2] sowie das »*returning-home-to-
die*«-Phänomen [Clark 2007 und Kap. 6.3.3.2]). Diese Migration
kann haushaltsökonomisch (Reduzierung der Lebenshaltungskosten,
die auf dem Land i.d.R. niedriger sind als in der Stadt) oder vor dem
Hintergrund kultureller Normen (z. B. Ahnenglaube) erklärt werden.

Wichtig in diesem Zusammenhang ist jedoch auch, dass – dem
System translokaler Arbeitsteilung und Kooperation entsprechend –
den Mitgliedern am ländlichen Haushaltsstandort, vor allem den
weiblichen, die Pflegeaufgaben (»*care role*«) zukommen (vgl. Greiner 2008, 2010, Lohnert 2002; Schmidt-Kallert 2009: 326-327).
Die alters- oder krankheitsbedingte Remigration eröffnet den (Ar-

Den weiblichen Mitgliedern am ländlichen Haushaltsstandort kommen meist die Pflegeaufgaben (»care role«) zu.

---

92 Siehe hierzu auch das Phasenmodell, Phase 3, Kap. 5.3.3.

beits-)Migranten also die Möglichkeit auf soziale Unterstützung, die am städtischen Haushaltsstandort oft nicht gegeben ist. Die Gesundheitsmigration von der Stadt aufs Land findet aber auch statt, um im Herkunftsdorf auf traditionelle Heilmethoden zurückzugreifen. Teilweise geht es dabei um die Verfügbarkeit spezifischer Heilmittel oder um die Konsultation bestimmter Heiler (vgl. u. a. Steinbrink 2009); auch die »Befragung« der Ahnen ist bisweilen ein Grund für die Rückreise von Kranken ins Herkunftsgebiet.

Die alters- und krankheitsbedingte Mobilität vom Land in die Stadt erklärt sich meist aus der räumlich ungleichen Verteilung von medizinischen Versorgungseinrichtungen.

Die alters- und krankheitsbedingte Mobilität aus den Herkunftsgebieten in urbane Zentren erklärt sich meist aus der räumlich ungleichen Verteilung von medizinischen Versorgungseinrichtungen.[93] In vielen ländlichen Gebieten Subsahara-Afrikas ist die medizinische Versorgung der Wohnbevölkerung kaum gewährleistet; es gibt zu wenige Ärzte, Krankenhäuser und Krankenstationen, und auch die Qualität der Ausstattung der medizinischen Infrastruktur ist meist miserabel. Selbst wenn die Bedingungen in den meisten afrikanischen Städten ebenfalls höchst problematisch sind, so sind sie in der Regel doch besser als auf dem Land. Die translokalen sozialen (Haushalts-)Netzwerke werden deshalb genutzt, um einen (besseren) Zugang zu der in Städten vorhandenen medizinischen Infrastruktur und (westlicher) medizinischer Versorgung zu bekommen. Dies umfasst ebenso akute Krankheitsfälle wie auch längerfristige oder vorbeugende Behandlungen sowie z. B. die prä- und postnatale Versorgung von Müttern. Der städtische Haushaltsstandort bietet ihnen eine Unterkunftsmöglichkeit und die dort lebenden Angehörigen die notwendige soziale und finanzielle Unterstützung während der Zeit der Behandlung. Steinbrink (2009) berichtet aus Südafrika, dass auch ältere Menschen vom Land in die Stadt ziehen, um dort gewisse medizinische Untersuchungen und Leistungen in Anspruch zu nehmen, zu denen sie auf dem Land keinen oder nur einen schlechten Zugang haben. Auch zur Beantragung von »*disability grants*« und den damit einhergehenden

---

93 Selbst im vergleichsweise wohlhabenden Südafrika ist die Verteilung von Einrichtungen zur medizinischen Versorgung nach wie vor äußerst ungleich (vgl. z. B. Tanser, Gijsbertsen, Herbst 2006 sowie Ijumba, Day, Ntuli 2004).

erforderlichen medizinischen Untersuchungen ziehen Menschen temporär aus den ländlichen Gebieten weg, z. B. nach Kapstadt, weil die medizinischen Untersuchungen sowie der bürokratische Akt dort leichter zu organisieren sind als in den peripheren Gebieten der ehemaligen Homelands. Zum Teil sind Gesundheitsmigrationen aber auch an andere Migrationsmotive gekoppelt. So berichten z. B. Peil, Ekpenyong und Oyeneye (1988) aus Süd-Nigeria, dass ältere Witwen häufig in Städte ziehen, um sich um die Kinder ihrer dort arbeitenden Söhne zu kümmern; dieses würde zum einen die Altersversorgung der Witwe sicherstellen, und zum anderen schätzten gerade ältere Frauen die Nähe zu den besseren medizinischen Einrichtungen und das »einfachere Leben« in der Stadt.

Insgesamt ist davon auszugehen, dass translokale Netzwerke in vielen afrikanischen Gesellschaften von essentieller Bedeutung für das Funktionieren des formellen und informellen Pflege- und Versorgungssystems sind. Große Teile der städtischen Bevölkerung sind im Krankheitsfall auf die informell organisierte Pflege von Verwandten im ländlichen Raum angewiesen; und es sind ebenfalls die sozialen Netzwerke, die – weil sie sich translokal formieren – für viele Menschen im ländlichen Raum den Zugang zu medizinischer Versorgungsinfrastruktur in der Stadt erst ermöglichen.

Translokale Netzwerke sind in vielen afrikanischen Gesellschaften von essentieller Bedeutung für das Pflege- und Versorgungssystem.

Die Bedeutung der Translokalität für die Gesundheitsversorgung in Afrika ist nach unserer Kenntnis bislang allerdings nicht genauer untersucht worden. Auch hier besteht also Forschungsbedarf.

7 Schlussbetrachtung

In den vorangegangenen Kapiteln wurde herausgearbeitet, dass das Phänomen der translokalen Livelihood-Organisation in Afrika südlich der Sahara ausgesprochen weit verbreitet ist. Vorhandene Zahlen zum Ausmaß der internationalen und innerstaatlichen zirkulären Migration sowie der Rücküberweisungen sind Indikatoren dafür, dass ein erheblicher Bevölkerungsanteil in Subsahara-Afrika (als *Mover* oder *Stayer*) in translokale Zusammenhänge eingebunden ist – vorliegenden Studien zufolge schätzungsweise 40% bis 60% der Menschen aus ländlichen Regionen und ca. 70% der Stadtbevölkerung, insgesamt also ca. ein halbe Milliarde Menschen (vgl. Kap. 5.2).

Es wird somit deutlich, dass die Sesshaftigkeit und die lokale Organisation des alltäglichen Lebens in Afrika keineswegs die universelle Norm darstellen. Migration ist ebenso integraler Bestandteil der Livelihoods wie soziale Vernetzung über teils große Entfernungen und flächenräumliche Grenzziehungen hinweg. Entsprechend stark hängen die Lebenssituationen in den ländlichen und städtischen Lebensräumen zusammen, weshalb konsequenterweise – und anstelle der Differenzierung nach ländlichen und städtischen Lebensbedingungen – von *translokalen* Lebensbedingungen gesprochen werden muss.

Die Livelihood- und Verwundbarkeitsperspektive bietet, sofern sie sich aus ihrer flächenräumlichen Befangenheit löst, eine gute Möglichkeit, verschiedene Formen der ökonomischen, migratorischen und sozialen Interaktion zwischen verschiedenen Orten sowie zwischen Land und Stadt als zentrale Aspekte der Existenzsicherung zu erkennen. Das Konzept der translokalen Livelihoods (vgl. Kap. 3) und das Modell des Translokalen (vgl. Kap. 4) sind für das Verständnis von Land-Stadt-Verflechtungen in Afrika äußerst aufschlussreich. Darüber hinaus ist es sinnvoll, die Struktur der raumübergreifenden Verflechtungszusammenhänge als (intendierte und unintendierte) Folge sozialer Praktiken und rationalen Handelns von Individuen und Haushalten zu betrachten. An verschiedenen Stellen in diesem Buch wurde deshalb auf die Wichtigkeit hingewiesen, bei der Untersuchung translokaler Livelihood-Strategien (Migration, ökonomische Diversifizierung etc.) vor allem der Kontextabhängigkeit der Handlungsorientierung der translokal Handelnden Rechnung zu tragen. Aus zweierlei Gründen: Erstens kann damit die vorschnelle Gleichsetzung von rationalem und freiem Handeln ausgehebelt und stattdessen gezeigt werden, dass die translokalen Livelihood-Strukturen in Afrika oft auf Handlungslogiken basieren, die auch kontextbedingten Zwängen unterliegen. Und zweitens lässt sich mithilfe der Unterscheidung nach *Überlebens-, Sicherheits- und Maximierungsrationalität* (Kap. 4.2) das *Outcome* des translokalen Handelns und dessen Effekte auf Veränderungsprozesse (im ländlichen Raum) differenzierter betrachten. So wird bereits auf theoretischer Ebene deutlich, warum sich die Frage nach der Wirkung von Translokalität keineswegs von selbst beantwortet.

Die Analyse der in das Buch eingeflossenen Fallstudien zu (zirkulärer) Migration, flächenraumübergreifender Vernetzung, Interaktion und Austausch in Afrika südlich der Sahara fördert zutage, inwiefern die Translokalität der Livelihoods das Ergebnis des Handelns von Akteuren im Umgang mit ihrer spezifischen Situation ist: Die sich in vielen Staaten Afrikas verschlechternden Lebensbedingungen – in ländlichen ebenso wie in städtischen Gebieten – geben Anlass, die translokalen Verflechtungszusammenhänge vor allem als Produkt von Verwundbarkeit zu verstehen; denn es sind überwiegend verwundbare Bevölkerungsgruppen, die auf die Strategie der translokalen Haushaltsführung zurückgreifen und darauf angewiesen sind. Insofern sind die translokalen Strukturen meist das Ergebnis eines Livelihood-Handelns, das auf Krisenbewältigung und/oder auf die Verringerung von Risiko und Unsicherheit abzielt.

Verwundbarkeit ist allerdings nicht nur Auslöser von Translokalisierungsprozessen, sondern gleichzeitig ein prägendes strukturelles

Moment der Handlungsbedingungen: Es entstehen dauerhafte translokale sozialräumliche Strukturen. Somit ist der Kontext, in dem gehandelt wird und an den sich die Livelihood-Systeme anpassen müssen, selbst translokal.

Verwundbarkeit ist somit nicht lokal, also weder städtisch noch
ländlich, sie ist sozial. Wann immer Menschen in direkter reziproker
Abhängigkeit stehen, wirkt sich die Situation des einen auf die des
anderen aus. Halten sich verwundbare Menschen an unterschiedlichen Orten auf, um ihr System der Lebensabsicherung gemeinsam zu
organisieren, so formiert sich ihre Verwundbarkeit raumübergreifend.
In diesem Sinne stellt *Verwundbarkeit im subsaharischen Afrika oft
ein translokales Phänomen* dar. Das heißt: Ländliche und städtische
Verwundbarkeit sind für viele Menschen nur die zwei Seiten der *einen* translokalen Misere.

Zwar wirkt die Translokalität der Livelihoods – so zeigen viele
Fallstudien – mildernd auf die Verwundbarkeit, weil sie die Hand-
lungsmöglichkeiten der eingebundenen Akteure erweitert; jedoch entsteht in den vernetzten Teilräumen eine direkte Abhängigkeit von der
Situation in den anderen Teilräumen: Sowohl Veränderungen der
handlungsbeeinflussenden Rahmenbedingungen an einem Ort als
auch die Handlungen selbst können die Akteure am anderen Ort direkt oder indirekt mitbestimmen. Folglich resultiert aus der translokalen Organisation ein quasi-räumliches Interdependenzgefüge, in welchem lokale Einflüsse translokale Effekte haben. So kann es im
Land-Stadt-Zusammenhang durchaus zur »Ruralisierung urbaner Krisen« oder auch zur »Urbanisierung ruraler Risiken« kommen.

Vor diesem Hintergrund: Wie stehen Translokalität und ländlicher Strukturwandel zueinander?

Wenn man »*Ländlichen Strukturwandel*« – wie in Rauch et al.
(2016: iv) vorgeschlagen – als »*langfristigen multi-dimensionalen
Prozess der Veränderung grundlegender Merkmale der Wirtschafts-
und Lebensweise der Menschen in ländlichen Räumen unter Berücksichtigung ihrer Einbettung in gesamtgesellschaftliche und globale
Dynamiken*« begreift, muss man den Prozess der Translokalisierung
und die translokale Livelihoodorganisation als wesentlichen Ausdruck dieses Strukturwandels verstehen. Im Zuge des Prozesses der
Translokalisierung der Livelihoods verändern sich die Wirtschafts-

und Lebensweisen gravierend, und zwar vor allem deshalb, weil sich die Strukturen in ihrer sozialräumlichen Ausprägung verändern: Die sozialräumlichen Strukturen dehnen sich aus und überspannen die Grenzen zwischen Land und Stadt. Diese Expansion schlägt sich in fast allen ökonomischen, gesellschaftlichen und kulturellen Aspekten der Lebensorganisation der Menschen, die in diesen translokalen Feldern agieren, nieder. Kann dieser tiefgreifende strukturelle Wandel also überhaupt noch als *ländlicher* Strukturwandel bezeichnet werden?

Aus dem Dargestellten lassen sich trotzdem zumindest einige Schlüsse ziehen, die das Verhältnis von translokalen Livelihoods und »(ländlicher) Entwicklung« betreffen. In den folgenden Kapiteln (Kap. 7.1 bis Kap. 7.3) seien diese abschließend kurz dargelegt.

7.1 TRANSLOKALE LIVELIHOODS UND DIE PERSISTENZ (RAUM-)STRUKTURELLER UNGLEICHHEIT

Strukturelle Ungleichheiten zwischen Regionen sowie zwischen städtischen und ländlichen Gebieten eines Landes werden gemeinhin als entwicklungspolitisches Problem interpretiert, weil mit ihnen soziale Ungleichheit, Ungleichverteilung volkswirtschaftlicher Erträge, ungleiche Lebensbedingungen und damit Ungerechtigkeit verbunden werden.

Translokale Livelihoods bilden sich letztlich nur aufgrund bestehender struktureller Ungleichheiten aus. Denn es geht bei der translokalen Livelihood-Organisation stets um die Kombination unterschiedlicher Wirtschaftstätigkeiten sowie um die Nutzung unterschiedlicher Möglichkeiten und infrastruktureller Ausstattung an unterschiedlichen Orten bei gleichzeitigem Streben nach Minimierung der Lebenshaltungskosten. Und es geht darum, mittels sozialer Netzwerke die an diesen Orten vorhandenen Opportunitätsstrukturen zu der einen Opportunitätsstruktur des translokalen Sozialraums verschmelzen zu lassen. Auf den Punkt gebracht: Gäbe es kein räumliches Muster struktureller Ungleichheit, gäbe es auch keine translokalen Livelihoods.

So plausibel und richtig es deshalb ist, raumstrukturelle Ungleichheiten als Auslöser von Migrations- und Translokalisierungsprozesse zu begreifen, so vorschnell wäre es, daraus – im Sinne neoklassischer Gleichgewichtsmodelle – eine Ausgleichstendenz abzuleiten. Denn womöglich trägt sie sogar zur Reproduktion des Musters bei ...

Betrachtet man zunächst die Rimessen, die in translokalen Zusammenhängen überwiesen werden (Kap. 6.1), so ist festzustellen, dass ein wesentlicher Teil der in Städten oder strukturstärkeren Regionen erwirtschafteten Einkommens der Migranten in die ländlichen Herkunftsgebiete transferiert wird. In der Summe macht das den Anschein eines mächtigen Kapitalflusses, der von strukturstärkeren, wohlhabenden Regionen auf strukturschwächere, ärmere Regionen gerichtet ist. Was nun vordergründig wie ein großer regionaler Ausgleichsstrom aussehen mag, entpuppt sich jedoch, wenn man die sozio-ökonomischen Bedingungen der allermeisten Arbeitsmigranten betrachtet, oft lediglich als eine Umverteilung zwischen »Armen hier und Armen dort«. Die translokalen Strukturen sind nicht als Medium sozialer Umverteilung zwischen Arm und Reich zu begreifen, sondern die Verwundbaren zahlen an Verwundbare. Dieser Transfer findet außerdem innerhalb translokaler Haushaltsstrukturen statt, sind also Teil jener internen Verteilungsprozesse, um die sich Volkswirtschaftler normalerweise nicht kümmern. Durch diese Zahlungen allein werden die Haushalte nicht wohlhabender!

Bei der Beantwortung der Frage, ob die migrantischen Rücküberweisungen trotzdem langfristig positive Folgeeffekte für ländliche Entwicklungsprozesse haben und zum Abbau der raumstrukturellen oder sozialen Disparitäten führen, hilft der Blick auf die *Verwendung* von Transferzahlungen.

Dass Rimessen für die Existenzsicherung der ländlichen Wohnbevölkerung von immenser Bedeutung sind, wurde in Kapitel 6.1.1 dargelegt. Immerhin erhalten geschätzt zwischen 20% und 40% der Haushalte im ländlichen Raum Subsahara-Afrikas regelmäßig Rücküberweisungen, und etwa 20% des im ländlichen Raum verfügbaren monetären Einkommens stammt aus Rücküberweisungen. Allerdings wird der überwiegende Teil der Rimessen nicht in »*productive assets*« investiert, sondern von den Empfängern im ländlichen Raum zur direkten Sicherung oder Verbesserung des Lebensstandards eingesetzt (Kap. 6.1.1.3). Die Mittel werden also vornehmlich für konsumtive Zwecke verwendet und nur zu einem geringen Teil in unternehmerischem Sinne investiert.

Produktive Investitionen in den landwirtschaftlichen oder außerlandwirtschaftlichen Sektor werden – wenn überhaupt – von Haushalten getätigt, die ohnehin bessergestellt sind. Der Großteil der translokalen Haushalte, die am Existenzminimum wirtschaften, kann sich produktive Investitionen gar nicht leisten, weil die verfügbaren Finanzmittel entweder nicht ausreichen oder das Risiko einer Fehlinvestition als zu groß erachtet wird.

Insofern ist davon auszugehen, dass die Rücküberweisungen kaum endogene Wachstumsdynamiken in der ländlichen Lokalökonomie stimulieren. Und obgleich es durchaus Beispiele dafür gibt, dass insbesondere Rimessen von internationalen Migranten positive, regionalökonomische Effekte in den Herkunftsgebieten haben können, gilt: Solange ein Großteil der ländlichen Haushalte im Kontext erhöhter Verwundbarkeit wirtschaftet, sind von Rücküberweisungen keine »Wirtschaftswunder« im ländlichen Raum des subsaharischen Afrikas zu erwarten.

Hinzu kommt, dass die Translokalität der Livelihoods oftmals eine wachstumshemmende Anomalie in der demographischen Struktur der ländlichen Wohnbevölkerung bedingt, was eine eigenständige wirtschaftliche Entwicklung auf dem Land deutlich erschwert. Ein Großteil der arbeitsfähigen Bevölkerung verlässt die ländlichen Gebiete, weil gerade junge und innovativere Menschen sich in den städtischen Zentren bessere Zukunftschancen erhoffen (vgl. Kap. 5.3.4). Das Bemühen in den ländlichen Regionen, den Mangel an familiärer Arbeitskraft zu kompensieren, führt zu einer starken Mehrfachbelastung der Zurückgeblieben. Die in diesem Zusammenhang zu beobachtende »Feminisierung der Landwirtschaft« (vgl. Kap. 6.3.2.1) hat – nicht zuletzt wegen der nach wie vor schwächeren gesellschaftlichen Position und eingeschränkten Verfügungsmacht von Frauen – vielerorts zu einer weiteren Verschlechterung der Produktionsbedingungen und der Marktposition kleinbäuerlicher Betriebe geführt.

All das trägt dazu bei, dass die wichtigste verfügbare Ressource auf dem Land – der Boden – häufig ineffektiv genutzt oder gar der agrarwirtschaftlichen Nutzung gänzlich entzogen wird. Sich aus dem globalen Marktgeschehen ergebende Wachstumschancen im landwirtschaftlichen Bereich werden auch deshalb unter den derzeitigen Bedingungen häufig nicht genutzt. Auch deswegen leistet die Translokalität der Livelihoods und der Einkommenstransfer keinen Beitrag zum Ausgleich der regionalen Disparitäten.

Politisch-ökonomisch ließe sich sogar argumentieren, dass räumliche Disparitäten durch das System der translokalen Livelihoods noch verschärft werden: Der Unterschied zwischen ländlichen und städtischen Lebenshaltungskosten ist ein wichtiger Grund für die translokale Haushaltsorganisation. So sind die Lebenshaltungskosten in den ländlichen Herkunftsgebieten der Migranten zumeist wesentlich geringer. Gründe dafür liegen u.a. im Beitrag der landwirtschaftlichen Subsistenzproduktion, im fehlenden Boden- und Wohnungsmarkt sowie in der außerhalb monetärer Kreisläufe stattfindenden Versorgung mit Feuerholz, Baumaterialien etc. Dieser »komparative Kostenvorteil« wird durch die translokale Organisation der Existenzsicherung genutzt, indem ein Teil der Haushaltsmitglieder – vor allem jene, die keiner bezahlten Erwerbstätigkeit nachgehen (können) – auf dem Land bleibt. Die Konstitution des städtischen Arbeitsmarkts im subsaharischen Afrika bedingt jedoch, dass die Einsparungen nicht primär den Haushalten zugutekommen. Vielmehr zementiert die urbane Arbeitsmarktsituation den wirtschaftlichen Zwang, dass viele Arbeitsuchende selbst extrem niedrige Einkommen akzeptieren. Wegen des Überangebots an (niedrigqualifizierten) Arbeitskräften sind die Löhne in den Städten meist so gering, dass das Existenzminimum der Arbeiter und ihrer Angehörigen kaum noch gewährleistet ist. Die durch die translokale Organisation der Livelihood-Systeme realisierten Einsparungen wirken also wie eine informelle Subventionierung der Arbeitskosten. Es findet eine Externalisierung eines Teils der Reproduktionskosten der in den urbanen ökonomischen Zentren des Landes geleisteten Arbeit in den ländlichen (Subsistenz-)Bereich statt. Das heißt, die Einsparungen durch die rural-urbanen Kostendifferentiale fließen teilweise in den Mehrwert ein, der als Profit von Personengruppen abgeschöpft wird, die kaum als verwundbar gelten können.

Insofern wird das System der translokalen Existenzsicherung auch zukünftig vermutlich eher dazu beitragen, bestehende Muster räumlicher Disparitäten und sozialer Ungleichheiten zu verschärfen und zu verfestigen.

7.2 DIE TRANSLOKALITÄT DER LIVELIHOODS ALS ZEITLICH STABILES PHÄNOMEN

Wenn wir davon ausgehen, dass raumstrukturelle Disparitäten ursächlich für Translokalisierungsprozesse sind und wir gleichzeitig feststellen, dass die Translokalität von Livelihoods nicht zu einer Abschwächung der Ungleichheiten führt, dann ist die Annahme, Translokalität von Livelihoods sei nur ein transitives Phänomen, bereits auf logischer Ebene unwahrscheinlich. Und auch nach Sichtung der vorliegenden empirischen Fallstudien sehen die Autoren wenig Anlass, davon auszugehen, dass translokale Systeme der Livelihood-Organisation in näherer Zukunft an Bedeutung verlieren werden oder lediglich ein Übergangsphänomen im afrikanischen Urbanisierungsprozess darstellen. Zumal sich in der neueren Literatur eine Fülle von Hinweisen findet, wonach raumübergreifende Organisationsformen der Livelihoods eher noch weiter im Vormarsch sind. Dabei spielen nicht zuletzt die mobilen Kommunikationsmedien sowie das Internet eine entscheidende Rolle, weil intensive translokale Vernetzungsstrukturen dadurch entscheidend erleichtert und befördert werden – wenn auch zu hohen finanziellen Kosten für die translokalen Haushalte (vgl. Kap. 5.3.5 und Kap. 6.1.1.1).

Die Translokalisierung der Livelihoods ist das Ergebnis von Anpassung an sich verändernde Handlungsbedingungen und -optionen und darüber hinaus als Folge rationalen (Haushalts-)Handelns zu begreifen. Das heißt: Solange es den Akteuren sinnvoll erscheint, in translokalen Lebenszusammenhänge eingebunden zu sein, werden diese fortbestehen.

Viele der vorliegenden Studien lassen sich dahingehend deuten, dass das translokale Handeln (Transmigration, translokale ökonomische Einkommensdiversifizierung und translokales Networking) weniger an Maximierung orientiert ist als an Sicherheit und Risikovermeidung. Das beweist der hohe Anteil verwundbarer und ökonomisch schwacher Haushalte, die ihr Leben in translokalen Zusammenhängen organisieren. Die Hauptursache für das Ent- und Bestehen translokaler Verflechtungen sind nicht die großen Chancen auf Wohlstand, die für die Haushalte damit verbunden sind, sondern die meist fehlenden Alternativen: Für ein Gros der Haushalte ist die Translokalisierung der Livelihoods – so lässt sich zusammenfassend feststellen – weniger eine Frage des Wollens als eine Frage des Müssens.

Die Triebkräfte für die Translokalisierungsprozesse lassen sich dabei keineswegs eindeutig im ländlichen oder im städtischen Raum verorten, denn auf beiden Seiten wirken (strukturelle) Rahmenbedingungen verursachend auf die Translokalität. Die landwirtschaftliche Produktionssituation (inklusive Krisenanfälligkeit aufgrund von Marktentwicklungen und klimatischen Unsicherheiten), die Schwierigkeiten bei der Marktintegration sowie die ungenügenden außerlandwirtschaftlichen Erwerbsmöglichkeiten in den ländlichen Herkunftsgebieten machen eine »sesshafte Existenzsicherung« auf dem Land für große Bevölkerungsteile weitgehend unmöglich und somit die Wanderung als Strategie unumgänglich. Extrem niedrige Löhne und diverse Unwägbarkeiten auf dem städtischen Arbeitsmarkt, schlechte und unsichere Wohnbedingungen sowie vergleichsweise hohe Lebenshaltungskosten indes machen eine Abwanderung aller Haushaltsmitglieder unmöglich. Deshalb sind viele Haushalte gezwungen, die lokalen Opportunitäten – die jeweils für sich genommen eine Existenzsicherung nicht gewährleisten würden – translokal miteinander zu kombinieren.

Über die translokalen sozialen Vernetzungen findet also letztlich eine Verknüpfung verschiedenartiger lokaler Verwundbarkeitskonstellationen statt, deren Ziel es ist, die jeweiligen Risiken aufzufangen. Die Risikofaktoren selbst bleiben davon jedoch unbeeinflusst; vielmehr werden die Risiken lediglich (sozial, ökonomisch und räumlich) verteilt, um ihre potenziellen Auswirkungen abzufedern.

Viele der in diesem Buch thematisierten Aspekte deuten darauf hin, dass die Verwundbarkeit nicht nur dazu beträgt, dass translokale Zusammenhänge entstehen, sondern auch dazu, diese zu festigen. Anders ausgedrückt: Die räumlichen Verflechtungen stabilisieren sich durch die dauerhafte Instabilität der Lebensbedingungen in den sozial vernetzten Teilräumen. Die Auswertung der Studien lässt daher den Schluss zu, dass die translokale Organisation der Haushalte zwar sehr wohl als Strategie geeignet ist, mit den jeweiligen Unsicherheiten umzugehen, jedoch ist die Translokalität der Livelihoods allein kein Mittel, um die Notwendigkeit der Translokalität zu verringern. Dafür geht Translokalität zu selten mit einer substanziellen Verbesserung der Lebensbedingungen in den Teilräumen einher.

Die Aussage, dass sich die Situation *ohne* Translokalisierung allerdings noch schlechter darstellte, bleibt zwar hypothetisch, ist aber plausibel.

Fazit: Die Notwendigkeit zur Translokalität bleibt sowohl im ländlichen als auch im städtischen Zusammenhang bestehen, und sie ergibt sich in hohem Maße aus den translokalen sozialen Wirklichkeiten selbst.

7.3 PLÄDOYER FÜR EIN *TRANSLOKALES PLANERISCHES BEWUSSTSEIN*

Ist die Translokalität der Existenzsicherung – mit Blick auf die Armuts- und Verwundbarkeitsproblematik im ländlichen Raum Subsahara-Afrikas – nun als positiv oder als negativ zu bewerten?

Viele Leser, insbesondere aus der Entwicklungspraxis, dürften sich *vor* der Lektüre dieses Buches eine Antwort auf diese Frage erhofft haben. Wir unsererseits hoffen nun, dass *nach* der Lektüre deutlich geworden ist, dass es darauf keine eindeutige Antwort geben kann. Vielmehr schält sich die Erkenntnis heraus, dass es letztlich auch gar nicht darum geht, ob die raumübergreifende Form der Existenzsicherung Lösung oder Problem ländlicher Regionalentwicklung in Afrika ist. Denn translokale Livelihoods sind das eine wie das andere bzw. weder das eine noch das andere. Doch auch eine so ambivalente Einsicht hat große praktische Relevanz: Entwicklungspolitik und Entwicklungszusammenarbeit müssen also weder spezifische Maßnahmen entwickeln, um die »Translokalität zu fördern«, noch direkte »Maßnahmen gegen Translokalität« ergreifen.

Aus der richtigen Beobachtung, dass die Translokalität der Livelihoods das Resultat dynamischer Anpassungsprozesse ist, sollte nicht einfach der Schluss gezogen werden, das Ergebnis sei eine »angepasste Lösung«, die als Selbsthilfebemühung der Zielgruppe deshalb unterstützungswürdig sei. Mit dieser Schlussfolgerung ließe man nämlich außer Acht, dass die Translokalität in ihrer Ausprägung oftmals Ausdruck von Zwängen und Alternativlosigkeit ist und die Verwundbarkeit der Akteure mitunter perpetuiert. Andererseits: Wenn die Entwicklungspraxis die wichtige Erkenntnis, dass Translokalität oft sowohl Manifestation als auch Moment von Verwundbarkeit darstellt, ins Zentrum rückt, und somit die Translokalität der Livelihoods als ein zu lösendes Problem deutet, würde sie die existenzielle Notwendigkeit dieser raumübergreifenden Organisationsform verkennen.

Am Ende dieses Buches möchten wir deshalb an die Entwicklungspraxis die Empfehlung aussprechen, dass es nicht primär um Maßnahmen gehen sollte, welche die translokalen Systeme selbst zum *Gegenstand* machen. Etwaige Maßnahmen sollten sich allenfalls darauf beschränken, die translokalen »Reibungsverluste«, die durch Kosten und Aufwand für Transport, Kommunikation und Transfer (z. B. von Rimessen) entstehen, zu minimieren. Ansonsten kommt es in der Praxis vor allem darauf an, *Translokalität als Kontext entwicklungspraktischer Arbeit* anzuerkennen und die translokalen Livelihoods als Tatsache anzunehmen, ihre Dynamiken zu verstehen und diese zu berücksichtigen. An die Stelle des containerräumlichen (Land/Stadt-)Denkens sollte daher die planerische Einsicht treten, dass Entwicklungsmaßnahmen, die translokal organisierte Zielgruppen betreffen, immer in deren translokalen Lebenszusammenhängen wirken.

Ein solches *translokales planerisches Bewusstsein* bedeutet zum einen die Anerkennung, dass lokal implementierte Maßnahmen fast zwangsläufig raumübergreifende Effekte in dem Sinne haben, dass Eingriffe auf der einen Seite auch Folgewirkungen auf der anderen Seite des translokalen Systems mit sich bringen und zudem Auswirkungen innerhalb des translokalen Systems selbst haben. Man denke beispielsweise an die Auswirkungen von Landreformen: Eine Überführung von unter traditionellem Landnutzungsrecht stehendem *communal land* in Privateigentum wäre ein tiefgreifender Einschnitt in die translokalen Systeme der Existenzsicherung. Ein solcher

Schritt würde u. U. eine vollständige Reorganisation der Existenzsicherungssysteme der betroffenen Haushalte bedeuten – mit allen Risiken für die Menschen und weitreichenden Folgen für Urbanisierung und Stadtentwicklung in Afrika.

Translokales planerisches Bewusstsein bedeutet aber zum anderen auch, sich die translokalen Strukturen als Gelingensbedingung für die erfolgreiche Implementierung von Projekten und Maßnahmen zu vergegenwärtigen. Beispielhaft dafür sind spezielle Programme zur landwirtschaftlichen Beratung für Frauen: Solche Programme wären leicht zum Scheitern verurteilt, wenn nicht die sich andernorts aufhaltenden männlichen (*de jure*) Haushaltsvorstände in den Prozess eingebunden wären. Denn trotz ihrer Abwesenheit bleiben sie oft maßgeblich an landwirtschaftlichen Entscheidungen des Haushalts beteiligt.

Die komplexen Wirkungszusammenhänge des Translokalen stellen zweifellos große Anforderungen an die Entwicklungsplanung. Doch die translokale Planungsperspektive ist unabdingbar, um den sozialen Realitäten im ländlichen Raum Subsahara-Afrikas gerecht zu werden. Insofern fungiert dieses Buch vor allem als Plädoyer für eine (räumlich) integrierende Sichtweise auf »ländliche Entwicklungsprobleme« in Afrika südlich der Sahara.

Planerische Patentrezepte gibt es nicht. Grundsätzlich lässt sich aber festhalten, dass all jene Maßnahmen zielführend sind, die dazu beitragen, die »Notwendigkeit zur Translokalität« zu verringern, und zwar erst mal ganz unabhängig davon, ob diese Maßnahmen im ländlichen oder im städtischen Raum implementiert werden. Mit einer positiven Veränderung der lokalen Verwundbarkeitskontexte – sei es in der Stadt oder auf dem Land – gewinnen die Akteure an Handlungsspielraum und -freiheit. Ob dieses Mehr an Handlungsfreiheit dann im Sinne von Relokalisierung und Sesshaftigkeit – hier oder dort, auf dem Land oder in einer Stadt – genutzt werden oder für die Etablierung neuer Strukturen und Formen von Translokalität, die für die Eingebundenen dann aber größere Properitätschancen eröffnen, kann hier nicht beantwortet werden – »besser« wäre es in jedem Fall.

Und wenn Translokalität der Livelihoods schließlich nicht mehr Ausdruck von Alternativlosigkeit ist, sondern sich für die Menschen zu einer Möglichkeit entwickelt, die eigene Lebenssituation tatsächlich zu verbessern, dann wird auch *translokale Entwicklung* möglich.

Literatur

Abdool Karim, Q.; Abdool Karim, S. S.; Singh, B.; Short, R.;
Ngxongo, S. (1992): Seroprevalence of HIV Infection in Rural
South Africa. AIDS 6(12): 1535-1539.

Abdul-Korah, G. B. (2011): Now If You Have Only Sons You Are
Dead: Migration, Gender, and Family Economy in Twentieth
Century Northwestern Ghana. Journal of Asian and African Stud-
ies 46(4): 390-403.

ACCRON (2011): Research Proposal. African Rural-City Connections. Work Proramme: SSH 2010.4.1-2, Connections be-
tweenRural Areas and Cities in Sub-Saharan Africa: 1-73.

ACP (2012): Transnational Families and the Social and Gender Impact of Mobility in ACP Countries. Background Note: AC-
POBS/BN06.

Adams, A. (1993): Food Insecurity in Mali: Exploring the Role of
Moral Economy. IDS Bulletin 24(4): 41-51.

Addai, I. (2011): Estimating Remittances in the Informal Sector Labour Market in a Developing Economy: a Micro-Level Evidence
on Kayayoo Migrants in Kumasi, Ghana. The Social Sciences
6(4): 313-317.

Adepoju, A (1995): Migration in Africa. An Overview. In: Baker, J.;
Aina, T. A. (Eds.): The Migration Experience in Africa. Uppsala:
87-108.

Adepoju, A. (2005): Migration in West Africa. Global Commission
on International Migration. Human Resources Development Centre, Lagos.

Adepoju, A. (2006): Internal and International Migration within Africa. In: Kok, P.; Gelderblom, D.; Oucho, J. O.; van Zyl J. (Eds.): Migration in South and Southern Africa. Cape Town: HSRC Press: 26-45.

Adepoju, A. (2008): Migration in Subsaharan Africa. The Current African Issues 37. Nordiska Afrikainstitutet.

Adger, N. W. (2006): Vulnerability. Global Environmental Change 16: 264-281.

Afifi, T. (2009): Niger Case Study Report. EACH-FOR Environmental Change and Forced Migration Scenarios.

Agesa, R. U. (2004): One Family, Two Households: Rural to Urban Migration in Kenya. Review of Economics of the Household 2: 161-178.

Agnew, J. (1994): The Territorial Trap. The Geographical Assumptions of International Relations Today. Review of International Political Economy 1: 53-80.

Agnew, J. (2005): Space: Place. In: Cloke, P.; Johnston, R. (Eds.): Spaces of Geographical Thought: Deconstructing Humangeographies' Binaries. London: Sage: 81-96.

Ajani, mE. N.; Igbokwe, E. M. (2011): Implications of Feminization of Agriculture on Women Farmers in Anambra State, Nigeria.Journal of Agricultural Extension 15(1): 31-39.

Ajanovic, E. (2014): Remittances – More than Money? Konzeptionelle Überlegungen zum Verständnis von Rücküberweisungen von MigrantInnen in ihre Sendeländer. In: Ataç, I.; Fanizadeh, M.; Kraler, A.; Manzenreiter, W. (Eds.): Migration und Entwicklung. Neue Perspektiven. Wien: 101-116.

Aklilu, Y.; Catley, A. (2010): MIND THE GAP Commercialization, Livelihoods and Wealth Disparity in Pastoralist Areas of Ethiopia. Feinstein International Centre.

Alderman, H.; Paxson, C. (1992): Do the Poor Insure? A Synthesis of the Literature on Risk and Consumption in Developing Countries. Policy Research Working Papers No. 1008. World Bank.

Ambrosius, C.; Fritz, B.; Stiegler, U. (2008): Geldsendungen von Migranten – »Manna« für die wirtschaftliche Entwicklung? Hamburg.

Anarfi, J. K. (1993): Sexuality, Migration and AIDS in Ghana – a So-
cio-Behavioural Study.Health Transition Review 3: 45-67.

Andersson, A. (2002): The Bright Lights Grow Fainter: Livelihoods,
Migration and a Small Town in Zimbabwe. University of Stockholm: Almqvist and Wiksel International.

Anker, R.; Hein, C. (1986): Introduction and Overview. In: Anker,
R.; Hein, C. (Eds.): Sex Inequalities in Urban Employment in the
Third World. New York: St. Martin`s Press: 1-56.

Appadurai, A. (2003): Modernity at Large. Cultural Dimensions of
Globalization. Minneapolis/London: University of Minnesota.

Ardington, C.; Case, A.; Hosegood, V. (2007): Labor Supply Responses to Large Social Transfers: Longitudinal Evidence from
South Africa. NBER Working Paper Series 13442. National Bureau of Economic Research.

Argenti, N.; Röschenthaler, U. (2006): Introduction: Between Cameroon and Cuba: Youth, Slave Trades and Translocal
Memoryscapes. Social Anthropology 14(1): 33-47.

Aufenvenne, P; Felgentreff, C. (2013): Umweltmigranten und Klima-
flüchtlinge – zweifelhafte Kategorien in der aktuellen Debatte. In:
Felgentreff, C.; Geiger, M. (Eds.): Migration und Umwelt. IMIS-
Beiträge 44. Universität Osnabrück.

Awumbila, M.; Benneh, Y.; Kofi Teye, J.; Atiim, G. (2014): Across
Artificial Borders: An Assessment of Labour Migration in the
ECOWAS Region. ACP Research Report: ACPOBS/PUB05.

Awumbila, M. (2015): Women Moving Within Borders: Gender and
Internal Migration Dynamics in Ghana. In: Ghana Journal of Geography 7(2): 132-145.

Awumbila, M.; Darkwah, A.; Teye, J. (2015): Migration, Intra-
Household Dynamics and Youth Aspirations. Unpublished Paper.
Migrating out of Poverty, University of Sussex.

Ayana Aga, G.; Martinez, P.; Soledad, M. (2014): International Remittances and Financial Inclusion in Sub-Saharan Africa. Working Paper 6991. World Bank, Development Research Group Fi-
nance and Private Sector Development Team.

Bah, M.; Cisse, S.; Diyamett, B.; Diallo, G.; Lerise, F.; Okali, D.;
Okpara, E.; Olawoye, J.; Tacoli, C. (2003): Changing Rural-

Urban Linkages in Mali, Nigeria and Tanzania. Environment and Urbanization 15(1): 13-23.

Baker, J. (1994): Small Urban Centres and Their Role in Rural Restructuring. In: Zegeye, A.; Pausewang, S. (Eds.): Ethiopia in Change: Peasantry, Nationalism and Democracy. London/New York: British Academic Press: 152-171.

Baker, J.; Aina, T. A. (Eds.) (1995): The Migration Experience in Africa. Nordiska Africa Institutet. Sweden.

Bambara, G. (2015): (Economiste Planificateur, Spécialiste en Population et Santé à la Direction Générale de l'Economie et de la Planification im Ministere de l'Economie et des Finances, Burkina Faso), Interview 20.02.2015.

Barrett, C. B. (1997): Food Marketing Liberalization and Trader Entry: Evidence from Madagascar. World Development 25(5): 763-777.

Barrett, C.; Reardon, T.; Webb, P. (2001): Nonfarm Income Diversification and Household Livelihood Strategies in Rural Africa. Concepts, Dynamics and Policy Implications. Food Policy 26(4): 315-331.

Batista, C.; Lacuesta, A.; Vicente, P. C. (2010): Testing the ›Brain Gain' Hypothesis: Micro Evidence from Cape Verde. IZA DP No. 5048.

Beauchemin, B. (2011): Rural-Urban Migration in West Africa: Towards a Reversal? Migration Trends and Economic Situation in Burkina Faso and Côte d'Ivoire. Population Space and Place 17: 47-72.

Beauchemin, C.; Bocquier, P. (2004): Migration and Urbanisation in Francophone West Africa: an Overview of the recent Empirical Evidence. Urban Studies 41(11): 2245-2272.

Bebbington, A. J.; Batterbury, S., P., J. (2001): Transnational Livelihoods and Landscapes: Political Ecologies of Globalization. Ecumene 8(4): 369-380.

Beguy, D.; Bocquier, P.; Zulu, E. M. (2010): Circular Migration Patterns and Determinants in Nairobi Slum Settlements. Demographic Research 23: 549-586.

Benda-Beckmann, F. v.; Kirsch, R.; Freiberg-Strauss, J. (1997): The Capacity of Social Security Systems in Southern Africa: Conditions, Constellations and Socio-Political Relevance. Eschborn.

Benz, A. (2014): Mobility, Multilocality and Translocal Development: Changing Livelihoods in the Karakoram. Geographica Helvetica 69: 259-270.

Berking, H. (2006): Raumtheoretische Paradoxien im Globalisierungsdiskurs. In: Berking, H. (Ed.): Die Macht des Lokalen in einer Welt ohne Grenzen. Frankfurt/New York: 7-22.

Bigsten, A. (1988): A Note on the Modelling of Circular Smallholder Migratio. Economics Letters 28.

Black, R.; Crush, J.; Peberdy, C.; with Amassari, S.; McLean Hilker, L.; Mouillesseaux, S.; Pooley, C.; Rajkotia, R. (2006): Migration and Development in Africa: An Overview. Cape Town: Idasa Publishing.

Black, R.; Crush J.; Perberdy S.; Ammassari, S. (2006): Migration and Development in Africa: An Overview. Cape Town, South Africa: Idasa.

Blasche, M.; Inhetveen, H. (1983): Frauen in der kleinbäuerlichen Landwirtschaft. Opladen: Westdeutscher Verlag.

Bledsoe, C.; Ewbank, D.; Isiugo-Abanihe, U. (1988): The Effect of Child Fostering on Feeding Practices and Access to Health Services in Rural Sierra Leone. Social Science and Medicine 27(6): 627-636.

Bleibaum, F. (2009): Senegal Case Study Report. EACH-FOR Environmental Change and Forced Migration Scenarios.

Blenck, J.; Tröger, S.; Wingwiri, S. (1985): Geographische Entwicklungsforschung und Verflechtungsanalyse. Zeitschrift für Wirtschaftsgeographie 29(2): 65-72.

Bocquier, P. (2003): Analyzing Urbanization in Africa. In: Hugo, G.; Champion, A. (Eds.). New Forms of Urbanization. Aldershot: Ashgate: 133-150.

Bocquier, P.; Traoré, S. (Eds.) (2000): Urbanisation et dynamique migratoire en Afrique de l'Ouest – la croissance urbaine en panne. Paris: L'Harmattan.

Bodin, Ö.; Crona, B.; Ernstson, H. (2005): Social Networks in Natural Resource Management: What is Ther to Learn from a Structural Perspective? Ecology and Society 11(2).

Bogardi, J.; Warner, K. (2009). Here Comes the Flood. Nature Reports. Climate Change 3: 9-11.

Bohle, H. G. (1993): The Geography of Vulnerable Food-Systems. In: Bohle, H. G.; Downing, T. E.; Watts, M. J. (Eds.): Coping with Vulnerability and Criticality. Saarbrücken: 15-31.

Bohle, H. G.; Watts, M. (1993): Hunger Famine and the Space of Vulnerability. GeoJournal 30(2): 117-125.

Bohle, H.-G. (2007): Geographische Entwicklungsforschung. In: Gebhardt, H.; Glaser, R.; Radtke, U.; Reuber, P. (Eds.): Geographie. Heidelberg: Elsevier: 797-815.

Booth, W. J. (1994): On the Idea of the Moral Economy. American Political Science Review 88: 653-667.

Bor, J.; Herbst, A. J.; Newell, M.-L.; Bärnighausen, T. (2013): Increases in Adult Life Expectancy in Rural South Africa: Valuing the Scale-Up of HIV Treatment. Science 339(6122): 961-965.

Breman, J. (1996): Footloose Labour: Working in India's Informal Economy. Cambridge.

Brickell, K.; Datta, A. (Eds.) (2011): Translocal Geographies: Spaces, Places, and Connections. Ashgate: Farnham.

Brockerhoff, M.; Eu, H. (1993): Demographic and Socioeconomic Determinants of Female Rural to Urban Migration in Sub-Saharan Africa. International Migration Review 27(3): 557-577.

Bryceson, D. F. (1996): De-Agrarianisation and Rural Employment in Sub-Saharan Africa: A Sectoral Perspective. World Development 24(1): 97-111.

Bryceson, D. F. (2000): Disappearing Peasantries? Rural Labour Redundancy in the Neo-liberal Era and Beyond. In: Bryceson D. F.; Kay,; C.; Mooij, J. (Eds.): Disappearing Peasantries? Rural Labour in Africa, Asia and Latin America. London.

Bryceson, D. F. (2002): Multiplex Livelihoods in Rural Africa: Recasting the Terms and Conditions of Gainful Employment. Journal of Modern African Studies 40(1): 1-28.

Bryceson, D. F.; Jamal, V. (1997): Farewell to Farms: De-Agrarianisation and Employment in Africa. Aldershot.

BUCREP (Bureau Central des Recensements et des Etudes de Population) (2011): Rapport National sur l'etat de la population. Edition 2011.

Cali, M.; Cantore, N. (2010): The Impact of Circular Migration on Source Countries. A Simulation Exercise. Overseas Development Institute.

Calì, M.; Cantore, N. (2010): The Impact of Circular Migration on Source Countries. A Simulation Exercise. Overseas Development Institute.

Campbell, D. J. (1990): Community-Based Strategies for Coping with Food Scarcity: A Role in African Famine Early-Warning Systems. GeoJournal 20: 231-241.

Carney, D. (1998): Sustainable Rural Livelihoods: What Contribution Can We Make? London.

Carr, E. R. (2005): Placing the Environment in Migration: Environment, Economy, and Power in Ghana's Central Region. Environment and Planning A 37(5): 925-946.

Carter, M. R. (1997): Environment, Technology, and the Social Articulation of Risk in West African Agriculture. Economic Development and Cultural Change 45(3): 557-591.

Castaldo, A.; Deshingkar, P.; McKay, A. (2012): Internal Migration, Remittances and Poverty: Evidence from Ghana and India. University of Sussex.

Castells, M. (2001): Der Aufstieg der Netzwerkgesellschaft. Das Informationszeitalter. Leske und Budrich: Wiesbaden.

Chambers, R. (1987): Sustainable Livelihoods, Environment and Development: Putting Poor Rural People first. IDS Discussion Paper 240. Institute of Development Studies.

Chambers, R. (1989): Vulnerability, Coping and Policy. IDS Bulletin 20(2): 1-7.

Chambers, R.; Conway, G. (1992): Sustainable Rural Livelihoods: Practical Concepts for the 21st Century. IDS Discussion Paper 296. Institute of Development Studies.

Chant, S. (1998): Households, Gender and Rural Urban Migration: Reflections on Linkages and Considerations for Policy. Environment and Urbanization 10(1): 5-21.

Clark, S. J.; Collinson, M. A.; Kahn, K.; Drullinger, K.; Tollman, S. M. (2007): Returning Home to Die: Circular Labour Migration and Mortality in South Africa. Scand Journal of Public Health 69: 35-44.

Cleveland, D. A. (1991): Migration in West Africa. A Savanna Village Perspective. Africa 61: 222-246.

Coffee, M.; Lurie, M. N.; Garnett, G. P. (2007): Modelloing the Impact of Migration on the HIV Epidemic in South Africa. AIDS 21(3): 343-350.

Collinson, M.; Tollman, S.; Kahn, K. (2007): Migration, Settlement Change and Health in Post Apartheid South Africa: Triangulating Agincourt Demographic Surveillance with National Census Data in Scandinavian. Journal of Public Health 35: 77-84.

Collinson, M.; Tollman, S.; Kahn, K.; Clark, S. (2003): Highly Prevalent Circular Migration: Households, Mobility and Economic Status in Rural South Africa. University of Witwatersrand.

Conelly, T. (1994): Population Pressure, Labor Availability, and Agricultural Disintensification: The Decline of Farming on Rusinga Island, Kenya. Human Ecology 22(2): 145-170.

Conradson, D.; Mckay, D. (2007): Translocal Subjectivities: Mobility, Connection, Emotion. Mobilities 2(2): 167-174.

Corbett, J. (1988): Famine and Household Coping Strategies. World Development 16(9): 1099-1112.

Cordell, D. D. (1996): Hoe and Wage: A Social History of a Circular Migration System in West Africa. African Modernization and Development Series. Boulder: Westview Press.

Córdova, A. (1973): Strukturelle Heterogenität und wirtschaftliches Wachstum. Frankfurt am Main: Suhrkamp.

Corno, L.; de Walque, D. (2012): Mines, Migration and HIV/AIDS in Southern Africa. Journal of African Economies 21(3): 465-498.

Cottyn, I.; Schapendonk, J.; van Lindert, P.; Bart, F.; Birch-Thomsen, T.; Charlery de la Masselière, B.; Lazaro, E.; Lemoigne, N.; Mishili, F.; Nijenhuis, G.; Niyonzima, T.; Nuijen, M.; Owusu, G.; Pasini, J.; Racaud, S.; Tofte Hansen, N.; Tsalefac, M.; Uwizeyimana, L. (2013): Mobility in Sub-Saharan Africa – Patterns, Processes, and Policies. Deliverable 2.1 of the FP7 RurbanAfrica programme. Utrecht: Utrecht University.

Cotula, L.; Toulmin, C. (Eds.) (2004): Till to Tiller: International Migration, Remittances and Land Rights in West Africa. Issue 32. International Institute for Environment and Development.

Cremin, I.; Morales, F.; Jewell, B.; O'Reilly, K. R.; Hallett, T. B. (2015): Seasonal PrEP for Partners of Migrant Miners in Southern Mozambique: a highly focused PrEP Intervention. Journal of the International AIDS Society 18: 1-7.

Crush, J. (2005): Migration in Southern Africa. Global Commision on international Migration. University of Cape Town/ Queens University.

Davies, S. (1996): Adaptable Livelihoods: Coping with Food Insecurity in the Malian Sahel. London.

de Haan, A. (1999): Livelihoods and Poverty: The Role of Migration - a Critical Review of the Migration Literature. The Journal of Development Studies 38(2): 1-47.

de Haan, A. (2000): Migrants, Livelihoods and Rights: The Relevance of Migration in Development Policies. Social Development Working Paper 4. London.

de Haan, A. (2005): Migration in the Development Studies Literature: Has it Come out of Marginality?.

de Haan, A. (2006): Migration in the Development Studies Literature. Has It Come Out of its Marginality? Research Paper 19. United Nations University.

de Haan, A.; Zoomers, A. (2003): Development Geography at the Crossroads of Livelihood and Globalization. Tijdschrift voor economische en sociale geografie 94(3): 350-362.

de Haan, L. (2008): Livelihoods and Globalisation. Paper presented at the International Conference on Research for Development. Bern, 2-4 July 2008.

de Haan, L. (2012): The Livelihood Approach: A Critical Exploration. Erdkunde 66: 345-357.

de Haas, H. (2003): Migration And Development In Southern Morocco: The Disparate Socio-Economic Impacts Of Out-Migration On The Todgha Oasis Valley. Grafische Communicatie. Rotterdam.

de Haas, H. (2008): Migration and Development – A Theoretical Perspective. International Migration Institute Paper 9. Oxford.

de Haas, H. (2010): Migration and Development: A Theoretical Perspective. International Migration Review 1(44): 227-264.

de Haas, H.; van Rooij, A. (2010): Migration as Emancipation? The Impact of Internal and International Migration on the Position of Women in Rural Morocco. Oxford Development Studies 38: 43-62.

de Herdt, T.; Marysse, S. (1997): Against all Odds: Coping with Regress in Kinshasa, Zaïre. European Journal of Development Research 9(1): 209-230.

de Jong, F. (1999): Modernity on a Shoestring: Dimensions of Globalization, Consumption and Deve. In: European Inter-University Development Study: 315-340.

de La Rocha, M. G. (1994): The Resources of Poverty. Women and Survival in a Mexican City. Oxford.

Dercan, S.; Krishnam, P. (1996): Income Portfolios in Rural Ethiopia and Tanzania: Choices and Constraints. Journal of Development Studies 32(6): 850-875.

Deshingkar, P. (2004): Understanding the Implications of Migration for Pro-poor Agricultural Growth. Overseas Development Institute.

Deshingkar, P. (2012): Environmental Risk, Resilience and Migration: Implications for Natural Resource Management and Agriculture. Environmental Research Letters 7: 1-7.

Deshingkar, P.; Farrington, J. (2009): Circular Migration and Multilocational Livelihood Strategies in Rural India. New Delhi: Oxford University Press.

Deshingkar, P.; Wood, R. G.; Béné, C. (2015): Adaptive Social Protection and Migration. Final Report. Institute of Development Studies. Brighton.

Devereux, S. (1999): Making less last longer: Informal Safety Nets in Malawi. IDS Discussion Paper Series 373. Brighton.

Devereux, S. (2006): Vulnerable Livelihoods in Somali Region, Ethiopia. Institute of Development Studies. Brighton.

DFID (Department for International Development) (1999): Sustainable Livelihoods Guidance Sheets. Department for International Development. London.

Dilger, H. (2013): Securing Wealth Ordering Social Relations: Kinship, Morality, and the Configuration of Subjectivity and Belonging across the Rural-Urban Divide. In: Kane, A.; Leedy, T. (Ed.): African Migrations Today: Patterns and Perspectives. Bloomington: Indiana University Press: 113-132.

Dinan, C. (1983): Sugar Daddies and Gold-Diggers: The White-Collar Single Women in Accra. In: Oppong, C. (Ed.): Female and Male in West Africa. London: George Allen and Unwin: 344-366.

Dittrich, C. (1995): Ernährungssicherung und Entwicklung in Nordpakistan. Nahrungskrisen und Verwundbarkeit im peripheren Hochgebirgsraum. Saarbrücken.

Docquier, F.; Vasilakis, Ch.; Tamfutu Munsi, D. (2011): International Migration and the Propagation of HIV in Sub-Saharan Africa. Journal of Health Economics 35: 20-33.

Doevenspeck, M. (2005): Migration im ländlichen Benin. Sozialgeographische Untersuchungen an einer afrikanischen Frontier. Saarbrücken.

Doevenspeck, M. (2011): The Thin Line Between Choice and Flight: Environment and Migration in Rural Benin: Environment and Migration in Benin. International Migration. Oxford: Blackwell Publishing Ltd.

Dörfler, T.; Graefe, O.; Müller-Mahn, D. (2003): Habitus und Feld. Anregungen für eine Neuorientierung der Geographischen Entwicklungsforschung auf der Grundlage von Bourdieus Theorie der Praxis. Geographica Helvetica 58: 10-23.

Dorlöchter-Sulser, S. (2014): Wandel von Livelihood-Systemen im Spannungsfeld von Struktur und Handeln: eine historisch angelegte Livelihood-Analyse von 1960 bis 2010 am Beispiel der Region Dosso, Niger. Berlin: wvb.

Doss, C.; McPeak, J.; Barrett, C. (2006): Interpersonal, Intertemporal and Spatial Variation in Risk Perceptions: Evidence from East Africa. Center Discussion Paper No. 948. Economic Growth Center. Yale University.

Douglass, M. (1998): A Regional Network Strategy for Reciprocal Rural-Urban Linkages: An Agenda for Policy Research. Third World Planning Review 20(1): 24-47.

Drèze, J.; Sen, A. (1989): Hunger and Public Action. Oxford.

Ekbom, A.; Knutsson, P.; Ovuka, M. (2001): Is Sustainable Development based on Agriculture Attainable in Kenya? A Multidisciplinary Case Study of Murang'a District. Land Degradation and Development 12(5): 435-447.

Elias, N. (1974): Towards a Theory of Communities. In: Bell, C.; Newby, H. (Eds.): The Sociology of Community: A Selection of Readings. London: IX–XLI.

Elkan, W. (1967): Circular Migration and the Growth of Towns in East Africa. International Labour Review 96: 581-589.

Ellis, F. (1998): Survey Article: Household Strategies and Rural Livelihood Diversification. The Journal of Development Studies 35(1): 1-38.

Elmhirst, R. (2012): Displacement, Resettlement, and Multi-Local Livelihoods. Critical Asian Studies 44: 131-152.

Evans, H. E.; Ngau, P. (1991): Rural-Urban Relations, Household Income Diversification and Agricultural Productivity. Development and Change 22: 519-545.

Evans, H. E.; Pirzada, G. (1995): Rural Households as Producers. Income Diversification and the Allocation of Ressources. In: Baker, J.; Aina, T. A. (Eds.): The Migration Experience in Africa. Nordiska Africa Institutet. Sweden: 65-108.

Evers, T.; Wogau, P. (1973): Dependencia: Lateinamerikanische Beiträge zur Theorie der Unterentwicklung. Das Argument 79: 404-454.

Faist, T. (2000): The Volume and Dynamics of International Migration and Transnational Social Spaces. Oxford.

Faist, T. (Ed.) (2000): Transstaatliche Räume. Politik, Wirtschaft und Kultur in und zwischen Deutschland und der Türkei. Bielefeld: Transcript.

Fall. A.; Diagana, B. (1992): Les activités non agricoles et la capacité de financement de la consummation alimentaire par les ménages ruraux au Sénégal. Paper presented at PRISAS/Institut du Sahel Workshop on non-agricultural informal activities and food security in the Sahel. PRISAS/Institut du Sahel. Bamako. Mali.

FAO (2003): Gender – Key to Sustainability and Food Security. Rome: FAO.

FAO (2011): The State of Food and Agriculture. Women in Agriculture. Closing the Gender Gap for Development. Rome: FAO.

FAO (2011): The State of Food and Agriulture. Rome: FAO.

FAO (2016): Gender and Land Statistics. http://www.fao.org/gender-landrights-database/data-map/statistics/en/ (09.06.2016).

Farrington, J.; Ramasut, T.; Walker, J. (2002): Sustainable Livelihoods Approaches in Urban Areas: General Lessons, with Illustrations from Indian Cases. ODI Working Paper 162, Overseas Development Institute. London.

Featherstone, D. (2011). On Assemblage and Articulation. Area 43(2): 139-142.

Findley, S.E. (1994): Does Drought Increase Migration? A Study of Migration from Rural Mali during the 1983-1984 Drought. International Migration Review 28(3):. 539-553.

Fischer, C.; Vollmer, R. (Eds.) (2009): Migration and Displacement in Sub-Saharan Africa. The Security-Migration Nexus II. Bonn International Center for Conversion. Bonn.

Folke, C. (2006): Resilience: The Emergence of a Perspective of Social-Ecological Systems Analyses. Global Environmental Change 16: 253-267.

Folke, C.; Carpenter, S.; Walker, B.; Scheffer, M.; Chapin, T.; Rockstrom, J. (2010): Resilience Thinking: Integrating Resilience, Adaptability and Transformability. Ecology and Society 15(4).

Forsberg, J. (1999): Provisioning by Rural-Urban Interaction and Mobility: Adjusted Livelihoods and Social Relations in Mvumi, Tanzania. Paper presented at the Conference »Between Town & Country: Livelihoods, Settlement and Identity Formation in Sub-Saharan Africa« onJ une 27th- to June 30th 1999, Rhodes University. East London.

Foster, G.; Williamson, J. (2000): A Review of Current Literature of the Impact of HIV/AIDS on Children in Sub-Saharan Africa. AIDS 14(3): 275-284.

Francis, E. (2000): Rural Livelihoods, Institutions and Vulnerability in South Africa. Paper presented at the DESTIN Conference on New Institutional Theory, Institutional Reform and Poverty Reduction. London School of Economics, 7-8th September. London.

Francis, E. (2002): Gender, Migration and Multiple Livelihoods: Cases from Eastern and Southern Africa. Journal of Development Studies 38(5): 167-190.

Frank, A. G. (1969): Die Entwicklung der Unterentwicklung. In. Gunder, A. G.; Echeverria, B. (Eds.): Kritik des bürgerlichen Anti-Imperialismus. Berlin: Rotbuch/Wagenbach: 30-45.

Franke, M. (1982): Migration in Nord-Ghana. Auswirkungen auf eine Subsistenzwirtschaft und Perzeption durch die Bauern. In: Elwert, G.; Fett, R. (Eds.): Afrika zwischen Subsistenzökonomie und Imperialismus. Frankfurt a.M.: Campus: 157-174.

Frayne, B.; Pendleton, W. C. (2001): Migration in Namibia: Combining Macro and Micro Approaches to Research Design and Analysis. International Migration Review 35 (4): 1054-1085.

Freguin-Gresh, S.; White, E.; Losch, B.(2012): Rural Transformation and Structural Change: insights from Developing Countries facing Globalization. In: Producing and reproducing farming systems. New modes of organisation for sustainable food systems of tomorrow. 10th European IFSA Symposium, Aarhus, Denmark, 1-4 July 2012. International Farming Systems Association.

Freitag, U.; von Oppen, A. (2010b): Introduction:»Translocality«: An Approach to Connection and Transfer in Area Studies. In: Freitag, U.; von Oppen, A. (Eds.) (2010): Translocality. The Study of Globalising Processes from a Southern Perspective. Leiden: Brill: 1-24.

Freitag, U.; von Oppen, A. (Eds.) (2010a): Translocality. The Study of Globalising Processes from a Southern Perspective. Leiden: Brill.

Gallopín, G. (2006): Linkages between Vulnerability, Resilience, and Adaptive Capacity. Global Environmental Change 16: 293-303.

Geiger, M. (2011): Europäische Migrationspolitik und Raumproduktion. Baden-Baden.

Geiger, M.; Steinbrink, M. (Eds.) (2012): Migration und Entwicklung: Geographische Perspektiven.Institut für Migration und Interkulturelle Studien, IMIS-Beiträge, Heft 42. Osnabrück.

Gertel, J. (1993): Krisenherd Khartoum. Saarbrücken.

Ghana Living Standard Measurement Survey (2005). http://www. statsghana.gov.gh/nada/index.php/catalog/5 (13.06.2016).

Gibson, M. A.; Gurmu, E. (2012): Rural to Urban Migration Is an Unforeseen Impact of Development Intervention in Ethiopia. Bristol: PloS ONE.

Giddens, A. (1992): Die Konstitution der Gesellschaft. Frankfurt a. M./New York.

Giddens, A. (1997): Die Konstitution der Gesellschaft. Grundzüge einer Theorie der Strukturierung (3. Aufl.): Frankfurt a. M.

Giesbert, L. (2007): Seeking Opportunities: Migration as an Income Diversification Strategy of Households in Kakamega District in Kenya. German Institute of Global and Area Studies. Hamburg.

Gilbert, A.G. (1992): Third World Cities: Housing, Infrastructure and Servicing. Urban Studies 29: 435-60.

Gilles, A. (2015): Sozialkapital, Translokalität und Wissen: Händlernetzwerke zwischen Afrika und China. Stuttgart: Steiner.

Glick-Schiller, N. (2007): Beyond the Nation-State and its Units of Analysis: Towards a New Research Agenda for Migration Studies. Essentials for Migration Theory. Center for Interdisciplinary Research (COMCAD) Working Papers 33. Bielefeld.

Glick-Schiller, N.; Basch, L.; Blanc, C. S. (1997): From Immigrant to Transmigrant: Theorizing Transnational Migration. In: Pries, L. (Ed.): Transnationale Migration. Soziale Welt. Sonderband 12: 121-140.

Godoy, J.; Tortora, B.; Sonnenschein, J.; Kendall, J (2012): Payments and Money Transfer Behavior of Sub-Saharan Africans. Study commissioned by the Bill and Melinda Gates Foundation.

Gottowik, V. (2010): Transnational, Translocal, Transcultural: Some Remarks on the Relations between Hindu-Balinese and Ethnic Chinese in Bali. Sojourn: Journal of Social Issues in Southeast Asia 25(2): 178-212.

Gould, W,. T. S. (1989): Technical Education and Migration in Tiriki, Western Kenya, 1902-1987. African Affairs 88(351): 253-271.

Grawert, E. (1998): Der »Livelihood Approach«. Eine Analysemethode für komplexe sozioökonomische Absicherungsformen, dargestellt am Beispiel Westsudan. Peripherie 69: 67-87.

Gregoire, E. (1992): The Alhazi of Maradi. Traditional Hausa Merchants in a Changing Sahelian City. Boulder: Lynne Rienner.

Greiner, C. (2008): Zwischen Ziegenkraal und Township. Migrationsprozesse in Nordwest-Namibia. Berlin: Dietrich Reimer.

Greiner, C. (2010): Patterns of Translocality: Migration, Livelihoods and Identities in Northwest Namibia. Sociologus 2(60): 131-161.

Greiner, C. (2011): Migration, Translocal Networks and Socio-Economic Stratification in Namibia. Africa 81(4): 606-627.

Greiner, C. (2012): Can Households be Multilocal? Conceptual and Methodological Considerations based on a Namibian Case Study. Die Erde 143: 195-212.

Greiner, C.; Sakdapolrak, P. (2012): Rural-Urban Migration, Agrarian Change, and the Environment in Kenya: a Critical Review of the Literature. Springer.

Greiner, C.; Sakdapolrak, P. (2013): Translocality: Concepts, Applications and Emerging Research Perspectives. Geography Compass 7(5): 373-384.

Greiner, C; Sakdapolrak, C. (2015): Migration, Environment and Inequality: Perspectives of a Political Ecology of Translocal Relations. In: McLeman, R.; Schade, J.; Faist, T. (Eds.): Environmental Migration and Social Inequality. Springer, Heidelberg. (prepress).

Greiner, Peth und Sakdapolrak (2015): Deciphering migration in the age of climate change: Towards an understanding of translocal relations in social-ecological systems. TransRe Working Paper No. 2, Department of Geography, University of Bonn, Bonn.

Grillo. R.; Riccio, B. (2004): Translocal Developement: Italy-Senegal. Population, Space and Place 10(2): 99-111.

Grosz-Ngaté, M. (1991): Gender, Generation and Power: Labor Migration as a Terrain of Contest in Rural Mali. Institute for African Development, Cornell University.

Gugler, J. (1982): »Overurbanization Reconsidered.« Economic Development and Cultural Change 31(1): 173-89.

Gugler, J.; Ludwar-Ene, G. (1995): Gender and Migration in Africa South of the Sahara.In: Baker, J.; Aina, T. A. (Eds.) (1995): The Migration Experience in Africa. Nordiska Africa Institutet. Sweden: 257-269.

Guigou, B.; Leriollais, A. (1992): Crise de l'agriculture et marginalization économique des femmes sereer siin (Sénégal). Sociétés Espaces Temps 1: 45-64.

Hahn, H. P. (2004): Zirkuläre Arbeitsmigration in Westafrika und die »Kultur der Migration«. Africa Spectrum 39: 381-404.

Hamer, A. (1981): Diola Women and Migration: A Case Study. In: Colvin L. G. et al. (Eds.): The Uprooted of the Western Sahel. New York: Praeger: 163-203.

Hart, G. (1994): The Dynamics of Diversification in an Asian Rice Region. In: Koppel, B.; Hawkins, J.; James, W. (Eds.): Development or Deterioration: Theories, Experiences and Policies. Oxford/New York.

Hashim, I. (2007): Independent Child Migration and Education in Ghana. Development and Change 38(5): 911-931.

Haug, S. (1997): Soziales Kapital – Ein kritischer Überblick über den aktuellen Forschungsstand. Arbeitspapiere – MZES, Nr. 15. Mannheim.

Haug, S. (2000): Klassische und neuere Theorien der Migration. Arbeitspapiere – Mannheimer Zentrum für Europäische Sozialforschung, Nr. 30. Mannheim.

Hazell, P. B. R.; Hojjati, B. (1995) Farm-non-farm Growth Linkages in Zambia. Journal of African Economies 4(3): 406-435.

Hein, W. (1998): Unterentwicklung. Krise der Peripherie. Opladen: Springer.

Helgesson Sekei, L.; Alvater, A.; Mrema, J. C.; Kisinda, A. (2014): Back Home: Exploring the potential of South-South socialremittances in the United Republic of Tanzania. ACP: Research Report.

Herrmann, M.; Berlin-Institut für Bevölkerung und Entwicklung; Stiftung Schloss Ettersburg (Eds.) (2015): Consequential omissions: how demography shapes development – lessons from the MDGs for the SDGs. Berlin-Institut für Bevölkerung und Entwicklung. Berlin.

Hoddinott, J. (1994): A Model of Migration and Remittances Applied to Western Kenya. Oxford Economic Papers 46(3): 459-476.

Hollos, M. (1991): Migration, Education, and the Status of Women in Southern Nigeria. American Anthropologist 93: 852-870.

Hummel, D. (2015): Gendereinflüsse und soziale Differenzierungen der klimabedingten Migration. Klimanavigator. http://www.klima navigator.de/dossier/artikel/057756/index.php (03.05.2016).

IFAD (2008): Migration, remittances and rural development.

IIED, International Institute for Environment and Development (2001a): Potentialités et conflits dans les zones péri-urbaines: le cas de Bamako au Mali. Working Paper Series on Rural-Urban Interactions and Livelihood Strategies. Working Paper 5.

IIED, International Institute for Environment and Development (2001b): Potentialités et conflits dans les zones péri-urbaines: le cas de Mopti au Mali. Working Paper Series on Rural-Urban Interactions and Livelihood Strategies. Working Paper 6.

Ijumba, P.; Day, C.; Ntuli, A. (2004): South African Health Review 2003/2004. Durban: Health System Trust.

IOM (International Organization for Migration) (2002): Labour Migration and HIV/AIDS in Southern Africa. IOM.

IOM (International Organization for Migration) (2010): World Migration Report 2010. The Future of Migration. Building Capacities for Change. Geneva.

IOM (International Organization for Migration) (2013): Migration and Development within the South: New Evidence from African, Caribbean and Pacific countries. IOM Migration Research Series 46.

Isiugo-Abanihe, U. C. (1985): Child Fosterage in West Africa. Population and Development Review 11(1): 53-73.

Jamal, V.; Weeks, J. (1988): The Vanishing Rural-Urban Gap in Sub-Saharan Africa. International Labour Review 127: 271-292.

Johnson, G. E.; Whitelaw, W. E. (1974): Urban-Rural Income Transfers in Kenya: An Estimated-Remittances Function. Economic Development and Cultural Change 22(3): 473-479.

Jónsson, G. (2010): The Environmental Factor in Migration Dynamics – A Review of African Case Studies. Working Paper 21. International Migration Institute. University of Oxford.

Jyrkiäinen, S. (2014): Fluid Autonomies – Male Mobility and the Changing Position of Females in Upper Egypt. In: Abdalia, M.; Dias Baros, D.; Berrthet, M. (Eds.): Spaces in Movement. New

Perspectives on Migration in African Settings. Topics in Interdisciplinary African Studies 35.

Kenyon, C.; Buyce, J.; Colebunders, R. (2014): Classification of Incidence and Prevalence of Certain Sexually Transmitted Infections by World Regions. International Journal of Infectious Diseases 18: 73-80.

Kenyon, C.; Colebunders, R.; Voeten, H.; Lurie, M. (2013): Migration intensity has no effect on peak HIV prevalence: an ecological study. BMC Infectious Diseases.

King, B. (2011): Spatialising Livelihoods: Resource Access and Livelihood Spaces in South Africa, Transactions of the Institute of British Geographers 36: 297-313.

Kok, P.; Collinson, M. (2006): Migration and Urbanization in South Africa. Report 03–04–02. Statistics South Africa.

Konotey-Ahulu, F. (1989): What is AIDS? Worcester: Tetteh-A'Domeno Company.

Kress 2006. Burkina Faso: Testing the Tradition of Circular Migration. http://www.migrationpolicy.org/article/burkina-faso-testing-tradition-circular-migration (12.5.2016)

Kritz, M. M.; Lim, L. L. ; Zlotnik, H. (Eds.) (1992): International Migration Systems. A Global Approach. Oxford: Clarendon Press.

Krüger, F. (1997): Urbanisierung und Verwundbarkeit in Botswana. Pfaffenweiler.

Krüger, F. (1998): Taking Advantage of Rural Assets as a Coping Strategy for the Urban Poor: The Case of Rural-Urban Interrelations in Botswana. Environment and Urbanization 10(1): 119-134.

Kwankye, S. O.; Anarfi, J. K.; Tagoe, C. A.; Castaldo, A. (2009): Independent North-South Child Migration in Ghana: The Decision Making Process. Working Paper T-29. Centre for Migration Research. Sussex.

Langthaler, M. (2005a): Bildungsökonomisierung in den Entwicklungsländern. Formen, Auswirkungen und Implikationen für die Bildungszusammenarbeit. Wien: Österreichische Entwicklungszusammenarbeit.

Langthaler, M. (2005b): Die internationale Bildungsinitiative Education For All im Rahmen der Bildungszusammenarbeit. Entstehung, Stand der Umsetzung und Erfahrungen. Wien: Österreichische Entwicklungszusammenarbeit.

Lastarria-Cornhiel, S. (2008): Feminization of Agriculture: Trends and Driving Forces. Working Paper 08. World Development Report Background Papers. Worldbank.

Lerise, F.; Kibadu, A.; Mbutolwe, E.; Mushi, N. (o. J.): The Case of Lindi and its Region, Southern Tanzania. IIED: Briefing Paper Series on Rural-Urban Interactions and Livelihood Strategies, Briefing Paper 2.

Levitt, P. (1998): Social Remittances: Migration Driven Local-Level Forms of Cultural Diffusion. International Migration Review 32(4): 926-948.

Levitt, P.; Lamba-Nieves, D. (2011): Social Remittances Revisited. Journal of Ethnic and Migration Studies 37(1): 1-22.

Lewis, A. (1954): Economic Development with Unlimited Supplies of Labour. Manchester School of Economic and Social Studies 22: 139-191.

Lewis, L. A. (1985): Assesing Soil Loss in Kiambu and Murang'a Districts, Kenya. Geografiska Annaler 67(3/4): 273-284.

Lewis, O. (1965): La Vida: A Puerto Rican Family in the Culture of Poverty. San Juan/New York.

Licoppe, C. (2004): Connected Presence: The Emergence of a new repertoire for Managing Social Relationships in a Changing Communication Technoscape. Environment and Planning: Society and Space 22: 135-156.

Lipton, M (1980): Migration from rural areas of poor countries: the impact on rural productivity and income distribution. World Development 8(1): 1-24.

Lipton, M. (1977): Why Poor People Stay Poor. A Study on Urban Bias in World Development. London: Harvard University Press.

Little, P. D.; Smith, K.; Cellarius, B. A.; Coppock, L.; Barrett, C. (2001): Avoiding Disaster: Diversification and Risk Management. Among East African Herders. Development and Change 32(3): 387-419.

Lohnert, B. (1995): Überleben am Rande der Stadt. Ernährungssiche-rungspolitik, Getreidehandel und verwundbare Gruppen in Mali. Das Beispiel Mopti. Saarbrücken.

Lohnert, B. (2001): Migration und Verstädterung – Informelle Sied-lungen und Umweltveränderungen. Geographie Heute 190(22): 24-27.

Lohnert, B. (2002): Vom Hüttendorf zur Eigenheim Siedlung. Selbst-hilfe im städtischen Wohnungsbau. Ist Kapstadt das Modell für das neue Südafrika? Osnabrück.

Lohnert, B.; Steinbrink, M. (2005): Rural and Urban Livelihoods: A Translocal Perspective. South African Geographical Journal 87: 95-103.

Lomnitz, L. A. (1977): Networks and Marginality: Life in a Mexican Shantytown. New York.

Long, N. (2008): Translocal Livelihoods, Networks of Family and Community, and Remittances in Central Peru. In: DeWind, J.; Holdaway, J. (Eds.): Migration and Development within and Across Borders: Research and Policy Perspectives on Internal and International Migration. Genf/New York: 39-70.

Lopez-Ekra, S.; Aghazarm, C.; Kötter, H.; Mollard, B. (2011): The Impact of Remittances on Gender Roles and Opportunities for Children in Recipient Families: Research from the International Organization for Migration. Gender & Development 19 (1).

Losch, B. (2013): Lasting but Changing Rural Trends. In: Losch, B.; Magrin G.; Imbernon, J. (Ed.): A new Emerging Rural World: An overview of rural change in Africa. Montpellier: CIRAD: 18-19.

Lourenco-Lindell, I. (2001): Social Networks and Urban Vulnerabil-ity to Hunger. In: Tostensen, A.; Tvedten, I.; Vaa, M. (Eds.): As-sociational Life in African Cities. Popular Responses to the Urban Crisis. Stockholm.

Lourenco-Lindell, I. (2002): Walking the Tight Rope. Informal Live-lihoods and Social Networks in a West African City. Stockholm.

Low, A (1986): Agricultural Development in Southern Africa: Farm Household Theory and the Food Crisis. London.

Ludwar-Ene, G. (1986): Explanatory and Remedial Modalities for personal Misfortune in a West African Society. Antropos 81: 555-565.

Lurie, M.; Harrison, A.; Wilkinson, D.; Abdool Karim, S. (1997): Circular Migration and Sexual Networking in Rural KwaZulu/Natal: Implications for the Spread of HIV and other Sexually Transmitted Diseases. Health Transition Review 7(3): 17-27.

Ma, E. K. (2002): Translocal Spatiality. International Journal of Cultural Studies 5(2): 131-152.

Mabey, D. C. W.; Tedder, R. S.; Hughes, A. S. B.; Corrah, P. T.; Goodison, S. J. F.; O'Connor, T.; Shenton, F. C.; Lucas, S. B.; Whittle, H. C.; Greenwood, B. M. (1988): Human Retroviral Infections in the Gambia: Prevalence and Clinical Features. British Medical Journal 296(6615): 83-86.

Mabogunje, A., L. (1970): Systems Approach to a Theory of Rural-Urban Migration. Geographical Review 1(2): 1-18.

Marfaing, L. (2004): Quelles mobilités pour quelles ressources? Canadian journal of African studies 48. Oder Marfaing, L. (2014): Mauritanie: pôle d'attraction pour la migration régionale en Afrique de l'Ouest. In: Wedoud, A.; Cheikh, O. (Eds.): État et société en Mauritanie. Paris: Karthala: 345-370.

Marion, J. S. (2005): »Where« is »There«?: Towards a Translocal Anthropology. Anthropology News 46(5): 18-18.

Martin, P.; Taylor, E. (1996): The Anatomy of a Migration Hump. In: Martin, P.; Taylor, E. (Eds.): Development Strategy, Employment, and Migration: Insights from Models. Paris: 43-62.

Massey, D. (1991): A Global Sense of Place. Marxism Today: 24-29.

Massey, D. S.; Arango, J.; Graeme, H.; Kouaouci, A.; Pellegrino, A.; Taylor, E. (1993): Theories of International Migration: A Review and Appraisal. Population and Development Review 19: 431-466.

Massey, D. S.; Arango, J.; Graeme, H.; Kouaouci, A.; Pellegrino, A.; Taylor, E. (1994): An Evaluation of International Migration Theory: The North American Case. Population and Development Review 4(20): 699-751.

Matlon, P. (1979): Income Distribution among Farmers in Northern Nigeria: Empirical Results and Policy Implications. African Rural Economy Paper No. 18. Michigang State University.

Mayer, P. (1961): Townsmen or Tribesmen: Conservativism and the Process of Urbanisation. Cape Town.

Mazibuko, S. (2012): Understanding Underdevelopment through the Sustainable Livelihoods Approach. Community Development 44: 173-187.

Mberu, B. (2005): Who Moves and Who Stays? Rural Out-Migration in Nigeria. Journal of Population Research 22(2): 141-161.

Mberu, B.; Langat, G. C.; Kimani, J.; Oti, S. O. (2013): Family Ties and Urban-Rural Linkages among Older Migrants in Nairobi Informal Settlements. Population Space and Place 19: 275-293.

McDowell, C.; de Haan, A. (1998): Migration and Sustainable Livelihoods. Brighton, IDS Working Paper 65.

McGee, T. (1982): Labour Mobility in Fragmented labour Markets, the Role of Circulatory Migration in Rural-Urban Relations in Asia. In: Safa, H. I. (Eds.): Towards a Political Economy of Urbanization in Third World Countries. Oxford University Press: 57-83.

McKay, A.; Deshingkar, P. (2014): Internal Remiances and Poverty: Further Evidence from Africa and Asia. Migrating out of Poverty Working Paper 12. University of Sussex.

McLeman, R.; Smit, B. (2006): Migration as an Adaptation to Climate Change. Climatic Change 76: 31-53.

Meillassoux, C. (1983): The Economic Bases of Demographic Reproduction: From the Domestic Mode of Production to Wage-Earning. The Journal of Peasant Studies 11: 50-61.

Menzel, U (1993): Das Ende der Dritten Welt und das Scheitern der großen Theorie. Frankfurt am Main: Suhrkamp.

Migrating out of Poverty Research Programme Consortium (2016a): Migration into Cities in Ghana: The Economic Benefits to Migrants and their Households. http://migratingoutofpoverty .dfid.gov.uk/files/file.php?name=2015-16-3-cms-rp13-counterf-migration-into-cities-economic-benefits-final-bfp.pdf&site=354 (15.10.2016)

Migrating out of Poverty Research Programme Consortium (2016 b): Social Benefits and Losses of Migrating into Cities in Ghana. http://migratingoutofpoverty.dfid.gov.uk/files/file.php?name=201 5-16-4-cms-rp13-counterf-migration-into-cities-social-benefits-and-losses-final-bfp.pdf&site=354 (15.102016)

Miles, M. (2001): Women's Groups and Urban Poverty: The Swaziland Experience. In: Tostensen, A.; Tvedten, I.; Vaa, M. (Eds.): Associational Life in African Cities. Popular Responses to the Urban Crisis. Stockholm: 64-72.

Mims, C. (2013): 31% of Kenya's GDP is spent through Mobile Phones. Quartz. http://qz.com/57504/31-of-kenyas-gdp-is-spent-through-mobile-phones/ (12.5.2016)

Misiko, M. (2007): Fertile Ground?: Soil Fertility Management and the African Smallholder. Wageningen Universiteit.

Mitchell, C. (Ed.) (1969): Social Networks in Urban Situations. Manchester: University Press.

Morawczynski, O. (2011): Examining the Adoption, Usage and Outcomes of Mobile Money Services: The Case of M-PESA in Kenya. Ph.D. Thesis, Science & Tech. Studies. University Edinburgh.

Morrissey, J. (2011): Rethinking the »Debate on Environmental Refugees«: from »Maximilists and Minimalists« to »Proponents and Critics.« Journal of Political Ecology 19: 36-49.

Mortimore, M.; Tiffen, M. (2004): Introducing Research into Policy: Lessons frm District Studies of Dryland Development in Sub-Saharan Africa. Development Policy Review 22(3): 259-285.

Moser, C. (1998): The Asset Vulnerability Framework: Reassessing Urban Poverty Reduction Strategies. World Development 26(1): 1-19.

MPI (Migration Policy Institute) (2012): The Global Remittances Guide. MPI Data Hub. http://wwww.migrationinformation .org/datahub/remittances.cfm (15.01.2012)

Müller-Mahn, D. (1999): Migrationskorridore und transnationale soziale Räume. Eine empirische Skizze zur Süd-Nord-Migration am Beispiel ägyptischer Sans-Papiers in Paris. Abhandlungen Anthropogeographie 60: 167-200.

Müller-Mahn, D.; Verne, J. (2010): Geographische Entwicklungsforschung – alte Probleme, neue Perspektive. Geographische Rundschau 62(10): 4-11.

Murphy, L. L.,; Priebe, A. E. (2011): »My co-wife can borrow my mobile phone!« Gendered Geographies of Cell Phone Usage and Significance for Rural Kenyans. Gender, Technology and Development 15(1): 1-23.

Muzvidziwa, V. N. (1997): Rural-Urban Linkages: Masvingo's double rooted Female Heads of Households. Zambezia XXIV(6): 97-123.

Myers, N. (2002): Environmental Refugees: A Growing Phenomenon of the 21st Century. Philosophical Transactions of the Royal Society B: Biological Sciences 357(1429): 609-613.

Newland, K.; Rannveig Agunias, D.; Terrazas, A. (2009): Circular Migration and Human Development. Human Development Research Paper 42.

Núñez-Madrazo, C. (2007): Living ›Here and There‹: New Migration of Translocal Workers from Veracruz to the Southeastern United States. Anthropology of Work Review 28(3): 1-6.

Nunn, A. J.; Wagner, H.-U.; Kamali, A.; Kengeya-Kayondo, J. F.; Mulder, D. W. (1995): Migration and HIV-1 Seroprevalence in a Rural Ugandan Population. AIDS 9(5): 503-506.

Nyangena, W. (2006): Essays on Soil Conservation, Social Capital and Technology Adoption. Department of Economics, School of Economics and Commercial Law. Göteborg University.

O'Keefe, P. (1983). The Causes, Consequences and Remedies of Soil Erosion in Kenya. Ambio 12(6): 302-305.

Oakes, T.; Schein, L. (2006). Preface. In: Oakes, T.; Schein, L. (Eds.) Translocal China linkages, Identities, and the reimaging of space. London: Routledge: 12-13.

Obokata, R.; Veronis, L.; McLeman, R. (2014): Empirical Research on International Environmental Migration: a Systematic Review. Population and Environment 36: 111-135.

Obokata, R.; Veronis; L.; McLeman, R. (2014): Empirical Research on International Environmental Migration: A Systematic Review. Population and Environment 36(1): 111-135.

OECD (Organization for Economic Co-Operation and Development) (2009): SOPEMI Report 2009. International Migration Outlook. Special Focus: Managing Labour Migration beyond the Crisis. Paris.

OECD (Organization for Economic Co-Operation and Development) (2010): Development Aid Reaches an Historic High in 2010. http://www.oecd.org/document/35/0,3746,3n_2649_34447_47515 235_1_1_1_1,00.html (15.01.2012)

Offiong, D. A. (1982): The 1978-79 AkpanEkwong Anti-Witchcraft Crusade in Nigeria. Anthropologica 24(1): 27-42.

Okali, D.; Okpara, E.; Olawoye, J. (2001): The Case of Aba and it Region, Southeastern Nigeria. Working Paper Series on Rural-Urban Interactions and Livelihood Strategies. Working Paper 4. International Institute for Environment and Development.

Oliver-Smith, A. (2012): Debating Environmental Migration: Society, Nature and Population Displacement in Climate Change. Journal of International Development 24, 1058-1070.

Olson, J. M.; Atieno, F.; Muchugu, E. (2004): Multi-Scale Analysis of Land Use and Management Change on the Eastern Slopes of Mt. Kenya. LUCID Project Working Paper 20. Michigan State University.

Oltmer, J. (2015): Zusammenhänge zwischen Migration und Entwicklung. Deutsche Welthungerhilfe e. V./ terre des hommes Deutschland e. V.

Ouedraogo, D. (2009): Migration and Population in West Africa: Political Issues and Perspectives. In: Trémolières, M. (Ed.): Regional Challenges of West African Migration: African and European Perspectives. Paris: OECD.

Ouédraogo, J-B. (1995): The Girls of Nyovuruu. Dagara Female Labour Migrations to Bobo-Dioulasso. In: Baker, J.; Akin Aida, T. (Eds.): The Migration Experience in Africa. Uppsala: Nordiska Afrikainstitutet: 303-320.

Ouedraogo, S. V. (2012): Von Côte d'Ivoire nach Burkina Faso: Re-Migration und Integration – Die Perspektive burkinischer Arbeitsmigrantinnen und –migranten. Berlin: Logos Verlag.

OXFAM (2013): Promises, Power, and Poverty. Corporate Land Deals and Rural Women in Africa. 170 OXFAM Briefing Paper.

PACS (Instituto Políticas Alternativas para o Cone Sul) (2014): WM für wen? Die Kosten der Fußball-Weltmeisterschaft 2014. Rio de Janeiro: Heinrich-Böll-Stiftung (E-Paper). https://www.boell.de/sites/default/files/boell-studie_pacs-kosten- der-wm-2014.pdf (11.06.2016)

Paterson, D. B. (1979): Household Resource Allocation Among the Luhya of East Bunyore: A Case Study Approach, University of Nairobi, Institute of Development Studies, Working Paper 351.

Peil, M.; Ekpenyong, S. K.; Oyeneye, O. Y. (1988): Going Home: Migration Careers of Southern Nigerians. International Migration Review 22: 563-585.

Peil, M.; Sada, P. O. (1984): African Urban Society. Chichester/New York: John Wiley & Sons.

Peleikis, A. (2003): Lebanese in Motion. Gender and the Making of a Translocal Village. Bielefeld: Transcript.

Pelling, M.; High, C. (2005): Understanding Adaptation: What can Social Capital Offer Assessments of Adaptive Capacity? Global Environmental Change 15(4): 308-319.

Pickbourn, L. (2011): Migration, Remittances and Intra-household allocation in Northern Ghana: Does Gender Matter? Unpublished PhD Dissertation, University of Massachusetts, Amherst.

Piguet, E. (2013): From »Primitive Migration« to »Climate Refugees«: The Curious Fate of the Natural Environment in Migration Studies. Annals of the Association of American Geographers 103(1): 148-162.

Piot, C. (1999): Remotely Global. Village Modernity in West Africa. University of Chicago.

Pison, G.; Guenno, B. L.; Lagarde, E.; Enel, C.; Seck, C. (1993): Seasonal Migration: A Risk Factor for HIV Infection in Rural Senegal. Journal of Acquired Immune Defiency Syndromes 6(2).

Pittin, R. (1984: Migration of Women in Nigeria: The Hausa Case. International Migration Review 18(4): 1293-1314.

Porter, G. (2012): Mobile Phones, Livelihoods and the Poor in Subsaharan Africa: Review and Prospect. Geography Compass 6(5): 241-259.

Posel, D. (2003): Have Migration Patterns in Post-Apartheid South Africa Changed? Paper prepared for Conference on African Migration in Comparative perspective, Johannesburg 2003. http://pum.princeton.edu/pumconference/papers/1–Posel.pdf (12.05.2016)

Potter, R. (1989): Urban-Rural Interaction, Spatial Polarisation and Development Planning. In: Potter, R.; Unwin, T. (Eds.): The Geography of Urban-Rural Interaction in Developing Countries. London: Routledge: 323-333.

Potter, R. B.; Unwin, T. (1995): Urban Rural Interaction: Physical Form and Political Process in the Third World. Cities 12: 67-74.

Potts, D. (2009): The Slowing of Sub-Saharan Africa's Urbanization: Evidence and Implications for Urban Livelihoods. Environment and Urbanization 21(1): 253-259.

Potts, D. (2010): Circular Migration in Zimbabwe & Contemporary Sub-Saharan Africa. Woodbridge: Currey.

Potts, D. (2015): Debates about African urbanization, migration and economic growth: what can we learn from Zimbabwe and Zambia? The Geographical Journal: 1-14.

Potts, D.; Mutambirwa, C. (1990): Rural-Urban Linkages in Contemporary Harare: Why Migrants Need Their Land. Journal of Southern African Studies 16(4): 677-698.

Preston, D. (1989): Too Busy to Farm: Under-Utilisation of Farm Land in Central Java. Journal of Development Studies 26(1): 43-57.

Pribilsky, J. (2004): Aprendemos a Convivir: Conjugal Relations, Co-Parenting, and Family Life Among Ecuadorian Transnational Migrants in New York City and the Ecuadorian Andes. Global Networks 4(3): 313-334.

Pries, L. (1997): Neue Migration im transnationalen Raum. In: Pries, L. (Ed.): Transnationale Migration. Soziale Welt. Sonderband 12: 15-44.

Pries, L. (2001): Internationale Migrationen. Bielefeld.

Pries, L. (2002): Transnationalisierung der sozialen Welt? Berliner Journal für Soziologie 12(2): 263-272.

Pries, L. (2008): Die Transnationalisierung der sozialen Welt. Frankfurt: Suhrkamp.

Quisumbing, A. (2003): Household Decisions, Gender and Development: A Synthesis of Recent Research. Baltimore, MD: John Hopkins University Press for International Food Policy Research Institute (IFPRI).

Rain, D. (1999): Eaters of the Dry Season: Circular Labor Migration in the West African Sahel. Westview-Press.

Rakodi, C. (1995): The Household Strategies of the Urban Poor. Coping with Poverty and Recession in Gweru, Zimbabwe. Habitat International 19: 447-471.

Rakodi, C. (Ed.) (2002): Urban Livelihoods: A People-Centred Approach to Reducing Poverty. London: Earthscan.

Ramisch, J. (2014): ›We will not Farm Like our Fathers did‹: Multilocational Livelihoods, Cellphones, and the Continuing Challenge of Rural Development in Western Kenya. In: Sick, D. (Ed.): Rural Livelihoods, Regional Economies, and Processes of Change. Routledge: 10-25.

Ramisch, J. (2015): »Never at Ease«: Cellphones, Multilocational Livelihoods, and the Metabolic Rift in Western Kenya. Agriculture and Human Values: 1-17.

Ratha, D.; Mohapatra, S.; Scheja, E. (2011). Impact of Migration on Economic and Social Development – A Review of Evidence and Emerging Issues. The World Bank Development Prospects Group Migration and Remittances Unit and Poverty Reduction and Economic Management Network, Policy Research Working Paper 5558. http://elibrary.worldbank.org/doi/pdf/10.1596/1813-9450-5558 (13.06.2016)

Ratha, D.; Mohapatra, S.; Özden, C.; Plaza, S.; Shaw, W.; Shimeles, A. (2011): Leveraging Migration for Africa. Remittances, Skills, and Investments. Washington D.C.: World Bank.

Ratha, D.; Riedberg, J. (Worldbank) (2005): On Reducing Remittance Costs. Washington D.C.

Rauch, T. (1996): Ländliche Regionalentwicklung im Spannungsfeld zwischen Weltmarkt, Staatsmacht und kleinbäuerlichen Strategien. Saarbrücken.

Rauch, T; Beckmann, G.; Neubert, S.; Rettberg, S. (2016): Ländlicher Strukturwandel in Subsahara Afrika. SLE Discussion Paper 01/2016. Berlin.

Ravenstein, E. G. (1885): The Laws of Migration. Journal of the Statistical Society 48: 167-227.

Reardon, T. (1997): Using Evidence of Household Income Diversification to Inform Study of the Non-Farm Labour Market in Africa. World development 25(5): 735-748.

Reardon, T.; Fall, A. A.; Kelly, V.; Delgado, C.; Matlon, P.; Hopkins, J.; Badiane, O. (1994): Is Income Diversification Agriculture-led in the West African Semi-Arid Tropics? The Nature, Causes, Effects, Distribution, and Production Linkages of Off-Farm Activities. In: Atsain, A.; Wangwe, S.; Drabek, A. G. (Eds.): Economic Policy Experience in Africa: What Have We Learned? Nairobi: African Economic Research Consortium: 207-230.

Reardon, T.; Stamoulis, K.; Lanjouw, P.; Balisacan, A. (2000): Effects of Non-Farm Employment on Rural Income Inequality in Developing Countries: An Investment Perspective. Journal of Agricultural Economics 51(2): 266-288.

Reed, H.E.; Andrzejewski, C.S.; White, M.J. (2010): Men's and Women's Migration in Coastal Ghana: An Event History Analysis. Demographic Research 22(25): 771-812.

Rocheleau, D E..; Steinberg, P. E. (1995): Environment, Development, Crisis, and Crusade: Ukambani, Kenya, 1890-1990. World Development 23(6): 1037-1051.

Rocheleau, D. E. (2001): Complex Communities and Relational Webs Uncertainty, Surprise and Transformation in Machakos. IDS Bulletin 32(4): 78-87.

Rodima-Taylor, D.; Olwig, M. F.; Chhetri, N. (2012): Adaptation as Innovation, Innovation as Adaptation: An Institutional Approach to Climate Change. Applied Geography 33: 107-111.

Ross, M. H.; Weisner, T. S. (1977): The Rural-Urban Migrant Network in Kenya: Some General Implications. American Ethnologist, 4, 359-375.

Russell, M. (1993): Are Households Universal? On Misunderstanding Domestic Groups in Swaziland. Development and Change 24(4): 755-785.

Sakdapolrak, P.; Naruchaikusol, S.; Ober, K.; Peth, S.; Porst, L.; Rockenbach, T.; Tolo, V. (2016): Migration in a Changing Climate. Towards a Translocal Social Resilience Approach. Die Erde 147 (2): 81-94.

Sander, C.; Munzele Maimbo, S.l. (2005): Migrant Labour Remittances in Africa: Reducing Obstacles to Developmental Contributions. Africa Region Working Paper Series 64. Washington, D.C.

Schade, J. (2013): Entitlements, Capabilities and Human Rights. In: Faist, T.; Schade, J. (Eds.): Disentangling Migration and Climate Change. Methodologies. Political Discourses and Human Rights: 231-253.

Schäfer, R. (2002): Gender und ländliche Entwicklung in Afrika. Aus Politik und Zeitgeschichte B (13-14): 31-38.

Scharwatt C.; Williamson C. (2015): Mobile Money Crosses Borders: New Remittances Models in West Africa, GESMA- MMU working paper.

Scharwatt, C.; Williamson, C. (2005): Mobile Money Crosses Borders: New Remittance Models in West Africa. London: GSMA.

Scheffran, J.; Marmer, E.; Sow, P. (2011): Migration as a Contribution to Resilience and Innovation in Climate Adaptation: Social Networks and Co-Development in Northwest Africa. Applied Geography: 1-9.

Schmidt-Kallert, E. (2009): A New Paradigm of Urban Transition: Tracing the Livelihood Strategies of Multi-Locational Households. Die Erde (140): 319-336.

Schmidt-Kallert, E.; Kreibich, V. (o. J.): Informelle Stadt-Land-Beziehungen. Universität Dortmund.

Schmidt-Wulffen, W. D. (1987): Zehn Jahre entwicklungstheoretische Diskussion. Ergebnisse und Perspektiven für die Geographie. Geographische Rundschau 39(3):130-135.

Scholz, F. (2004): Geographische Entwicklungsforschung. Berlin.

Schroer, M. (2006): Räume, Orte, Grenzen. Auf dem Weg zu einer Soziologie des Raums. Frankfurt: Suhrkamp.

Schutten, M. (2012): Livelihood Diversity: Causes of Rural-Urban Migration. Why Rwanda Poverty Classification does not Explain Migration Flows. Master Dissertation. University of Utrecht and National University of Rwanda.

Scoones, I. (1998): Sustainable Rural Livelihoods: A Framework for Analysis. IDS Working Paper 72. Brighton.

Scoones, I. (2009): Livelihoods Perspectives and Rural Development. The Journal of Peasant Studies 36: 171-196.

Scott, J. C. (1976): The Moral Economy of the Peasant: Rebellion and Subsistence in Southeast Asia. London.

Seibert, J. (1995): Lebensstrategien unabhängiger junger Frauen in Lomé, Togo. Dissertation Thesis. Universität Bayreuth.

Senghaas, D. (1972): Imperialismus und strukturelle Gewalt. Analysen über abhängige Reproduktion. Frankfurt am Main: Suhrkamp.

Senghaas, D. (1974): Peripherer Kapitalismus. Analysen über Abhängigkeit und Unterentwicklung. Frankfurt am Main: Suhrkamp.

Shisanya; C. A.; Khayesi, M. (2007):How is Climate Change Perceived in Relation to other Socioeconomic and Environmental Threats in Nairobi, Kenya. Climate Change 85(3): 271-284.

Shrum. W. P. N.; Mbatia, A.; Palackal, D.-B. S.; Duque Dzorgbo, R. B.; Ynalvez, M. A. (2011): Mobile Phones and Core Network Growth in Kenya: Strengthening weak ties. Social Science Research 40(2): 614-625.

Simone, A. (2001): Between Ghetto and Globe: Remaking Urban Life in Africa. Tostensen, A.; Tvedten, I.; Vaa, M. (Eds.): Associational Life in African Cities. Popular Responses to the Urban Crisis. Stockholm: 46-63.

Singlemann, J. (1993): Levels and Trends of Female Internal Migration in Developing Countries, 1960-1980. In: Internal Migration of Women in Developing Countries: Proceedings of the United Nations Expert Meeting on the Feminization of Internal Migration, Aguascalientes, Mexico, 22-25 October 1991, 77-93. New York: United Nations.

Smit, A. (2012): Impacts of Rural-Urban Migration on Rural Migrant Households in the Surroundings of Kigali. Master Thesis MSc International Development Studies. University of Utrecht.

Smith, W. (1998): The Rural Linkages of Urban Households in Durban, South Africa. – Environment and Urbanization 10(1): 77-88.

Stack, C. B. (1974): All Our Kin: Strategies for Survival in a Black Community. New York.

Standing, G. (1985): Labour Circulation and the Labour Process. London: Croom Helm.

Stark, O. (1984): Discontinuity and the Theory of International Migration. Kyklos 37(2): 206-220.

Stark, O. (1991): The Migration of Labour. Cambridge: Blackwell.

Stark, O.; Bloom, D. (1985): The New Economics of Labour Migration. The American Economic Review 75: 173-178.

Stegbauer, C.; Häußling, R. (Eds.) (2010): Handbuch Netzwerkforschung. Wiesbaden: Springer.

Steinbrink, M. (2007): Exploring the Role of Migrants' Networks in the Context of Translocal Livelihoods in South Africa. In: Lohnert, B. (Ed.): Social Networks: Potential and Constraints. Indications from South Africa. Saarbrücken: Verlag für Entwicklungspolitik: 73-113.

Steinbrink, M. (2009): Leben zwischen Land und Stadt, Migration, Translokalität und Verwundbarkeit in Südafrika. Wiesbaden: Springer.

Steinbrink, M. (2009): Urbanisation, Poverty and Translocality: Insights from South Africa. African Population Studies 23: 219-252.

Steinbrink, M. (2010): Fußball-Spiel und Wander-Arbeit. Geographische Revue, 12 (2): 7-27.

Steinbrink, M. (2010): The Role of Amateur Football in Circular Migration Systems in South Africa. Africa Spectrum 45(2): 35-60.

Steinbrink, M. (2012): Migration, Netzwerk und »Entwicklung«. Translokale Livelihoods in Südafrika. IMIS-Beiträge 42: 165-204.

Steinbrink, M.; Schmidt, J. B.; Aufenvenne, P. (2013): Soziale Netzwerkanalyse für HumangeographInnen. Potsdam: Universitätsverlag.

Steinbrink, M.; Peth, S. (2014): Hier, dort und dazwischen. Geographische Rundschau 74(11): 32-39.

Sterly, H. (2015): »Without a Mobile Phone, I Suppose I Had to Go There« – Mobile Communication and Translocal Social Constellations in Bangladesh. Asien 134: 31-46.

Sward, J. (2016): Moving to 'Greener Pastures'? The Complex Relationship Between Internal migration, Land Tenure and Poverty in mid-Ghana.Sussex.

Swift, J (1989): Why are Rural People Vulnerable to Famine? IDS Bulletin 20(2): 8-15.

Tacoli, C. (1998): Rural-Urban Interactions: A Guide to the Literature. Environment and Urbanization 10(1): 147-166.

Tacoli, C. (1999): Rural-Urban Interactions. In: DFID (Eds.): Urban Government Partnership and Poverty. London.

Tacoli, C. (2002): The Links between Urban and Rural Development. Editorial. Environment and Urbanization 15(3): 3-12.

Tacoli, C. (2004): Rural-Urban Linkages and Pro-Poor Agricultural Growth: An Overview. Paper prepared for the OECD DAC POVNET. Helsinki workshop 17-18.06.2004.

Tacoli, C. (2011): Migration and Global Environmental Change. CR2: The Links Between Environmental Change and Migration: A Livelihoods Approach. Foresight Project. London, Government Office for Science.

Tacoli, C.; Mabala, R. (2010): Exploring Mobility and Migration in the Context of Rural–Urban Linkages: Why Gender and Generation Matter. Environment and Urbanization 22(2): 389-395.

Tamanja, E. M. J. (2014): Child Migration and Educational Progression in the Savannah Regions of Ghana: Implications for Planning and Spatial Development. Dortmund: University of Technology.

Tanser, F.; Bärnighausen, T.; Grapsa, E.; Zaidi, J.; Newell, M.-L. (2013): High Coverage of ART Associated with Decline in Risk of HIV Acquisition in Rural KwaZulu-Natal, South Africa. Science 339(6122): 966-971.

Tanser, F.; Gijsbertsen, B.; Herbst, K. (2006): Modelling and Understanding Primary Health Care Accessibility and Utilization in Rural South Africa: An Exploration Using a Geographical Information System. Social Science and Medicine 63(3): 691-705.

Taylor-Powell (1992): Social Soundness Analysis: Desaster Preparedness and Mitigation Project. USAID Working Papers 1.

Tenhunen, S. (2011): Culture, Conflict, and Translocal Communication: Mobile Technology and Politics in Rural West Bengal, India. Ethnos 76(3): 398-420.

Thieme, S. (2008): Sustaining Livelihoods in Multilocal Settings: Possible Theoretical Linkages between Livelihoods and Transnational Migration Research. Mobilities 3: 51-71.

Tiffen, M.; Mortimore, M.; Gichuki, F. (1994): More People, Less Erosion: Environmental Recovery in Kenya. Chichester: John Wiley.

Todaro, M. (1969): A Model of Labour Migration and Urban Unemployment in Less Developed Countries. The American Economic Review 59: 138-148.

Tompkins, E. L.; Adger, W. N. (2004): Does Adaptive Management of Natural Resources Enhance Resilience to Climate Change?. Ecology and Society 9(2).

Tostensen, A. (1986): Between Shamba and Factory. Preliminary Results from a Study of Oscillatory Labour Migration in Kenya. Institute for Development Studies: Working Paper 423. University of Nairobi.

Toure, M. 1998. Country Report: Côte d'Ivoire. Paper presented at the regional meeting. Trends and Prospects for the 21st Century. Gaborone, 2-5 June. UNECSO.

Trager, L. (1995): Women Migrants and Rural-Urban Linkages in South-Western Nigeria. In: Baker, J.; Akin Aida, T. (Eds.): The Migration Experience in Africa. Uppsala: Nordiska Afrikainstitutet: 303-320.

Trager, L. (1998): Home-Town Linkages and Local Development in South West Nigeria: Whose Agenda? What Impact? Journal of the International African Institute 68(3): 360-382.

Tröger, S. (2002): Gesellschaftliche Umverteilung ein moralisches Muss? Verwundbarkeit und soziale Sicherung in Zeiten gesellschaftlichen Umbruchs. Beobachtungen aus Tansania in akteursorientierter Interpretation. Geographica Helvetica 57(1): 34-45.

UN Population Fund (2010): State of World Population. UNFPA.

UNAIDS (2014): The Gap Report. Geneva.

UNESCO (2012): Youth and Skills. Putting Education to Work. (Paris: Unesco. http://unesdoc.unesco.org/images/0021/002180/ 218003e.pdf (03.06.2016).

van der Land, V.; Hummel, D (2013): Vulnerability and the Role of Education in Environmentally Induced Migration in Mali and Senegal. Ecology and Society 18(4): 14.

van Dijk, T. (2011): Livelihoods, Capitals and Livelihood Trajectories. Progress in Development Studies 11: 101-117.

van Westen, A. C. M. (1995): Unsettled: Low-Income Housing and Mobility in Bamako, Mali. Utrecht.

Verne, J. (2012): Living Translocality: Space, Culture and Economy in Contemporary Swahili Trading Connections. Stuttgart: Steiner.

Verspoor, A. M. (2008): The Challenge of Learning: Impoving the Quality of Basic Education in Sub-Saharan Africa. In: Johnson,

D. (Ed.): The Changing Landscape of Education in Africa. Quality, equality and democracy. Oxford: Symposium Books, S. 13-43.

Vorlaufer, K. (1985): Frauen-Migration und Sozialer Wandel in Afrika. Das Beispiel Kenya. Erdkunde 39(2): 128-143.

Vorlaufer, K. (1992): Wanderungen zwischen ländlichen Peripherie- und großstädtischen Zentralräumen. Zeitschrift für Wirtschaftsgeographie 28(4): 229-261.

Waddington, H.; Sabates-Wheeler, R. (2003): How does Poverty Affect Migration Choice? A Review of Literature. IDS Working Paper T3. Brighton.

Warner, K.; Afifi, T. (2014): Where the Rain Falls: Evidence from 8 Countries on how Vulnerable Households use Migration to Manage the Risk of Rainfall Variability and Food Insecurity. Climate and Development 6(1): 1-17.

Warner, K.; Hamza, M.; Oliver-Smith, A.; Renaud, F.; Julca, A. (2010): Climate Change, Environmental Degradation and Migration. Natural Hazards 55(3): 689-715.

Watkins, K.; Quattri, M. (2014): Lost in intermediation. How excessive charges undermine the benefits of remittances for Africa. London: Overseas Development Institute.

Wenzel, H.-J (2012): Migration in der Geographischen Entwicklungsforschung: Konturen und Verknüpfungen unter Bezugnahme auf Studien zu Afrika. IMIS-Beiträge 42: 37-60.

Werthmann, K. (2007): Dans un monde masculin: le travail de femmes dans un camp de chercheurs d'or au Burkina Faso. In: Boesen, E.; Marfaing, L. (Eds.): Les nouveaux urbains dans l'espace Sahara-Sahel. ZMO: 295-322.

Wheeldon, P. (1969): The Operation of Voluntary Associations and Personal Networks in the Political Process of an Interethnic Community. Mitchell, J. C. (Ed.): Social Networks in Urban Situations: Analyses of Personal Relationships in Central African Towns. Manchester: University Press.

Weichhart, P. (2010): Das Trans-Syndrom. Wenn die Welt durch das Netz unserer Begriffe fällt. In: Hühn, M. et al. (Eds.): Transkulturalität, Transnationalität, Transstaatlichkeit, Translokalität. Theoretische und empirische Begriffsbestimmungen. Münster: 47-70.

White, H. (1976): Social Structure from Multiple Networks I: Blockmodels of Roles and Positions. American Journal of Sociology 81(4): 730-780.

Wolpe, H. (1972): Capitalism and Cheap Labour Power in South Africa. Economic and Society 1: 425-456.

Wong, M. (2006): The Gendered Politics of Remittances in Ghanaian Transnational Families. Economic Geography 2(4): 335-381.

World Bank (2009): Remittances and Natural Disasters: Ex-post Response and Contribution to Ex-ante Preparedness.

World Bank (2010): Bilateral migration matrix 2010. http://www.worldbank.org/en/topic/migrationremittancesdiaspora issues/brief/migration-remittances-data (10.03.2016).

World Bank (2013): Migration and Development Brief. Migration and Remittances Team Development Prospects Group. World Bank.

World Bank (2014):World Bank Migration and Remittances Data, Bilateral Remittances Matrix, 2012; World Bank World Development Indicators.

World Bank (2016): http://data.worldbank.org/indicator/SP.POP. TOTL/countries?display=default (12.5.2016)

Wratten, E. (1995): Conceptualizing Urban Poverty. Environment and Urbanization 7(1): 11-37.

Wurster, G. (1995): Beruf und Karriere im Leben gebildeter Frauen in Nairobi, Kenia. Dissertation Thesis. Universität Bayreuth.

Yaro, J. A.; Awwumbila, M.; Teye, J. K. (2015): The Life Struggles and Successes of the Migrant Construction Worker in Accra, Ghana. In: Ghana Journal of Geography 7(2): 113-131.

Yonazi, E.; Kelly, T.; Halewood, N.; Blackman, C. (2012): The Transformational Use of Information and Communication Technologies in Africa. eTransform Africa.

Youngstedt, S. M. (2013): Voluntary Involuntary Homebodies. Adaptations and lived Experiences of Hausa »left behind« in Niamey, Niger. In: Kane, A.; Leedy, T. H. (Eds.): African Migrations. Patterns and Perspectives. Bloomington/Indianapolis: Indiana University Press: 133-157.

Zelinsky, W. (1971): The Hypothesis of the Mobility Transition. Geographical Review 64(3): 219-249.

Zlotnik, H. (2006): The Dimensions of Migration in Africa. In: Tienda, M.; Findley, S. E.; Tollman, S.; Preston-White, E. (Eds.): Africa on the Move: African Migration and Urbanisation in Comparative Perspective. Johannesburg: Wits University Press.

Zoomers, A. (2001): Land and Sustainable Livelihood in Latin America. Amsterdam.

Zoomers, A.; Kleinpenning, J. (1996): Livelihood and Urban-Rural Relations in Central Paraguay. Tijdschrift voor Economische en Sociale Geografie 87(2): 161-74.

Zoomers, A.; van Westen, G. (2011): Introduction: Translocal Development, Development Corridors and Development Chains. International Development Planning Review 33(4): 377-388.

Zourkaleini, Y. et al. (2013): L'Impact des migrations Sud-Sud sur le développement au Cameroun (The impact of South–South Migration on Development in Cameroon). ACP Observatory on Migration and IOM, Brussels.

Zuma, K.; Gouws, E.; Williams, B.; Lurie, M. (2003): Risk Factors for HIV Infection among Women in Carletonville, South Africa: Migration, Demography and Sexually Transmitted Diseases. International Journal of STD and AIDS 14(12): 814-817.

Soziologie

Uwe Becker
Die Inklusionslüge
Behinderung im flexiblen Kapitalismus

2015, 216 S., kart., 19,99 € (DE),
ISBN 978-3-8376-3056-5
E-Book: 17,99 € (DE), ISBN 978-3-8394-3056-9
EPUB: 17,99 € (DE), ISBN 978-3-7328-3056-5

Gabriele Winker
Care Revolution
Schritte in eine solidarische Gesellschaft

2015, 208 S., kart., 11,99 € (DE),
ISBN 978-3-8376-3040-4
E-Book: 10,99 € (DE), ISBN 978-3-8394-3040-8
EPUB: 10,99 € (DE), ISBN 978-3-7328-3040-4

Johannes Angermuller, Martin Nonhoff,
Eva Herschinger, Felicitas Macgilchrist,
Martin Reisigl, Juliette Wedl, Daniel Wrana,
Alexander Ziem (Hg.)
Diskursforschung
Ein interdisziplinäres Handbuch (2 Bde.)

2014, 1264 S., kart., 2 Bde. im Schuber, zahlr. Abb.
44,99 € (DE), ISBN 978-3-8376-2722-0
E-Book: 44,99 € (DE), ISBN 978-3-8394-2722-4

Leseproben, weitere Informationen und Bestellmöglichkeiten
finden Sie unter www.transcript-verlag.de

Soziologie

Silke Helfrich, Heinrich-Böll-Stiftung (Hg.)
Commons
Für eine neue Politik
jenseits von Markt und Staat

2014, 528 S., kart., 24,80 € (DE),
ISBN 978-3-8376-2835-7
als Open-Access-Publikation kostenlos erhältlich
E-Book: ISBN 978-3-8394-2835-1

Carlo Bordoni
Interregnum
Beyond Liquid Modernity

März 2016, 136 p., 19,99 € (DE),
ISBN 978-3-8376-3515-7
E-Book: 17,99 € (DE), ISBN 978-3-8394-3515-1
EPUB: 17,99 € (DE), ISBN 978-3-7328-3515-7

Kijan Espahangizi, Sabine Hess, Juliane Karakayali,
Bernd Kasparek, Simona Pagano, Mathias Rodatz,
Vassilis S. Tsianos (Hg.)
**movements. Journal für kritische Migrations-
und Grenzregimeforschung**
Jg. 2, Heft 1/2016:
Rassismus in der postmigrantischen Gesellschaft

September 2016, 272 S., kart.
24,99 € (DE), ISBN 978-3-8376-3570-6
als Open-Access-Publikation kostenlos erhältlich:
www.movements-journal.org